法律から読み解いた
武士道と、憲法

真の武士道を現代に生かすには

嘉村　孝

元就出版社

本書の出版に寄せて――古川貞二郎

このたび故郷佐賀を同じくする嘉村孝さんが『法律から読み解く武士道と、憲法』という深い思索に裏付けられたきわめてユニークなご本を出版された。

嘉村さんは若いとき裁判官を勤め、今は弁護士をなさっているが、並の法律家ではない。「該博」という言葉があるが、嘉村さんは学問、知識が広いばかりでなく、何にでも通じたまさに「該博の人」というにふさわしい。しかもできるだけ実地を訪ね、検証することを旨とされているように見受ける。

本書では、憲法論議の前に武士道に関する幅広い歴史の分析と深い洞察の成果が記述されている。「武士道を考えることは、国家像を考えること」、「武士の世は、規制緩和から始まった」などと興味津々、読み始めたら飽きることがない。

また嘉村さんが「日本では……戦争遂行能力がなくなっても、戦争を続行しようという心性即ち国家観念の誤りも大きな問題」（二〇一頁）と明確に指摘されていることにも共感を覚える。

私はかつて鹿児島の知覧特攻平和会館を訪れた折、成果が得られないことが明らかになったのに幾次にもわたり特攻を敢行し、春秋に富む若者を多数死地に追いやったことに対し、止めれば責任が顕かになることを避けたのだと激しい憤りを感じていたが、日本には嘉村さんが指摘されるような「心性」があったこともよくわかった。

「『武士の生き方』からみた憲法論」では、天皇像、憲法九条、平等権と自由権、司法などに論及するとともに、民主主義を支えるための「意識」として、立法、国会の解散、内閣のあり方などにも触れている。

特に最高裁判所の人事について内閣のコントロールが効き過ぎの状況がみられることや、検事の任命を内閣の意向で左右できる議論がでてきたことに対し、憲法秩序というものが長い間の慣行性を持っていることを無視するものだとしてその危険性を指摘しておられるが、全く同感である。

事柄の性質上、少々難解なところもあるが、読み進めば進むほど味が出てくる本である。ぜひ本書を一読されることをおすすめしたい。

（ふるかわ　ていじろう　恩賜財団母子愛育会会長、
元内閣官房副長官。
著書・『霞が関半生記』、『私の履歴書』、『鎮魂　ハルの生涯』）

制度を画することはできても、歴史は切断できない——古関彰一

嘉村さんの著書は、その表題からも実にユニークです。『武士道と、憲法』とあります。一見して結びつかない「武士道」と「憲法」が結び付けられています。そればかりか、著書のなかを読み始めてみますと、その気宇壮大な内容に圧倒させられます。

武士の倫理は聖徳太子の「十七条憲法」にあり（本書四六頁）、また元来、律令は中国から伝えられた法ですが、それを日本の慣習・身の丈にあわせた武士道に具現化したものだ（七五頁）ということです。

いまや私たちは、法、なかでも実定法のもとで生きておりますので、なかなか自然法や道徳律も含めて歴史の中に位置付けることが難しくなっています。

筆者は、長年にわたり日本国憲法の制定過程という狭い分野を学んできた学徒ですが、その際に歴史、なかでも異なる歴史文脈から学ぶことの重要性を痛感してきました。というのは、ご存じの通り日本国憲法は占領下でつくられ、GHQと日本政府との「歴史の邂逅」の中から生まれたからです。

その際、GHQが問題にした一つに「国体」があります。憲法担当のC・ケーディスは、国民主権と矛盾すると考え、金森徳次郎憲法大臣に詰め寄ります。それに対し金森は国体の

中の「政体（form of government）」は変わったが、「国民が抱く天皇へのあこがれ（devotion）は不変だ」として、天皇家の祭祀行事は残ることになりました。英米法を学んできた弁護士のケーディスにとって驚きであったに違いありません。金森はのちに「古事記、万葉集、徒然草」に親しんできたことが役に立ったと回想しています。

こうした事実はあまり知られておりませんが、立法を通じて制度を画することはできても、歴史を切断できないことを痛感したのでした。

（こせき　しょういち　獨協大学名誉教授、和光学園理事長。著書・中公文庫『新憲法の誕生』［The Birth of Japan's Postwar Constitution, edited and translated by Ray A. Moore］で第七回吉野作造賞受賞。岩波現代文庫『日本国憲法の誕生』を逐次増補改定中）

プロローグ

我が国の『民法総則』や『法学概論』の教科書には、必ずと言ってよいほどイギリスのヘンリー・メーンの言葉「身分から契約へ（from status to contract）」が引かれています。人類社会は、ローマの奴隷制度に代表される身分の社会から平等な契約の社会になった、とするものです。

日本もかつては高位の公家などが一方的に国民に公役を命じた身分制度の社会だったのが、平等な契約の社会へと変化してきたという話は分かりやすいでしょうね。

しかし、本当のところ日本では、律令時代は生まれた家がもし家来の家だったら、当然主君から義務を賦課されければならない、つまり身分の世界でしたが、鎌倉以降の中世は、武士の世界に「御恩と奉公」という、一種の契約的な世界が生まれました。朝倉英林孝景などは、「朝倉の家に宿老を定むべからず」と言い、家来に一方的な義務を賦課する家老の世襲、つまり身分を禁じました。

しかし、江戸時代になると、例えば武士道書『葉隠』の口述者・山本常朝は、自身家老になりたかったのですが、生まれた家が家老の家ではなかったので絶対にそれにはなれませんでした。つまりその時代は、再び身分というヒエラルキーが職業の選択を支配した、という

数年前の上海にて。政治体制にはかかわりなく、「孝」は中華世界の美徳!?

ことです。これは、「身分から契約へ」ではなくて、鎌倉時代など中世の「契約」から、「身分へ」です。

こうして日本の歴史は、身分万能の律令の時代と、そうではない平等な契約の中世の時代、再び身分に戻った江戸時代という「三段」に分かれるのです。

ですから当然、武士の倫理、今で言う「武士道」も変化しました。彼らを律する「法律」が、三つの段階に分かれていたからです。つまり、『律令』（七〇一年以前成立）、『御成敗式目』（一二三二年）、『公事方御定書』（一七四二年）です。その中身は、中国法、日本法、中国法です。

なぜ、この三段階ができたのかというと、それは国際関係の変化によります。『律令』が中国からの輸入品であるのは当然として、『御成敗式目』は草深い関東で、「右大将家御時より」という慣習を重視して作った「日本

林の奥がテペ。カマン・カレホユック遺跡

的」なもの。『公事方御定書』は、教科書ではきちんと教えませんが、一六四四年に、中国で明という国が滅んだことによる中国文化即ち明文化の移入です。

そして、第一の『律令』と第三の『公事方御定書』は、天皇や将軍が、「天」からその地位に就けられ、自らの先祖・皇祖皇宗または東照神君・家康に責任を負うヒエラルキー体制の「法律」。バックにあるのは中国・漢の儒学者・董仲舒的な儒教です。それに対して『御成敗式目』は、平等な仏教をバックにします。

つまり、第一、第三は、天や祖先へという「孝」の発想に立っています。この「孝」の発想は、中国、否アジアの抜くべからざる思考の本質をなしており、桑原隲蔵『支那の孝道殊に法律上より観たる支那の孝道』に詳しく、冒頭「孝道は支那の国本で、又その国粋である。故に支那を対象とする研究には、先ずその孝道を解明理解しなければならぬ。」とされます。『孝経』の「身体髪膚これを父母に受く。敢えて毀傷せざるは孝の始めなり。」を基にするものです。

そして、日本では、この「孝」が、『古文孝経』という、より極端に「孝」を打ち出す、そして、そこから「忠」を導き出す本に純粋化し、この現世でトップに立つべきものは誰か。東照神君ではない、天皇である、と気付いた志士による明治維新をもたらしました。

そして、昭和の歴史では、更に純粋化して、「君側の奸」概念、つまり天皇の無謬性と、それを曇らせる君側を除くべしという考えが強く働き、様々な事件となって、結局は、日本を敗戦にまで導く大きな流れを形成しました。

しかし一方、日本人の中にも色々な人がいますから、そんな明治維新を反省して、中世武士道的なものを良しとする大隈重信らにつながる一派もあったのであって、これらが敗戦のあと頭をもたげ、現在の日本国憲法の制定にまで影響を及ぼしたとも言えます。

だから、真に「日本的」に国家を運営しようとするならば、いただきものの第一、第三ではなく、第二段の中世の発想をこそブラッシュアップすべきではないかというのが私の考えです。

こんなことを考える発想の元にあるものとして、中近東文化センター・大村幸弘先生の『アナトリア発掘記』の存在は大きく、私はその発掘現場、トルコのカマン・カレホユック遺跡を訪れました。それは、テペと呼ばれる中東によくある小さな丘状の重層的な遺跡であり、肝心なことは、それが重層的で、形成過程でかきまぜられていることから、テペの最上層には下層の遺物がたくさん残っているということです（前掲書八九頁）。一番上には、何千年も昔の遺物の一部が混じっています。

そうすると、現在の私たちの生活様式も「遺跡」でしょう。例えば、一般的に礼儀正しいと言われる日本人が、アジア諸国で握手ではなく頭を下げることによって、すぐに日本人であるとばれてしまうなどという行動様式もそれです。そうなると、精神文化たる法律も同じです。

ですから、私たちが未来の法律の枠組みや文化を新しく造るには、自分の足下のレイヤー（層）をしっかりと見直さなければいけません。

そこで、本書では、古代以来の日本（それも一種のテペ）及び世界（他のテペ）の歴史・地理を概観し、特にその中で日本の武士あるいは公務員の倫理がどのように一枚一枚のレイヤーとして変遷してきたのかを問題にしました。

なお、議論の材料については、中学一年生の時からの『葉隠』をはじめとする史料の読解はもちろん、関係者への直接の面会を重視しました。総理大臣でも軍人でも、真崎勝次少将や辰巳栄一中将、「大空のサムライ」・坂井三郎中尉、「トラトラトラ」で有名な千早正隆中佐などの軍人や真崎甚三郎大将のご子息で宮内庁御用掛真崎秀樹様などとの出会いもその一環です。少しでも信頼できる人の経験談、聞き書きは極めて大切だと思っています。

そして、父が従軍したビルマ（ミャンマー）を含むアジアの戦跡、中国、台湾、韓国、ヨーロッパ、米国、太平洋の島々などへの旅行で、「現地を足で歩き、五感で経験したこと」も重視しました。

更に、それを踏まえた事実の認定については、私が法律家であることから刑事実務における実体的真実主義の手法、例えば伝聞排除の法則などを念頭に置いて、誤りなきを期しました。

歴史家ではない私がその分野に踏み込んでいることは自覚していますが、幾多の先学が述べるとおり歴史は物語ではなく論理です。そして、法学の一部には法制史があり、その世界の第一人者ともかかわり深く交流しているのでお許しいただきたい、というところです。

なお、郷里を同じくし、村山内閣から小泉内閣まで八年七カ月間にわたり、内閣官房副長官として国家公務員のトップを務められた古川貞二郎先生より実務に裏付けられた力強いご推薦の文章をお寄せいただき、更に日本国憲法は単なる押しつけではなくて、「憲法研究会」の見解がマッカーサー草案の中に入っていることを、『日本国憲法の誕生』をはじめとする著書で明らかにされた古関彰一先生からも、有益なお言葉をいただきました。私は、そのことと、大隈重信らの人脈とが結びつくと言いたいわけです。ここにお二方に改めてお礼を申し上げます。

そして最後に、本書が成るについて大変お世話になりました株式会社元就出版社の濵正史社長にも厚くお礼を申し上げます。

また、紙数を減らすため、あえて原則として敬称略とさせていただいたことをお許し下さい。

目次

目次

第一　憲法に武士道が？　なぜ？

一　憲法と武士道との意外（？）な関係

（一）はじめに、「伝国の辞」から

「憲法と武士道って関係あるの？」確かにそんな疑問をもたれる人が多いことでしょう。

しかし、武士道は間違いなく武士の「倫理」です。そして、特に武士の後継者・明治以降の公務員の倫理は、彼らが、国家の意志を発動する職責（責任）、職権（権限）を持っていることから、倫理≒武士道といってもよく、それは国家の法体系と、公務員の権限発動の基礎であるとも言えます。

そこで、新渡戸稲造の『武士道』につき、米沢藩の殿様・上杉鷹山《ようざん》が子孫に残した言葉・「伝国の辞」を種に少し具体的に考えてみましょう。

新渡戸は言います。

「封建制を専制政治と同一視するのは誤謬である。……東北日本の僻地において米沢の上杉鷹山は（フレデリック大王と）正確に同一なる宣言をなし――〔「国家人民の立てたる君にして、君のために立てたる国家人民には無之候〕——封建君主は臣下に対して相互的義務を負うとは考えなかったが、自己の祖先ならびに天に対して高き責任感を有した。彼は民の父であり、民は天より保護を委ねられたる子であった。（岩波文庫・矢内原忠雄訳五〇頁）」と（傍線筆者。以下同）。

伝国の辞はケネディ大統領や細川護熙総理らが「日本にも民主主義があった」として引用したものと言われますが、皆さんはこの新渡戸解説を読んでどう思いますか。「祖先や天への責任感」というと、ありがたみがありそうですね。

しかし、君主・公務員の「責任の名宛先」を祖先や天、という「上」に向けることで、はたして「下」にいる「国民のための政治」になるのでしょうか。また、「民主主義」になるのでしょうか（ここに上とか下とか書いたのは全くの便宜です）。

そういえば、日本の旧憲法下には勅令・「官吏服務規律」があって、「およそ官吏は天皇陛下及び天皇陛下の政府に対し、忠順勤勉を主（旨）とすべし」と書いてありました。これは、官吏の倫理の基本であり、責任の「方向性」は、このとおり「上」に向いていました。なお、ここで言う官吏は、今でいう公務員ですが、範囲が狭い一定の上級者です。

しかし、こうして責任の名宛人が天皇であるとなると、もし公務員に失敗があっても、その責任は天皇に対して負うのですから、国民に対しては負いません。戦後成立した国家賠償法一条一項は公権力の行使に当たる公務員が、その職務を行なうについて、違法に他人に損害を加えたときは、国又は公共団体がこれを賠償する責任を負うと規定していますが、上への責任しかなければ下を守らなくても違法ではないからです。

こうして、新渡戸説では、公務員が規制権限をまともに行使しなくても、上にいる天皇からその公務員が叱責されるだけであり、国民は国に対して法的責任（賠償など）を追求できないのです。国民には単なる「反射的利益」があるだけだからです。

ですから、旧憲法下の明治三七（一九〇四）年に、陸軍の板橋火薬製造所から誤って石神井川に硝酸が流れ出す事故があり、下流の王子製紙（これも国民）が甚大な被害を被る事件がありましたが、国は、国民一人一人に対して責任を負っているものではないとして、王子製紙の請求は棄却されました。試運転中の消防車の事故、軍の火薬庫の爆発事故など、こうしたケースは枚挙にいとまありません（原田尚彦『行政法要論』二八三頁など）。

第二次世界大戦後、昭和二二（一九四七）年に官吏服務規律のその部分が改正され、「天皇への忠順」から「およそ官吏は、国民全体の奉仕者として、誠実勤勉を主とし、法令に従い各其職務を尽すべし」となり、新しく制定された日本国憲法一五条二項も同旨。そして、一七条で、国家賠償の制度が定められました。しかし、その字面と異なり、以前と同様の判断が出されています。いや、字面自体が変わっていない、と反論する人さえいるでしょう。

例えば、有名な桶川のストーカー事件で裁判所が警察の捜査怠慢の事実のみ認め、殺害との因果関係を認めなかったことなども同一傾向でしょう。

以上を前提として、新渡戸の言葉「祖先や天に高き責任感」を思い出しますと、彼は、「伝国の辞」を、殿様や家来は、国民に対しては義務を負わず、国民にはただ反射的利益があるものとしてしか捉えず、それでよいとした、と言ってよいでしょう。しかし、本当にそれでよいのか。封建時代に生きた鷹山が偉いとされたのは、むしろ君主が領民に直接責任を負うと考えていた点にあったのかもしれませんよね。

(二)「上への責任」はどこから?

この「上への責任」という観念は中国を典型とするユーラシア大陸由来であり、しかも、官吏服務規律による責任の窮極的名宛人である天皇の方は、その任命者で祖先でもある「皇祖皇宗」即ち天照大神、そして歴代天皇に対して責任を負っていました。

そして、その天照大神は、江戸時代の中江藤樹などの議論から見て、その名から連想されるとおり正に天です。天(皇祖皇宗)、天皇、臣下、そして国民、というヒエラルキーの中で、常に「上に対する責任」を据える仕組みです。

こうして、天を最上階に持ってくるのは中国を典型とする東北アジア(特に殷・周か。貝塚茂樹『中国の古代国家』九三頁など)の古い発想です。北京には天安門(昔の名前は承天門)があり、京都にも応天門の変で有名な門がありましたよね。

天が皇帝などを選び、選ばれた皇帝などは天に対して責任を負う、という仕組み、これを中国では「天人相関」と言います。漢の武帝の時、このような天の観念と儒教とを結び付け、政治の基本としたのが董仲舒です(『漢書・董仲舒伝』)。

この天人相関は儒教のいわば原理主義であって、後に述べる「五十音図」や京都の街のようにこの世を縦横の枡で区切り、下は自らの「分」を守りつつ、上に責任を負うという仕組みです。

ちなみに、韓国の水原市に保存されている李朝時代の代官の屋敷に行きますと、代官(つ

北京・故宮の九龍壁

まり文官・武官）は任地に赴任すると、屋敷の裏にある国王・王妃を祀った祠《ほこら》にお参りするのが最初の仕事だったそうで、典型的な「上」への仕組みです。

もっとも、中国の場合は、天という「抽象的な存在」を最上位にもってきて、皇帝はそれから任命された、人間としての最上位ですが、武士道にかかわり深い日本の将軍制度の場合は、最上位を天ではなく人間である天皇とし、それから任命された将軍を一般世間の最上位にした、という違いがあります。

中国北京の故宮や北海公園には「九龍壁」という壁があって、九匹の龍が描かれていますす。九が実は皇帝なのです。そして十は天なので、ここには描かれず、「九」が現実の最上位なのですが、「九」に位置する皇帝に不始末があると、革命が起きて「十」による天命が改まり、「九」は潰れます。「十」は天ですから潰れることはありません。

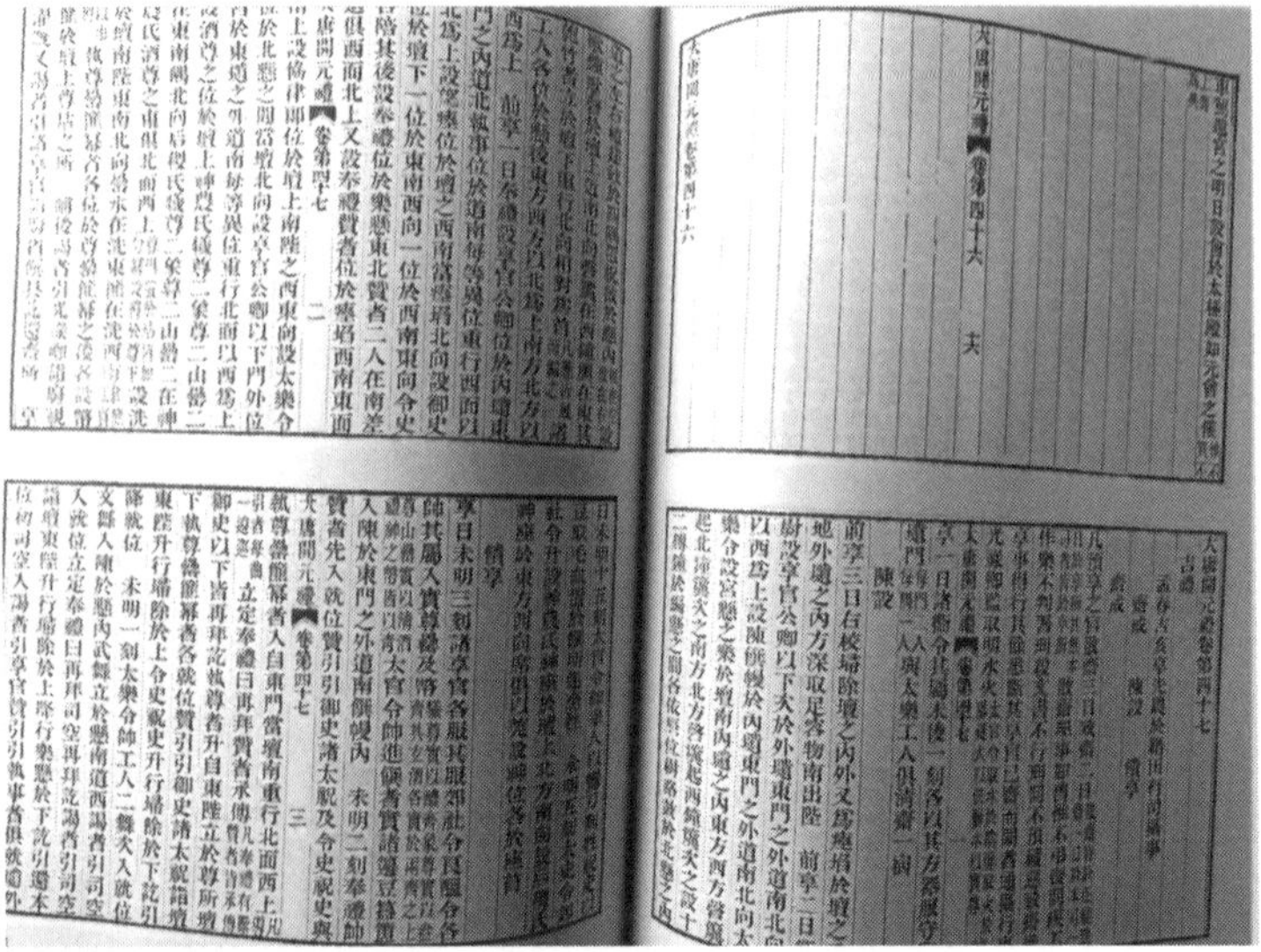

『大唐開元札』田植の部分

日本は中世以降、「十」・最上位が生身の天皇なので、その昔の武烈天皇のように悪い天皇が登場することもあり絶対的な善はあり得ないはずですが、後に述べる「君々足臣々足（君々たれ、臣々たれ。君は君の如くあらねばならず、臣は臣でなければならぬ『論語』）」という君の絶対性という擬制をより強硬に強いて、「君々足らずといえども、臣々足らざるべからず（君雖不君臣不可以不臣）『古文孝経』（九三頁の写真）」などと言って、臣である将軍の方が潰れることがあっても、天皇の方は中国の本当の天と同じように潰れませんでした。

しかし、幕末期にはそもそも権力を行使できる君とは誰なのか、京都の天皇か大君と称していた江戸の将軍か、など二つの権限（権力）をどう調整するかという大問題がおきます。後醍醐天皇のような例外ではなく、天皇がいわば神様のような象徴たる地位にあるだけであれば、ややこしいことはおきなかったのですが。

元々神様の地位にあった人を世俗のトップにしたことが、結果として一五四頁以下のとおり、日本の敗戦を招いたとも言えます。

このような仕組み、つまり組織法を形作る基礎的な「法典」が、三礼と言われる中国で何千年も前に作られたものです。『礼記』、『周礼』、『儀礼』です。この内、特に『礼記』の思想は日本に巨大な影響を及ぼしています。ごく一例を挙げれば、明治時代に創設された華族制度、公爵、侯爵、伯爵、子爵、男爵などは、『礼記』王政篇などにある言葉なのです（竹内照夫『新約漢文大系・礼記・上』一八五頁）。現在の皇室行事や神社のしきたりも多くがこの三礼や、それを七三二年、中国の唐・玄宗皇帝の時代にまとめた『大唐開元礼』によっています（例えば、天皇が田植をされることや［籍田］、皇后が蚕を飼うことも［先蚕］。そもそもこれらは、明治維新後に始まったことです。二四四頁に述べるとおりの天皇観からすればアジアとのつながりを示す素晴らしいことでもあります）。

(三) 忠順は血の関係へ

ついでながら、「天皇への忠順」を公務員の倫理の根幹に置くということになりますと、必然的に一つの憲法上の結論が出てきます。即ち、美濃部達吉『行政法撮要・第五版上巻』三二四頁は、「官吏関係は其の性質に於て稍封建制度に於ける君臣主従の関係に類す。」と述べ、それは、「一身を捧げて主君に忠誠なることを要したるものにして、其の関係は主として倫理的の関係なりしなり。……民法上の雇用関係は外国人との間にも成立することを得べきに反して官吏は（雇用・委任と異なるから）原則として外国人を以て之に任ずることを得ず。」ということになるのです。

これは、血を大切にするあり方とも言え、ドイツのナチスが作ったニュルンベルク法（一九三五年）即ち、「ドイツ人の血と名誉を守るための法律」及び「帝国市民法」が非アーリア人（主にユダヤ人）から公民権を奪ったのと同一方向の発想となり、天皇と血が同じと擬制されている天照大神の子孫、つまり「日本人」しか公務員にはなれないということになります（ただし、上記のとおり美濃部行政法は官吏とその下［雇用等で採用される者］とを別けてはいました）。

「外国人は公務員になれるのか」、「外国人の地方参政権」の問題は、現在、憲法学の世界のホットな話題ですが、新渡戸武士道からはそもそも議論自体が始まらない、ということも考えられます。結論は別として、「ダイバーシティ」が強調される今日にフィットしているのでしょうか。

以上、日本を紹介する良書といわれる新渡戸『武士道』をちょっと紐解いただけでも、憲法と武士道には相当な関係があること、新渡戸のそれは、古代中国的であることをご理解いただけるのではないかと思います。

(四) 宮本武蔵や足利基氏など

もとより、武士道を公務員の倫理としてのみとらえるのではなく、宮本武蔵のような一武芸者の私的な生き方としてとらえる考え方もあり得ます。
むしろ、そのような個人の理想的な生き方、文字どおり倫理、あるいはむしろ「哲学」更には「窮理」を基礎として、憲法を考えることこそ、根本に据えられるべきであるとも言えるでしょう。

なぜなら、武蔵は「生死」という人間の極限の世界に身を置き、それを『五輪書』にみられるとおり、禅という宗教との関係で考えた人ですが、それは一個人の持つ自己保存の本能・ヨーロッパのコナトゥスにつながる考え方といっても良いのではないでしょうか。

西欧では、一六〇〇年代の初め、スペインからの独立を目指して、八十年戦争の中にあったオランダにスピノザが生れました。彼は問題を突き詰めたればこそユダヤ社会から放逐され、ホッブズらにもつながるコナトゥスという自己保存の本能を基礎としてデカルトの『方法序説』を敷延した『デカルトの哲学原理』を、そして、『国家論』を書きました。コナトゥスを各人が持っているからこそ、それを調和あらしめるために、民主的国家というものが出てくる、という発想でしょうか（私は訳文でしか読んでいない素人ですが）。

日本でも、室町時代初期の武将・足利基氏は、尊氏の子としてわずか一〇歳で関東に下り、現在の埼玉県入間川に在陣し、その北に蟠踞する新田の勢力と対峙。二八歳という若年で死去しますが、戦争つまり死の問題に正面から向き合った武将として、「死」を恐れる自分を抑えられないことを素直に述べました。そして、禅僧・義同周信の教えを受け、その考えるところは深く、京都政権と関東とのあり方、つまり、今で言えば、国家の組織法を自身深刻に考えたものと思います（『関東公方足利氏四代―基氏・氏満・満兼・持氏』田辺久子。『足利基

氏没後六五〇年記念・鎌倉公方足利基氏』鎌倉国宝館）。

つまり彼こそ、深い哲学いや窮理を基礎として、行政組織のあり方や行政作用の一つである戦争・戦略を考えた武将であると言えるのではないでしょうか（世界で二番目に古い成文憲法とされる一七九一年ポーランド憲法は、その一一条で戦争を行政作用つまり、国家という行政主体のくり出す能動的政策実現のための働きかけとしており、これは基本的に正しい見方だと思います［一七九一年五月三日憲法・東洋書店二一頁］。特に自衛のための戦争を行政作用としてとらえない考えは後記のとおり誤りと思います）。

（五）かくして、武士道を考えることは、国家像を考えること

そうなると、武士道を考えることは、国家の立法・行政・司法組織の担い手である公務員（議員なども含む最広義）の倫理を考えることであり、その前提として、どのような国家像を持つのか、専制君主制、貴族制、民主制など、国家の根本的あり方を考えることに他ならないことが分かると思います。

そこでまずは日本の武士の生き方の歴史を探ってみましょう。

二　武士道ってそもそも何？

実を言いますと、武士道という言葉は昔からのものではありません。

武士道書の典型として挙げられるものの一つに、江戸時代の享保元（一七一六）年に現在の佐賀県で成立した『葉隠』があります。「武士道というは死ぬことと見つけたり」という言葉で有名です。私は中学一年生の時からこれを読んできましたが、後には、それと、主として水戸、会津の武士道とを比べてみることが武士道理解の基本になると考えるようになりました。

ところで、その佐賀県出身の有名な歴史学者に『米欧回覧実記』を書いた久米邦武という先生がいました。

久米は、『鎌倉時代史論』という講演録の中でこう言っています。

「今日は鎌倉時代の武士道と云ふ題を出しましたが、鎌倉時代には武士道と云ふものが無かったと言うて宜しいでせう。是は多分此四百年以来流行った言葉で、其以前は無いと思ふ。……それならば鎌倉時代では何と言ったかと言へば弓馬の道。弓馬の道と云ふのが武士道かと云へば少し違ひがある、それから先づお話ししなければならぬ。」と（一七三頁）。

つまり、「武士道」という言葉は、せいぜいここ四〇〇年（今からは五〇〇年？）くらいのものだということです。また、「武士道」という言葉が使われていた時代と、「其以前」とでは少し違う、ということでもあります。私に言わせれば、少しどころか大違いです。

「其以前」、例えば律令時代とかも、文官、武官という中国と同様な職掌の区別を前提とした公務員の倫理があったはずです（五味文彦『殺生と信仰：武士を探る』。日本思想大系『律令』）。それは後に述べる一七条憲法に言う「承詔必謹」というポリシーに厳格に縛られたものですから、相当に「固い」ものだったはずです。

しかし時代が下って、中世・戦国時代になると、『平家物語』や『承久記』のような固いきまりと現実との葛藤の中から悲壮にして荘厳なる道徳（大川周明『日本二千六百年史』。本書二八九頁）としての武士の生き方が生まれ、更に、後に湯浅常山（宝永五〔一七〇八〕年～安永一〇〔一七八一〕年）によって『常山紀談』としてまとめられたような、物事の真の価値を追求する武士の生き方が生まれてきたのです。例えば、太閤という文官の地位にあった豊臣秀吉に対して、武人徳川家康はこんな対応をします。

「権現様（家康）豊太閤に御對面の時、太閤、我所持の道具粟田口吉光の銘の物よりはじめて、天下の宝といふものは集りて候、とて指を折り数へ立申され、さて、御所持の道具秘藏の宝物は何にて候哉、と尋ね申され候に、（権現様）仰せられ候には、我等には左様の物之無く候。但し我等を至極大切に思い入り、火の中水の中へも飛入り、命を塵芥とも存ぜぬ士五百騎所持いたし候。此の士五百餘を召連候へば、日本六十餘州恐しき敵は御座無く候故、此の士どもを至極の宝物と存じ、平生秘藏に存候由御返答ありければ、太閤赤面にて返答なかりけり。」と。

公家として実戦には何の役にも立たないものをめでる秀吉と武人家康とでは、既に勝負あった、と言えるのではないでしょうか。

こんな戦国時代の余韻の残る時代に対して、江戸時代に入り「盛正」という武士の手による『武士としては（小沢富夫編）』を見ると、「武士としての面目や意地を保ちつつ、……泰平無事の世を生きる武士のあり方」という固い紹介となり、「何々の仕方」のようなものがたくさん並んでいて、数行読んだだけでこちらの頭が硬直してしまいそうなコチコチの一本となります。

「武士道」という言葉の出る比較的早いものとしては、江戸時代初期の成立と言われる『甲陽軍鑑』があり、寛永一八（一六四一）年には、中江藤樹の『翁問答』の中に「士道《さむらいどう》」が。そのあとの寛文三（一六六三）年に山鹿素行が『山鹿語類』を出し、「士道」を提唱しました。『葉隠』（一七一九年）の成立は相当遅い方です（ただし、中身の話は古い）。

ですから私は、「本当の『日本の』武士の生き方」を探るためには、ここ四〇〇年来の、「武士道」と呼ばれるようになった武士の生き方だけではなくて、士道も、またそれ以前の武人の生き方にも十分に目を配らなければならないと思うのです。

特に「武士道」が日本の誇りとして取り上げられることが多いことに鑑みると、「本当の日本の武士の生き方として世界に誇れるものは何か」という視点を持つことが大切です。

三　考える前提として本当の「日本の」武士の生き方を探す手順
―日本の歴史を国際関係から見ることが必要―

以下は、このことを考える「前提として持ちたい視点」です。ちょっとがまん（？）して読み進めて下さい。

（一）世界はつながっている

当然、日本の歴史全体を大きく見渡してみなければなりませんが、その場合、日本だけではなく、それをとりまく国際関係の中から、武人の生き方やその他の事象をも見る必要があります。

国際関係と言えば、古代からの中国や韓国は当然として、中国の西にはパルチア（ペルシャ）が、パルチアの向うにはローマがあったわけで（長澤和俊『シルクロード文化史』）、ローマは既に後漢の時代（一六六年）に五賢帝の一人、マルクス・アウレリウス・アントニウス（大秦王安敦）がベトナム（日南）から中国に使いを送ったことが『後漢書』にみえます（「大秦王安敦遣使自日南徼外獻象牙・犀角・瑇瑁、始乃一通焉。」と。ただし、否定説もありますが）。

更に武士道を語るのに無視できない仏像は、坂口昂が大正六（一九一七）年に、『世界に於ける希臘《ギリシャ》文明の潮流』で示したとおり、より古くギリシャの彫像文化の東方への伝播によって生まれたもので、そのことにはアレキサンダー大王の東方遠征（紀元前三三四年から）が深く関わっています。

坂口は、「是等の彫刻物（仏像、キリスト像、哲学者像、筆者注）は今日（パキスタンの）ペルシャワルや伯林《ベルリン》や巴里《パリ》や（パキスタンの）ラホールなどの博物館にそれぞれ珍蔵陳列せられてあるが、人若しよく之を熟し精察する時は、…是等の姿勢や態度などが著しくヘレニズムの本場たる西方に於ける作品のそれらと酷似することを発見するであろう。是れ何故なるか。……吾人が当時世界の市民となり、天下の先覚者となっているギリシャ人もしくは半ギ

『世界における希臘文明の潮流』中、写真の部30頁
左・ローマ・ラテラーノ博物館・ソフォーレス像、中・ベルリン博物館・キリスト像、右・パキスタン・ラホール博物館・仏陀

リシャ人の手を、是等の製作に認めるより外に無いのである……。

アレクザンドル大王東征以後バクトラ及びインドの五大河地方に出来上がったヘレニズム朝一大雰囲に在る……。

是等の彫像が如何によくギリシャ風に似たるかは、挿絵、就中その三〇を看よ、図中のガンダーラ発見の仏像（上の写真右端）は、その手の保ち工合といいその姿勢態度といい、小アジア発見のキリスト像（ベルリンに保存・筆者補）に全く酷似しているではないか。」と。

あとは写真をご覧いただくことにして、私（筆者）は、この先生の記述と挿絵とを前提として、ローマにあるラテラノ大聖堂内の博物館を確認しました。

そして、ソフォークレス像ではありませんが、間違いなく、同様の手の保ち具合を持つ彫刻を発見(写真のとおり)。更に、

現代ローマ・ラテラーノ大聖堂内の彫像

シンガポール・アジア文明博物館にある北部パキスタン出土の仏陀

東京国立博物館
アフガニスタン・ハッダの仏像

シンガポールのアジア文明博物館においても、ラホール博物館と全く同様の手の保ち具合の仏像を発見しました（写真のとおり）。それにしても大正六（一九一七）年にこれだけの本を書かれた坂口先生は見事です。

　私はそこで、「その先」はどうなっているのかと、東京国立博物館の東洋館をのぞくと、正に、アフガニスタン・ハッダ遺跡出土の同様の手の保ち具合のストゥコウの仏像を発見（写真のとおり）。

　更に東京の港区にある根津美術館に行くと、中国の新疆ウイグル自治区出土のストゥコウが、正に同じスタイルの写真として文献中にあり、平山郁夫さんの絵にもあります。そして、山西省雲崗の石仏とガンダーラやインド・グプタ朝の様式との間には極めて共通なものがあるとのことです。

　ここまで来ると、後代とは言いながら、弘法大師・空海が左手に持つ五鈷杵の持ち方はいかなりやと思われ、京都清涼寺（釈迦堂）の奝然《ちょうねん》請来という、いわゆる三国伝来の釈迦如来像（国宝）への西方の影響もむべなるかなと思われてきます。

　しかも、ハッダ遺跡などの仏像の手の保ち具合を見れば、仏像に必然的に備わる「印」はギリシャから来た、元はギリシャやローマの衣服・トガの着方に由来した、ということまで言えそうです。

(二) 東アジアにやって来た文化は、古代どうやって日本に来た？

でも、こうした仏像の中国への渡来は紀元後ですから、もっと時代を遡らせて、大陸の文化は、どうやって日本に来たのか。

『葉隠』には、ちょうど一七〇〇年の元禄のころ、今の福岡県、佐賀県の境にある脊振山の境界争いにかかる鍋島・黒田の裁判の記事があります。脊振山は、高さ一〇五五メートルで、航空自衛隊の分屯基地や気象庁のレーダー観測所があることでも有名な山の一つです（昔は背振と書いたのですが数十年前に脊振と改名）。

福岡市東長寺の弘法大師像

その裁判に関与した福岡藩・黒田側の人に有名な儒学者・貝原益軒（一六三〇～一七一四年）がおり、彼は、大著『筑前国続風土記』で、「背振山は、板屋村の西南に在り。国中にて勝れたる高山也。……山上より四方窺い望めば甚廣遠也。秋の頃天気晴朗にし烟靄なき時は、朝鮮国見ゆ。春月霞多き時と云へ共、曇らざる日は、壱岐

博多駅屋上からの脊振山、金山など

対馬まで能《く》見ゆ。対馬は是より百里あり。」、「又里民の云傳ふるは、古《いにしえ》辯才百済国より爰に来り給ふ時、乗給ひし馬の背を振たる故に、背振山て名付たりと云。」と述べます。

つまり、脊振山の頂上から韓半島が見えると言うのです。脊振村の西隣三瀬村の金山（九六七メートル）からもです。

実は私もそう思います。私は、唐津の北西にある秀吉の名護屋城から対馬を見たことがあり、釜山との距離は、その半分もありません。それが名護屋城よりもはるかに高い一〇五五メートルの脊振山の上からならば、晴れていればはっきりと韓半島が見えるでしょう。

ちなみに、「背振」という名前の由来には代表的な二説があり、『脊振村史』などによると、一つは「ソウル」。これは、韓国語の首都、ソホリ峰、ソブルなどの山の頂や中心を意味する韓国語に繋がる語であるとのこと。脊振山は、確かにあの地域の中心、ソホリ峰と言ってよい山です。もう一つは上記のとおり百済の王女（あるいは弁財天）が馬に乗って日本に来る時に、馬の背が揺れたと言う伝説。いずれにしても、韓国系の話です。それゆえに、背振山の上宮東門寺（神社）は山頂にあり、その下宮は北の福岡側に。下宮から上宮までまとめて福岡県つまり黒田の領地であるというのが彼の立論です。

このように、神社や寺がそのブランチを韓国方向に置いていたのは宗像大社の沖ノ島や、唐津の田島神社とその分社（同神社は宗像大社と対あるいは分社であったとの話もあり）とも同傾向ですし、本居宣長の『古事記伝』（岩波文庫、二六二頁）にも「筑紫」のいわれを論ずる中で、「かの向津国は韓国のことにて、海の向に遥に見さくる意と聞きゆれば」などとあります。

しかるに、平安末、栄西禅師が、中国・寧波からの二度目の帰りは筑紫山地の南側を通り、現在の佐賀県神埼市・脊振町の霊仙寺の近くにお茶の木を植えた。ここら辺りから山の南側がむしろ脊振だということになったのかもしれません。そして、現在も脊振神社の中宮は南側にあるというわけです。

この流れを大きく考えてみると、日本は、律令時代くらいまではやはり「見える」韓国との関係が相当強く、日本へは北からの文化が相当流入。ですから宣化天皇二（五三七）年、佐賀の唐津から出港し、韓国に向かったという大伴狭手彦と松浦佐用姫との悲恋物語、つまり姫は悲しみの余り石になる話が『万葉集』、『肥前風土記』などにありますが、同類の話、つまり夫が日本に行くのを水平線の彼方に見送った女性が石になった話が韓国にもあり、『望夫石』という映画

夫を待つ孟美女・中国河北省
秦皇島市孟姜鎮

にもなっています（望夫石は中国にもあり、孟姜女という女性の伝説もあります）。

こうして、古代に大陸から渡ってきた人々は、脊振山や金山からも、はるかに自身や先祖の地を見ていたのかもしれません。そのせいか、三瀬村の海抜四二〇メートルくらいのところから、石器や韓国と同類の土器が出土しています（七田忠志『佐賀県史跡名勝天然記念物調査報告』、宮崎県立西都原考古博物館『人の来た道―東アジア旧石器時代と宮崎―』）。

つまりは、「見える」間柄である日本と韓国とであれば、むしろ石器時代からの相当な交流も考えられるでしょう。

以上は、益軒先生の言われることに、全くの素人である私の相当多数回にわたって大陸へ渡ったことによる経験を踏まえての推測に過ぎませんが、京都大学の上田正昭先生や地元の九州大学、佐賀大学などの先生方の論考に照らしても間違いはないと思うのです。

ちなみに大陸側の「その先」を考えると、韓国の北の中国・遼東半島から南の山東半島へは、正に島づたいなのであって、日本は古代より大陸全体と目で見える距離でつながっていたのです。なお韓半島東側の新羅へは、北方ユーラシア経由でヨーロッパ、西アジア、中央アジアの文化がやって来たことも古代オリエント博物館などで展覧会がありました（『ユーラシアの風新羅へ』。江上波夫、加藤九祚らの『ユーラシア』）。これらのことは、日本の八幡信仰に大きくかかわります（中野幡能『八幡信仰』。本書一一七頁）。『日本書紀』を読めば、百済だけでなく新羅との深い交流が知られます。

こうした東西文化の交流は、南北の移動と異なり、太陽などで緯度を知る原始的な天文航法を用いることによっても容易であって、逆にクロノメーターの改良に先立つ早い時期に経度を知って南北を移動したポリネシアン、ミクロネシアンらの偉大さには頭が下がります。いずれにせよ、大陸では、必然的に沙漠の船・ラクダが人間の移動に使われたわけでしょう。

そんな古代であったところ、律令時代の後半以降、特に上海の南にある寧波から長安へ遣唐使が、あるいは浙江省の径山・万寿寺や天童寺などへお坊さんが渡航するようになり、帰りは今の長崎県・平戸から東へと山の南側ルートが盛んになると、寧波に行った禅僧たちはもっぱら平戸、武雄、神埼、太宰府といったルートを通り、聖一国師円爾が造った武雄の広福寺や大和町の万寿寺を残すようなことになって、栄西禅師もお茶を脊振山の南に植えたりしたのでしょう。

こんな「地方版」の話ではいぶかられる向きがあるかもしれませんが、実は日本全体につながる話であり、もう少し広めにして、「日本語」というものの語順が韓国と同じなのも、旧く日本と韓国との関係が強かったことによるかと思います。一方、日本語の単語は漢語が多いと言います（杉本妙子『日本語の受けた影響』・『アジアの中の日本』所収）。これは、八九頁に述べるとおり、むしろ福建語とも言うべき「いち、に、さん、し、ご」が日本に入ったことなど、後年の日中交流の「量」が多かったことによるのでしょう。

どちらにしても、とりあえず「見えるところから」、もちろん「もっとよく見える」日本の北からも、古来四方八方のルートから、たくさんの大陸の文化が日本にやって来たことでしょう。

ロシアや旧東ヨーロッパなどの博物館を見た私の経験から言うと、例えばユーラシア大陸に広く存在する細石器文化が、元は大陸の一部とも思われていた樺太を通して北海道へ（『日本海域歴史大系』の各巻)。一方、益軒先生の言うとおり北部九州から「見える」至近にあった韓半島から様々なものが九州へ。それぞれ日本に渡来してきた、それが例えば日本に旧石器時代のあったことを発見した相沢忠洋さんの旧石器への感心にもつながったということではないでしょうか。

(三)つながった世界の中の個別性(人類文化のDNAを大切にすること)

一方、「世界はつながっている」からこそ、その所々の「違い」が大切で、それを保護することも必要です。この日本列島自体、長い島々なのですから色々な文化があります。江戸時代に伊藤仁斎の息子・伊藤梅宇が書いた『見聞談叢』によりますと、京都の東にある不破関つまり関ヶ原の辺り以西を「関西」と言い、その不破関の東が本来の「関東」。そして、その関東の名古屋などは「中京」つまり京都っぽいところです。では今私たちが「関東」と呼ぶところは……?「坂東」。なぜなら箱根の坂の東だからです。

確かに、この三つのエリアにはそれぞれ特長があります。そして、坂東の北即ち、福島県の白河関の北や、沖縄も本島と先島諸島とではもちろん異なった歴史と文化があります。日本の中の民俗文化も、各々の地域つまりテペ毎に、様々な起源を持つのであり、それぞれを残すことは、「旧来の陋習」は別として、人類の行動パターンのDNAを保存し、新しい発想につながる元を守ることであって、大切だと思います。しかるに、例えば沖縄の御嶽《うたき》のような地域特有の信仰を日本の神社にしてしまったのでは、その地域固有の文化、DNAが失われ、他の地域との相互の関係もわからなくなってしまいます。それは、人類にとって貴重な示唆を与えるものであるかもしれないのにです。

　ですから、「みんなつながっている」、「でも一つ一つ個性がある」、この精神で出来るだけ幅広く、深く、武士の倫理を見ていきたいと思います。

四　武士の道は中国から！

（一）日本は昔、中国による被冊封《さくほう》国家だった

　以上のような国際的視点を重視して、ここ二〇〇〇年くらいのことを見てみると、日本は中国の被冊封国家という「家来」でした。このことは中学や高校の教科書にもきちんと載っていますね。

　まず、中国は皇帝の国。つまり先に述べた天つまり天帝に最も近いところに位置する「皇帝」という人間が、統治者の最高位に位置していました。

　そして、古代の日本の君主は、その皇帝からワンランク下の「王」としてこの日本列島に封ぜられた者、という位置づけだったのです。

　例えば、一七八四（天明四）年に今の福岡県志賀島から出土したとされる例の金印は、中国・後漢の皇帝・光武帝が、紀元五七年に、日本の北九州にあった小国家の君主を「王」に冊封した証拠といわれています「漢倭奴国王印」と彫ってあるとおりです。

　もう一つはっきりした証拠としては、五世紀後半の倭王武、つまり雄略天皇ともいわれる

天皇が、四七八年に中国の南朝の一つの国・宋に送った「上表文《じょうひょう》」というものがあります。「順帝の昇明二（四七八）年、（倭王武）使を遣わして上表して曰く、『封国は偏遠にして、藩を外に作す。昔より祖禰躬ら甲冑を貫き、山川を跋渉して、寧処に遑あらず。東は毛人（エミシ［蝦夷］か）を征すること五十五国……』と。

詔して、武を使持節都督倭・新羅・任那・加羅・秦韓・慕韓六国諸軍事安東大将軍倭王に叙す。（『宋書』夷蛮伝、倭国、原文は漢文体）」と。

つまり、武は、宋の皇帝のために忠勤を励み、皇帝は武を「安東大将軍倭王」に任命したというのです。つまり、天皇が「中国の皇帝に対して責任を負う時代」と解釈することができます。

しかし、このような関係は、この五世紀末で一応終わりを告げ、特に聖徳太子のころになってからは、中国との対等な関係を主張します。ちょうどそのころ武士《もののふ》という言葉の元になったとも言われる物部氏などが台頭してきました。

（二）最も古い武士《もののふ》の倫理は「承詔必謹《しょうしょうひっきん》」

では、その当時の武人、つまり「武士」は、一体どんな倫理を理想としていたのでしょうか。手がかりになるのは、聖徳太子が、推古天皇一二（六〇四）年に作ったと言われる『十七条の憲法』です。その中の第三条に「君は天、臣は地であって、君（即ち天皇）から詔を承けては必ず愼《つつし》め」というがあります。「承詔必謹」です。

この「詔」ですが、アジアの伝統からは、これを「王言」と言い、王が口を開いて家来に

「〇〇せよ」と命令する言葉そのものです（伊藤博文の名で出された明治憲法の注釈書『憲法義解』は第六条の注（九頁）でそれを説明して、『播磨国風土記』を引き、第一五代応神天皇が播磨国［今の兵庫県］大法山《おおのりやま》に登って、大法を宣《の》った、と言います。だから欽定憲法でよい、と）。つまり、法というより、その本質は命令です。

そして、王言は（擬似）立法だけでなく、同書六条の注に、「執行の処分を宣命す。」とあるとおり、執行の命令にも外なりません。そして家来は、承詔必謹でこれを実行します。つまり、天皇は、立法、行政・司法すべての権を握っていたのであり、元々行政と司法とは区別もされていませんでした。

そして、「～をせよ」は、王の家来である例えば裁判官が直面する事案ごとに違います。刑事事件では、人を殺したケース、盗みをしたケース等々色々ですが、王は、「〇〇のケースについては××せよ」、「△△のケースについては□□せよ」とケースごとにたくさんの命令を出しています。一方の家来・裁判官は、その細かな命令どおりに必謹で執行せねばなりません。もし、その命令に反したら、「違勅罪」です。

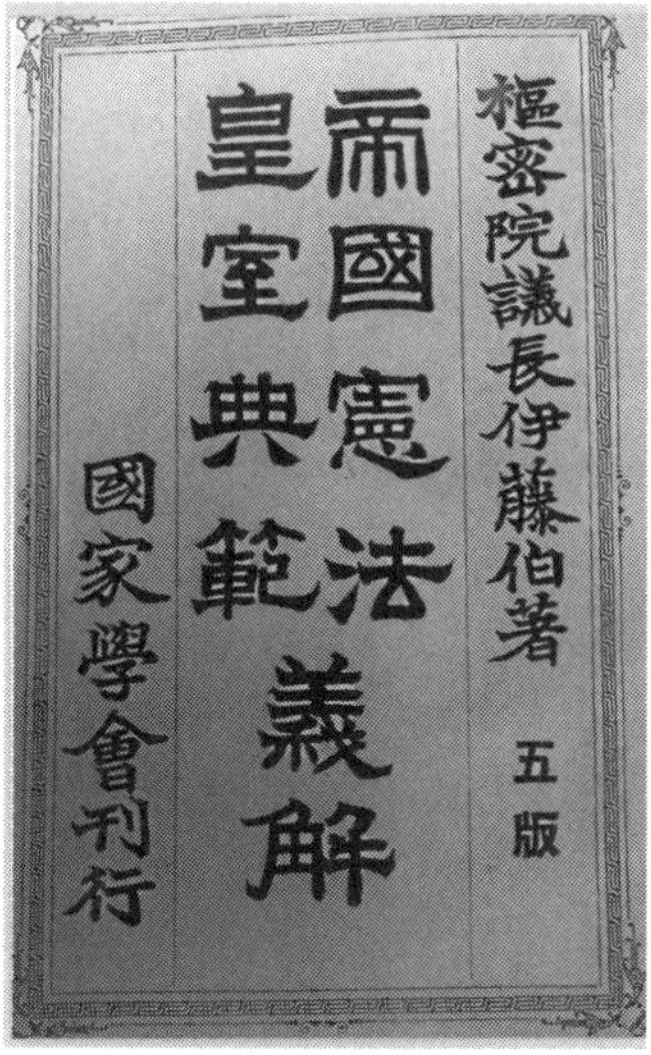

憲法義解

重ねて言えば、王の命令は「あらかじめ」発しているので、法律のように見えますが、右のとおりあくまでも家来に命じたもので、行政組織内部のものですから、オープンでもありません。即ち、法律ではなく、通達です。秘密法典という言い方もありますが、私たちが観念する法典ではありません。

ここで世界に目を向けてもっと昔を考えてみると、有名な法律（と呼ばれるもの）に、紀元前一七五〇年頃成立したとされるハンムラビ法典というものがあります。「もしアウィールムがアウィールムの仲間の目を損ったなら、彼らは彼の目を損わなければならない（田中一郎訳。縮めて、「目には目を。歯には歯を」。なお、佐藤信夫『古代法解釈・ハンムラビ法典楔形文字原文の翻訳と解釈』）」と。これは残酷な刑、すなわち酷刑の代表としてよく引かれますが、私は、本質はその部分にはないと思っています。古代の刑は一般的に重たいものです。

それよりも制度のポイントは、上記のとおり「目のケースには目を潰せ」という、刑が「一つしかない」という点にこそあるのです。律令の違勅罪の場合も一つであり、徒（懲役）二年。過失の場合杖八〇。つまり、八一でも七九でもないのです（日本思想大系『律令』六九頁）。「よきにはからえ」とか「AかBかにせよ」などという王言は、先のとおり王の立場が、自分の祖先に「責任」を負っていることからいってもそんな「無責任」なことはあり得ません。だから「目には目を」です。

これを「絶対的法定刑主義」と言い、中国や、日本の律令も、またのちに述べるとおり日本の江戸時代に、徳川吉宗が作った『公事方御定書』も、そして、明治初年の『仮刑律』、『新律綱領』、『改定律例』も同様です（一〇七頁の写真参照）。「目には目を」の伝統は、ついこの間まで日本の司法をも支配していたのです。

このことは、刑事だけの話ではなくて、民事も同様であり、紀元五二〇年頃に東ローマ帝国のコンスタンチノープルで成立したユスチニアヌス帝の『ローマ法大全』についても、帝は自分が生きている限りは、絶対に「解釈」を許さなかったといいます。

「ユ帝はその法典の註解（commentarius）を禁じ、ただ忠実な譚（タン。語り。kata podas）、簡単な内容の表示（index）、法文の総合対比（paratitla）のみを許し、これに違反するものは偽罪（crimien falsi）に問うた。」と（原田慶吉『ローマ法概説』三六頁）。

日本でも、こうして「通達主義」の担い手としての武士像は、その「承詔必謹」の面から磨き上げられていきました。

しかし、特に八九四年の遣唐使の廃止以後は、国風文化が盛んになり、一一〇〇年代末、鎌倉幕府ができて、ここに一味違う武士の世が始まります。

五　「武士の世」は規制緩和から始まった—そこから始まる「真の日本」—

（一）「中世日本」の開始

もっとも武士の世といっても、この鎌倉開府から急に始まったわけではありません。

私はその何十年も前の長承二（一一三三）年に起きた事件が中世の到来を告げる極めて重要な事件だと思っています。その事件とはこんな話です。

まず、我が国では、それまで外国、特に中国との貿易は、九州の大宰府が優先的に行なっていました。

外国の船が博多の港、つまり那の津に入ると、遠《とお》の朝廷《みかど》とも呼ばれた大宰府が、自ら貿易を行ない、余り物を民間が売買してよい、という制度です。この仕組み自体、中国の寧波などで古くから行なわれていました（王慕民『寧波と日本経済文化交流史』、木宮泰彦『日中文化交流史』、中島楽章『寧波と博多』など）。

ところが、ここに大きな事件が起こりました。それは、例の平清盛の父とされる平忠盛が行なったことです。

その年、中国の、さきほどとは別の、より有名な宋という国の船がたまたま有明海に面した現在の佐賀県神埼市に当たる神崎荘（崎は二つの表記あり）にやって来ました（博多説もありますが）。筑後川の河口あたりでしょうか。

当時神崎荘の預所となっていた忠盛は、こうして中国船が貿易をしにやってきたのを見ると、その頃の日本の支配者であった京都の院、つまり鳥羽院の院宣を、いわば偽造（？）して、自分で優先的な売買を始めたと言います（『長秋記』、『肥前国神崎荘史料』所収）。

こうして忠盛は外国貿易で収益を上げ、得長寿院という名の、息子の清盛とは別の、今はなき三十三間堂まで建てました。

「しかるを忠盛備前守たりし時、鳥羽院の御願得長寿院を造進して、三十三間の御堂をたて、一千一体の御仏を据え奉る。」と（『平家物語』）。京都大学の東の方、聖護院の近くにあったそうです。

こうして大宰府という「官」が独占してきた統制貿易に対して、民間の武士が「私貿易」の風穴をあけたのです。「規制」に対して、「規制緩和」をしてしまった。それを武士が行なっ

国際的であった中世、博多の３人の商人が中国の寧波に道路を寄附。
寧波博物館と福岡市立博物館にレプリカが

たのです。

以後平家は、神崎荘にしっかりと勢力を扶植し、平清盛は貿易ルートの途中に音戸の瀬戸を開いたり、厳島神社を盛んにしたり、大宰大弐に就任するなどして、盛んに日宋貿易を行ない、その富を京都に今も存在する三十三間堂（蓮華王院。ただし、現在のものは鎌倉時代の再建）にみられるようなお堂や仏像などに蓄積させました（『平家物語』）。

(二) 当時の武士は、農、工、商

以上をどう評価するかですが、まず言えることは、ここにおける忠盛や清盛らは、武士であるとともに、その武力を背景とした「ビジネス」を行なったわけです。つまり彼らは武士でありながら商人でもあるわけで、江戸時代のような士農工商の区別は希薄です。

士農工商の観念は、後に述べるとおり、江戸時代、中国の明の創業者で儒教主義者・朱元璋の影響を強く受けた「身分」制度がもたらしたものであり、逆に中世武士は、今の米国のように軍事国家と通商国家、つまり武士と商人とを並立させていた者たちなのです。

　ですから、このような武士像は、「中世」というものが続く限り続いていきました。

　例えば室町時代、やはり太宰の少弐という官名を持ちながら、大内氏のために対馬に追われていた少弐（武藤）政資は、大内氏が応仁・文明の乱（一四六七〜）で京都に出払っている隙に対馬から大宰府に返り咲きます、そして、四国の銅を朝鮮貿易に使用し、盛んに通商したことが記録に見えます。

　更に同じ頃、筑紫山地の南側に蟠踞した千葉、江上、渋川（探題）らも、朝鮮のハングル文字を創始した世宗大王の家来である申叔舟《シンシュクシュウ》が書いた『海東諸国記』中に、同様に盛んな朝鮮貿易を行なったことが記録されています。

　ちなみに、この千葉は、やはり鎌倉初期に今の千葉県から下向。江上は大蔵一族といって、

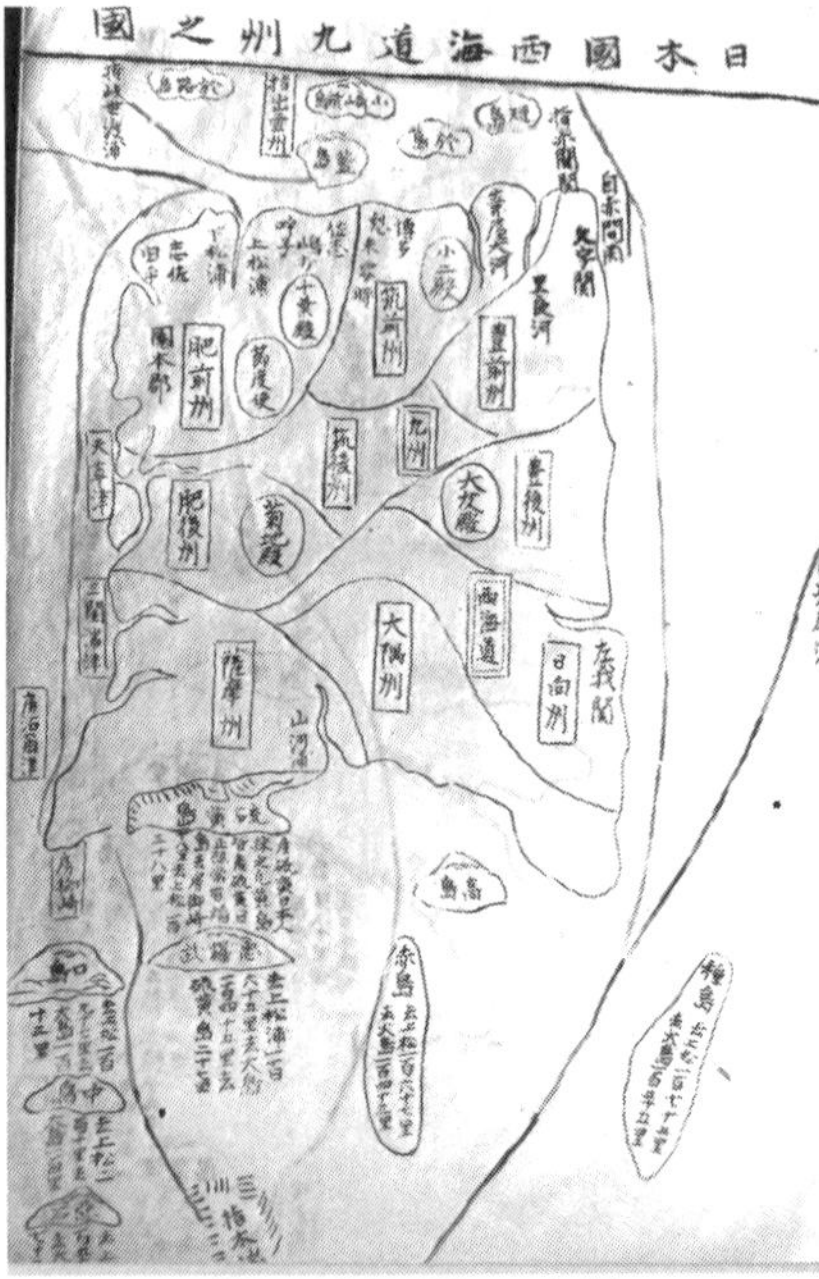

『海東諸国記』の九州。
千葉殿や小二殿が見える

漢の献帝などの子孫と称し、原田、秋月、小金丸、三原、高橋、田尻、日向、小山田などに分かれた有力武士の一つ。渋川は足利氏の一族で、『諸国記』には節度使と書かれています。なかなか国際的ではありませんか。

(三) ポルトガル、スペインの世界分割・デマルカシオンの中に活動した日本の武士

そして、少弐が衰退するその頃、キリスト教国、ポルトガル、スペインの世界分割（デマルカシオン）は、それを完成させたサラゴサ条約（一五二九年）の分割線が、日本の真上を通っていたことから、日本の歴史に大きな影響を与えます。即ち、この条約のため、西国のキリシタン大名・大友氏や大村氏、有馬氏らは、天正少年使節を西回りでポルトガルのリスボン経由でローマに送り、東国の徳川家康は、浦賀を整備し、一六一〇年、太平洋から田中勝介を東のメキシコに送り、伊達政宗は、仙台近くの月の浦を整備して、支倉常長を東回りでヌエバ・エスパーニア（メキシコ）からスペインのアンダルシア州セビーリア県経由でローマに送りました。条約とこの東西の大名の動きとの因果関係については、私は明記したものを探し出せていませんが、間違いないものと思います。

そして、このことは、日本の分裂を招きかねないものとなり、後にいわゆる鎖国へ、つまり「華夷秩序」というヒエラルキーのトップに大君というものを置く絶対主義体制の形成に、その下地を提供したのではないかと思います（このあたりは私もサラゴサまで行って調べたりしましたが全くの推測なので学者の「実証」をお願いしたいところです）。

日本人として初めてヨーロッパに渡った
「鹿児島のベルナルド」が学んだポルトガルのコインブラ大学

前記の『海東諸国記』の武士（室町時代）も、大友、大村、有馬ら戦国大名も、家康、政宗といった江戸時代初期の武将も、日本の大名たちの動きは、国際関係と密接であり、極めてグローバルなものであったと思わせます。

一五五三年、日本人で初めてヨーロッパに渡った鹿児島のベルナルドは、ポルトガルのコインブラ大学に学び、ヴァン・ダイクが描いた大友宗麟像がドイツ・ヴァイセンシュタイン城にあり（鹿毛敏夫『大航海時代のアジアと大友宗麟』に紹介）、日光の東照宮にはスペインからのプレゼントがあること、チェコのプラハ・カレル橋にザビエルや武士の像があること等々、もっと強調されるべきでしょう。

こうした広い視野を欠き、士農工商という階級差を前提とする武士（道）像のみを持つことは、江戸中期以降のものにのみ目を向けることにほかなりません。刀狩を終えて兵農分離し、将軍は対外的に大君と称して、オランダ、アイヌ、琉球、李氏朝鮮を冊封した形にして、身分秩序というヒエラルキーを本質とする儒教をその中心に据えて出来上がったもの。そこにのみ武士道を見ようとするならば、「真の日本の武士道」を見失ってしまいます。

(四)「実《じつ》」即ち中身のある主従関係─「身分ではなく契約！」─

では、こうした中世・近世初頭までの武士は、彼ら同士の間ではどんな精神的、あるいは法的関係にあったのでしょうか。

私は、それは鎌倉武士についてよく言われる「御恩と奉公」という、中身のある、もっと言えば「実《じつ》」のある主従の関係、より極端に言えば契約的なそれであったと思います。

最初に、この「実」を示す直接的な話をご紹介しましょう。『葉隠』の一部の口述者・山本常朝が書いた『愚見集』という本の中の鍋島直茂の話です。

直茂は、一六〇〇年代初めのお正月、佐賀市内に今もある本荘社という神社に、息子の勝茂をつれて初詣に行きました。

参拝のあと、直茂は勝茂に、「お前は神様に何を祈ったのか」と聞きます。聞かれた勝茂は、「それは武運長久とか子孫繁栄、国家安全。定めてこれより外には御座あるまじく…」と答えました。

すると直茂は、「我等は終に然様の事祈りたることなし。」と答え、勝茂が「何事を御祈なされ候か。」と尋ねたところ、「実《じつ》の心おこり候様に御守り候へと、此の分祈るなり。別に何事も祈らず、即ち大明神の御照覧。と仰せられ候由」と。

これだけだと少々抽象的かもしれませんから、私は武士道の講演をする時、更に具体的な例をあげます。

即ち、今の福井市の近郊に一乗谷というところがあります。そこの主であった戦国大名朝倉孝景の書いた『朝倉英林壁書』には、

先のとおり「朝倉の家に宿老を定むべからず。」と家老の世襲を戒めた上で、

「一、名作之刀さのみ被好まじく候。其故は万疋之太刀を為持共、百疋之鑓百挺には勝るまじく候。百疋之鑓百挺求、百人に為持候はゞ、一方は可黎事。」と言います。

つまり、百万円もする名刀が一本あったって（なまくらの）一万円の槍百本にはかなわない。一万円の槍を百人に持たせておけば、一方の敵は防げる、というわけです。反省を迫る話ではないでしょうか（先の家康の発想も名刀や骨董品より「実」です）。

こうした「実」の発想からは、主君と家来との関係も、「主従」（例えば「義経主従」）あるいはもっと直接的に「御恩と奉公」、より直截にいえば「契約（あるいは、「一揆契諾」）」という言葉によって表わされ、後の時代において多用された「君臣」つまり「身分」という言葉とは相当異なります。ここがポイント。つまり、武士の生き方（武士道）は、一つではないのです。

そんな主従の時代の典型として、史実性ははっきりしないものの、鎌倉の先の執権北条時頼の「廻国伝説」は有名ですね。

時頼が、ある雪の日、僧体をして現在の栃木県佐野の農家に一夜の宿を請うたところ、その家の主、佐野源佐衛門常世から温かいもてなしを受け、その後「いざ鎌倉」の呼び出しに

はせ参じた常世に対し、その折、常世が囲炉裏にくべてくれた松、梅、桜の名の付いた土地を与えるという話です。

「君臣」は律令時代即ち儒教時代の天皇と公家との関係。生まれ落ちた途端に決まる「身分」という階級差を前提とし、どころか、後に述べるとおり、「悪い殿様にも忠義を尽せ」なのです。それに対し、中世の主従は、現代の言葉で言えば「契約」によって決まる、むしろ平等な、内容の濃いものです。

イギリスの法律家ヘンリー・メーンがヨーロッパ社会について述べた先の「身分から契約へ」という言葉をお借りすれば、中世は「契約」の社会であって、律令時代や江戸時代のような「身分」の社会ではありません。少々ラフかもしれませんが、一番大切な見方であると思います。身分の律令時代↓契約の中世↓そして後に説明する身分の江戸時代です。

(五)「実」こそ中世武士のキーワード

こうして、この「実」という言葉こそ、鎌倉から戦国期までの、中世をつらぬく言葉であるし、また、真の「日本の武士道」を探し出すための最有力の言葉ではないかと思います。

先に挙げた直茂や孝景を遡る、応仁の乱の立役者山名宗全は、天文二一（一五五二）年に成立した『塵塚物語』の中でこんなことを言いました。

「凡例《およそ》といふ文字をば向後《きょうこう》は時といふ文字にかへて御心えあるべし。……大法不易政道は例を引て宜しかるべき。其外の事いささかにも例をひかるる事心えず。（公家は）一概に例になづみて時を知られざるゆへに、あるひは衰微して門家とぼしく、あるひは官位のみ競望して其智節をいはず。如此して終に武家に恥かしめられて天下うばはれ媚をなす。」とまで言うのです。

ここに言う「時」こそ正に「実」です。

ところが歌舞伎の『伽羅先代萩』では、細川勝元は白塗りの男前、山名宗全は赤ら顔の酔っ払いみたいな感じ。実際のところ、こうした歌舞伎の観念が、日本人の歴史への見方を相当に歪ませてしまっていることを忘れてはならないと思います。

更にもう一つ、伊達政宗の死亡前のことを記した『名語集（命語集）』という本にも「実」という言葉はたくさん登場します（嘉村孝『葉隠と名語集（命語集）から見る鍋島直茂と伊達政宗』・嵐義人先生古稀記念論集）。

（六）墓も城も「実」で

その伊達政宗といえば瑞鳳殿、つまり彼の墓が有名ですが、あの墓も、私はどうみても、「実」用を目的とした一種の出城的要素が強いとみます。そして、このことが更に窺われるのが鍋島直茂の墓です。彼は、自身の墓を小さなものにするように、ただし、敵・神代一党に向けて作るように遺言しました。

「日峯様（直茂）御遺言に任せ、多布施御隠居を転じて八月三月より寺地御取立あり。……兼て思召入られ候御賢慮の儀は、此の以後若し乱世にも相成り候はば、他国より必ず佐嘉（佐賀）へ人数を差向くべき事ある時に、北山筋の儀至って大切の儀と思召され候。右の所へ御遺骸御納まり御座成され候はば、御家中の者共定めて敵の馬の蹄には懸け申すまじと覚悟致すべく候。多布施より内に敵を入れ立て申さず候はば、佐嘉は持ち堪へ申すべしとの御賢慮にて候由。」と（『元茂公年譜』）。

墓は小さくても、それを敵方に向けて置いておけば、残された家来は、いざ一戦となった時、殿さまの墓が蹴飛ばされては大変だ、と頑張るだろうという「ご賢慮」による、というのです。

同様のことはプロシヤのフリードリッヒ大王の墓にも言えます。彼はポツダムにあるサンスーシ宮殿の前に。小さなプレート様の墓を作らせ（現在のものは後年製）、その周りには直茂のような殉死者ならぬ愛玩の犬の遺骸が埋っており、ジャガイモが供えてあります。プロシヤを強国にした軍人であり、哲人であるとも言えたフリードリッヒ大王は、正に合理主義の人であって、大きな墓を建てるような発想はなかった、ということでしょう。

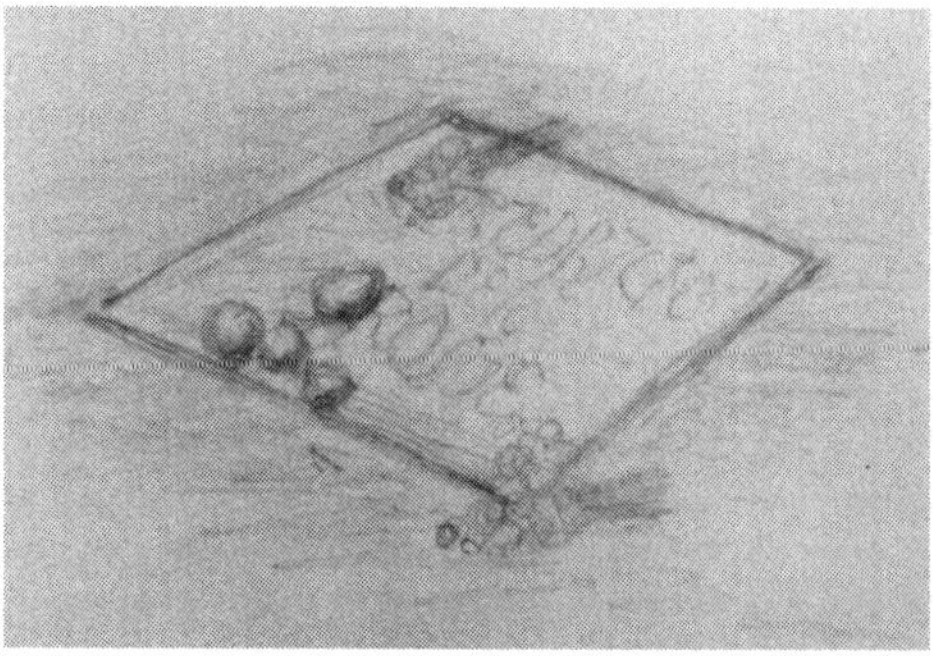

フリードリッヒ大王の墓・著者のスケッチ

直茂、政宗、フリードリッヒ大王、この共通性は重要です。

これに対し、近世以降の後記水戸黄門、保科正之（九〇頁以下）らの墓は、中国式の「孝」、つまり親の墓は立派でなければならず、遺体を焼いて「毀傷」しない土葬であることを意図した超巨大なものです（もっともお手本の北京の明の十三陵は城の要素もあります）。

ついでにもう一つ言えば、お墓だけではありません。城です。

一般的には、天守閣が大好きな人が多いですが、一方、天皇を押し込める武家の城の白壁など見たくもない、と言った、一種の観念論者で国粋主義者・浅見絅斎のような人もいます（二〇四頁）。しかるに、この天守閣というもの、城にとっては無用の長物あるいは害になりかねません。なぜなら、あんなタワーは三角測量のかっこうの目印となり、砲弾を当てるのが極めて容易になるからです。いわば敵に情報提供してあげているようなものです。中世の城に天守閣はなく、本当に戦争をしなければならない幕末の五稜郭にもありません。しょせんは「領民を威圧するための文治主義のための道具」でしかなかったのです。「実」戦には全く不向きです。

（七）「実」を踏まえた戦争

で、この中世の「実」を基準として戦争を考えますと、いろいろな事象がみえてきます。

まず「実」の戦争に行く前に、中世の九州の状況を考えてみますと、鎌倉時代初期、源頼朝によって、横浜近くを出自とする武蔵の藤原氏即ち武藤氏は、外国貿易の代表、今の福岡県・大宰の少弐に補されて少弐氏を名のりました。また、神奈川県小田原の大友郷から西下した大友氏は今の大分県を中心とする東九州を治めます。そして、やはり神奈川県厚木近くから下向した島津氏は南九州へ。この三つの有力武士が、九州を概略三分して治めるようになりました。いずれも頼朝による行政処分、つまり、任用行為によることです（その後、元寇に際して、特に長男が下向することになります。三〇一頁）。

以上を前提として、武藤（少弐）、大友、島津の前記三家が、この頼朝の任用行為を死守しようとしたのが、南北朝時代の一三七五（永和元・天授元）年に現在の熊本県菊地市で起きた「水島の変」でした。

それは、足利義満から南朝の懐良親王対策のため九州探題として派遣された今川了俊が、同じ九州でバッティングする少弐冬資を、島津氏久に説得させて肥後の水島におびき寄せ、謀殺したことから、大友、島津は憤って兵を引いてしまったという話です。中世武士の法的観念が極めて強いものであったことが見て取れます。

そのような「下地」を前提として、一五六九（永禄一二）年の立花城（現在の福岡空港近くの山城）の戦いは起きました。これは、南北朝、戦国時代を通じて、博多（今の福岡市）という国際貿易港をめぐり、大友氏と少弐氏とが鎌倉以来の地位を死守しようとしていたところに、中国地方の大内氏が博多の利権に手を出し、一五五〇年代、少弐氏をほぼ潰してしてしまった。そして、その大内氏も、大内義隆が家来の陶隆房のために天文二〇（一五五一）年に滅ぼされ、毛利、大友、そして龍造寺が勃興してきたことが前提となります。そして、少弐を潰すために働いたともいえる肥前の龍造寺氏を、まず豊後（大分県）の大友宗麟つまり鎌倉以来の地位を死守する者が攻撃。

これに対して、龍造寺は、遠く毛利に牽制を依頼。最重要ともいえる博多港を東から扼する立花城が大友と毛利との争奪戦の舞台となります。

江戸時代に馬渡俊次によって書かれた『北肥戦史』は、「一、さても今度筑前国立花表には、中国芸州（安芸国・広島県。筆者補）衆吉川駿河守元春・小早川左衛門佐隆景両大将にて、……都合五万余騎を以て渡海し、総大将毛利右馬頭輝元は、長府（下関）まで出張ありて諸軍を下知せられ、先ず大友持の立花山の城を取囲み、（ここで、大友宗麟による立花城守将への落城の命令が入ります〔『歴代領西志』上一〇一五頁。宗麟云く「〔三人の守将は〕忠貞に双びなき者なり。しかれども、今我に思うことあり。汝らまさに元就に降って終うことなかれと。」その結果、〕）……豊府三老の下知を以て其通用を断つべき為め、……同三日、立花城を芸州勢攻め破りて、豊府よりの城番田北民部少輔・同名刑部少輔・鶴原兵部少輔此三人を虜にし、船より姪の浜に差送りけり（それで毛利は大友の田北民部少輔ら三人を許し、大友の別の城、姪の浜のとなり柑子岳城へ送っていってあげた。筆者補）。

芸州衆の仕様、情ありとぞ聞えし。……然る所に、宗麟入道の調議にて、舎弟大内太郎左衛門輝弘に軍兵を付け中国へ差し渡し、芸州衆の跡を撃たむとす。斯かりし程に、其由、中国より立花の芸州陣へ急ぎ注進ありしかば、吉川・小早川を初め、先ず術に及ばすして、立花城には浦兵部少輔・桂新五左衛門・赤河能登守、此三人を残置き、総勢は十月十五日の夜中に、立花表を悉く忍引くに繰取りけり。…斯くて豊後衆…立花の城に中国より残り居たる浦・桂・赤河此三人を虜にし、筑後衆一人づつを副え、関口（下関）まで打送りけり。是は去る閏五月に、立花城にて田北・鶴原を芸州衆虜にせしかども、結句懇志を加えて、姪ノ浜まで差送りたる返礼とぞ聞こえし。」と。

本当はもっと入組んだ話ですが、先のとおり大友の攻撃を受けた龍造寺は、遠く、大友の更に敵である中国の毛利に牽制を依頼。毛利は大友の博多における牙城で貿易の拠点息浜《おきの》を守る立花城を囲みました。すると、かなわないと判断した大友宗麟は立花城の守将に落城を命令。守将は降参し、毛利は三人の守将を船で大友の根拠地・姪の浜へ送り届けます。ところが、一方、大友はその間に大内の再興を名目に、親戚・大内輝弘に軍兵をつけて毛利の本拠である山口を衝きます。

大慌ての毛利は兵を返そうにも、逆に大友から、占領したはずの立花城を囲まれて、今度は大友が毛利を助けることになり、落城した毛利方は守将三人を自陣まで送ってもらうことになりました。これは先の送り届けの返礼だというのです。

以上の結果、毛利は博多を失い、九州ではわずかに門司のみを押さえることになりました。

このように、「落城も戦略の一つ」というあり方は、極めて柔軟な思考を前提とするものです。勝利という最終目標、つまり「実」のためには、宗麟は一時の敗戦さえ戦略の中に組み入れることをいとわなかったのです。

後の第二次大戦における日本軍のような、形式重視の硬直した発想とは全く異なる、視野の広い大陸的な発想であったといってよいでしょう。

その反対に、近代の戦争での「美しい絵」を追うような発想がどれだけ多くの犠牲者を出すことになったか計り知れません。勝ったとはいえ有名な日露戦争の「三笠艦橋の図」など、実際の艦橋は、測距儀の巾からも分かるとおり、あんなに広くありません。三笠の絵は誇大の「物語」なのです。

この「物語」あるいは「美しい絵」を追う発想は、後記（一一一頁以下）のとおり、中国の『史記』に由来する『大日本史』型、歴史をドラマとする歴史観の賜です。

同じ近代の戦争でも、ヒットラーに攻め込まれてダンケルクに追い詰められたチャーチルは、ダイナモ作戦を発動して、漁船や観光船まで使って「逃げ」、これを国民も圧倒的に支持して後の反抗につなげました。この戦略こそ、正に日本の中世、大友宗麟の立花城と同一です。

しかも、個々の兵隊が無責任に負けたというのとも異なる。総大将が自ら負けを命ずるという発想にも、第二次大戦時の為政者のように、自らは勝ちを鼓吹して死を命じておきながら、負けてしまうと責任を取らない、などという発想とは真逆のものをみることができます。このあたり、一度だけ電話でお話をしたことのある福岡市文化賞などの受賞者・吉永正春先生の『筑前戦国史』などの労作が有益です。

私たち現代人は、「形式ばった」、「美しい発想」にとらわれることなく、むしろ大友宗麟やチャーチルのような、「柔軟かつ規律のある人々」の生き方をこそ見習うべきだと思います。

そんなわけで、戦国武士の生き方をちょっと紐解くだけでこれだけの「実」の発想が見られますが、江戸期に入って、先に書いた『武士としては』のような本は「とかく武士は嗜みを第一とすべし。」とか正に度を越した勤厳ぶりと言わねばなりません。もちろん「一般論」ですが、その視点が大切です。

（八）「実」のための切腹（切腹三態論から見る「実」の変化）

更に、武士道につきものの切腹という問題についても、中世の切腹は、「実」のあるものでした。

①最も中世的な戦略的、戦術的切腹

鎌倉時代最末期の元弘三（一三三三）年、後醍醐天皇の挙兵に対して鎌倉から攻め上った北条方は、天皇の皇子護良親王を現在の奈良県・吉野蔵王堂まで追い詰めます。すると、親王の家来である村上義光は、こんな行動をとります。

即ち彼は親王に成り代わり、蔵王堂の楼の上で、「（自分は護良親王である）只今自害する有様見置て、汝等が武運忽に尽て、腹をきらんずる時の手本にせよ。」と叫んで、腹を切った上で、腹わたを投げつけるという挙に出るのです（『太平記』）。

いわば敵の目をあざむき、この間に本物の親王を逃がそうという戦術です。つまり「戦略的・戦術的切腹」が第一段階。『承久記』の伊賀光季の一連の動き及びその自死も戦略的。

②戦国末期の切腹

これに対して、次の段階は『葉隠』に散々引かれる戦国末期から江戸初期にかけての切腹です。

その頃は、「戦国時代」というくらいですから、もちろんたくさんの戦争がありました。それで、その戦争で失敗したら責任を取る……？　いいえ取りません。『葉隠』にある戦国時代の戦争では極めて少なく、『葉隠』の一部の口述者山本常朝のポリシーとは別です。彼はもっと後の平和な江戸中期にかかる時代の人です。

なぜ切腹しないかというと、戦国時代に一々責任を取って切腹していたのでは、直近に迫っている次の戦争が戦えないのです。これも「実」を考えることです。この議論は第二次

世界大戦における、マレー沖海戦において、日本軍に沈められたイギリスの戦艦プリンスオブウェールズのリーチ艦長や、ミッドウェー海戦における山口多聞飛龍艦長の行動についても問題とされました。彼らは「いさぎよく」艦と運命を共にしたのですが、それは有能な指揮官を失うことになったのです。

しかし、とにもかくにも戦国時代には責任は取らないことが多い。

かといって、それでおしまいかというと……そうではありません。例えば『葉隠』には、「(齋藤佐渡という侍が米強盗をして)勝茂公へ申上げられ候へば、御驚きなされ、『彼の佐渡が昼強盗は我等がさせたるに異ならず、度々手柄高名仕りたる者なれども、如睦の奉公軍ほどこれなきゆえ、しかじか知行なども取らせず、無事の世間故我等も思ひ忘れたり。その恨みに斯様の事をも仕出すべし。面目なき事なり。』」……などということで助けられ、「(勝茂の父)直茂公御他界の時、佐渡追腹の御願申上げ候を勝茂公聞召され、『その心入を以て我に奉公仕り候へ。』と御留めなされ候へども……(結局)父子三代御供仕り候なり。」と。

つまりは、戦国時代の勇者が、負けるどころか平和な時代に喰うに困って米強盗をした。そのため死罪になるところ、殿様がそれを許す。しかして、その優しい殿様が死んだ時、「情」に感じた家来は、「追腹」としての切腹をするのです。

「中野杢之助仕立の時分、宜しからざる事どもこれあり候段、御目付より言上仕り候。杢之助を召出され、『斯様の儀承り候。随分嗜み候様に。』と潜かに仰聞けられ候。此の時追腹の覚悟仕り候由なり。」もその一つでしょう。

つまり、そこには殿様と家来の間の「情」という「実」があるわけです。『葉隠』の漫草《みだりぐさ》という序文には「情に感じてこころざしのせむればなり」とあります。

あるいは「鍋島安芸殿膳半ばに、客人急に御目にかかり度由に付、そのまま出会われ候。その跡にて、彼の家来何某安芸殿の膳にすわり、焼魚を食べ申し候ところに、安芸殿御見合され候、うろたえ走り立ち候えば、『あいつ、人の喰い物をくうて、にくい奴』と申し候うて、そのまま膳にすわり、喰いわけをまいり候由。山本神右衛門話なり。右の家来追腹の由。」というわけで安芸菩提寺・妙玉寺には一八名の殉死者の墓があり、「殉死の寺」といわれます。

何というメチャクチャな話か、という声まで聞こえてきそうですね。実際のところ『葉隠』では、同様の話はこれのみに止まりません。この「情」が激しいと、いわゆるホモセックス、あるいは衆道の関係にもなります。いや、むしろそれが当たり前が相当数でしょう。『葉隠』には衆道の家元星野丁哲まで出てきますから（本書二五二頁）。

妙玉寺（殉死の寺）

そして殿様と家来間にはこうした濃密な関係がありますから、追腹した家来は殿様と「同じ墓」に入る、これが「一味同心」である、というわけです。

③追腹停止令以後

ところが第三段階は違います。後に述べる追腹停止令（鍋島では寛文元（一六六一）年）以後の切腹。これは、それ以前の一六四四年、明《みん》の滅亡をきっかけとして、儒教という、ヒエラルキーを本質とする国家・明の文化が色濃く入ってきた時代です。

この発想からは、主君が死んだら家来は世継ぎの君に仕えよ、殉死などはもってのほかで、ましてや「身分」、つまり「分」の異なる家来が、中世のように「一味同心」で、殿様と同じ墓に入るなんて許されないし、あまつさえホモセックスの関係なんて益々許されない、という発想になってきました。その代表者が後に述べるとおり水戸黄門です。森鴎外『阿部一族』や滝口康彦『一命』などの小説がこれを取り上げます。

そうなると切腹は責任を取るためのもの、その時は潔く、形式美を全うし、身分に応じて、素足か、足袋を履くか、とかの差別をもって行なえという、現在我々が観念するような切腹になっていきました。

④まとめ

つまり、切腹という世界においても、①、②の前二者は戦略・戦術、あるいは殿様と家来との「情」がなさしめた「実」あるもので、③の追腹停止令以降は、法治の一環としての「形式」が支配します。もちろん死に方も「身分」の差がある世界です。

(九)「実」のバックには「慈悲」の仏教が—それは動物愛護にもつながる—

以上中世ないし近世には、武士に要求されるのは、何よりも「実」、あるいは「実利」であり、主従の間にも実質的な「情」や「御恩と奉公」つまり契約的関係があったわけです。

そして、この時代は、戦争による死がとめどなくつながる「死の時代」であったからこそ、逆に生きとし生きるものを大切にし、仏教的な慈悲の精神をもって生き物やかわいそうな人々に接したことも重要です（五味文彦先生の『殺生と信仰：武士を探る』。神奈川県立金沢文庫「よみがえる中世」展カタログ）。鎌倉新仏教に対置される貞慶、明恵、叡尊らの戒律復興、釈迦信仰も生き物を大切にする発想として大事です。

鎌倉の歴史書『吾妻鏡』をみますと、あきれるほど次から次へと戦争が続きます。しかし、だからこそ同書には、毎月十六日の流鏑馬と並んで、十五日の不成就日、鶴岡八幡宮（寺）の池において魚を放す放生の行事が行われたことが出てきます。この放生こそ、今もアジア諸国で行なわれている、魚や鳥や人間など弱い者へのいたわりの行動です。

北条泰時の弟である重時が開基である鎌倉の西の端・極楽寺では、今も薬を作るためといわれる大きな石臼などがあり、その鎌倉の反対側・東側にある横浜市・金沢八景駅近くの上行寺には、朝日奈の切通しを、荷物を背負って行き来した牛馬を供養する立派な宝篋印塔様式の供養塔があります。近くの六浦の海は殺生禁断です。鍋島直茂の祖父に当たる鍋島清久が、祭りの前、前記本庄社の堀のフナを夫婦で逃がした話も『葉隠』にあります。

このような慈悲の気持ちは、家来あるいは領民どころか牢屋の者にまで及びます。

『葉隠』では、

「直茂公、寒夜に御火燵をなされ、陽泰院様へ御意なされ候は、『さてさて寒き事にて候。火燵に居てさへ堪え難く候が、下々は何として夜を明し申すべきや。……『一の難儀は牢屋の者共なるべし。火の取扱相成らず、壁もなく、着物も薄く、食物も有るまじく候。さてさて不憫の事かな。』……御台所にて粥を仰付けられ、即刻牢屋へ遣はされ、罪人共へ拝領せ

筆者の友人によるミャンマー・ヤンゴンでの放生（放鳥）

しめられ候。涙を流し有難がり、頂戴仕り候由。」と。

「大慈悲」を標榜する『葉隠』にはまだまだあるのですが省略します。しかし、これが「武士道書」といわれる『葉隠』の中身なのです。

仏教をバックとする（相良亨教授）中世武士道の特長でもあります。

このような「仏教がバック」は日本の西も東もであって、だから東西に「そっくり」の話があります。

例えば西の『葉隠』では、「念仏の行者は、出で入る息に仏を忘れぬ為に、名号を唱ふるなり。奉公人も、主君を思ふこと、斯くの如くなるべし。」と言い、「湛然和尚平生の示しに、……武士たる者は、忠と孝とを片荷にし、勇気と慈悲とを片荷にして、二六時中、肩の割入る程荷うてさへ居れば、侍は立つなり。朝夕の拝礼行往坐臥、『殿様殿様』と唱ふべし。仏名真言に少しも違はざるなり。」と。つまり、殿様は仏様と同じく、唱える対象だと言うのですが。

一方、東の伊達政宗では、その死に当って、二十余人が殉死しているところ、「君は彌陀光をささそふ友なればあとはまよはぬ六道の辻」という辞世の歌を詠んだ人があり、殿様はやはり慈悲の権化の阿弥陀様。『葉隠』同様「殿様殿様」と唱えられる対象である人のための追い腹が記されています（政宗の最晩年を記した『名語集』）。現在、これら殉死者の石塔が政宗の墓・瑞宝殿をぐるりと囲んでいます。

こうして、西も東も、殿様は慈悲の権化・阿弥陀様です。

（一〇）過渡期の人・政宗

ただし、昭和四九（一九七四）年に、政宗の殉死者の石塔の下を発掘してみたところ、そこに骨は入っていなかったとのことです。これは、慶安四（一六五一）年の将軍家光の死に際し、家光の遺骸は日光に、殉死した老中・堀田正盛の墓は上野（あるいは品川）に、ただし、正盛の供養塔は日光にあることといわばパラレルです。

それ以前の殉死では、各藩とも、主君をとり囲む位置や墓前または後ろに殉死者の墓が据えられ、遺骨もそこに埋葬されて、「一味同心」です。ところが「近代化」とともに、殿様の傍に供養塔はあっても骨はない、という現象が始まった、というわけです。

ここにも戦国から江戸へと、中世から近世への移行期に生涯を送った政宗の「時代」が見て取れます。

（一一）「実」を追求した中世日本こそ日本独自の国家像「真の日本」

こうして、「実」を追求し、「身分」より「契約」の時代だった中世から江戸初期の日本こそ、倫理（武士道）の前提となる、守るべき「法律」においても、日本独自のものでした。

元々日本は、はじめに述べたとおり中国の家来であり、独立を果たしてからも、中国法つまり律令によって国家が運営されてきました。しかし、鎌倉幕府はこの体制に大きな変革を加えます。

それが、貞永元（一二三二）年に成立した『御成敗式目』です。

この式目制定の趣旨については、北条泰時が弟重時に送った二通の手紙があります。それは明恵上人とも関係深い仏教的平等感を基にします。即ち、

「さてこの式目をつくられ候事は、なにを本説として注載せらるるの由、ひと（つまり京都の人）さだめて謗難を加事候歟。ま事にさせる本文にすがりたる事候はねども、ただどうり（道理）のおすところを記され候者也。……かねて御成敗の体をさだめて、人の高下を論ぜず、偏頗なく裁定せられ候はんために、子細記録しをかれ候者也。……

凡法令（律令）のおしへめでたく候なれども、武家のならひ、民間の法、それをうかゞひしりたるものは百千が中に一両もありがたく候歟。……これによりて文盲の輩もかねて思惟し、御成敗も変々ならず候はんために、この式目を注置れ候者也。京都人々の中に謗難を加事候はゞ、此趣を御心え候て御問答あるべく候。」と。

この手紙で言う「道理」については、利光三津夫『日本中世政治史』三六頁が以下のとお

り解説しています。

「『道理』の意味については、それが多くの事実史料の中において流動的に使用せられている故に、これを概念づけることは真に困難であるが、強いてこれをいうならば、『政治の対象に対して、正直に実質的公平をはかることを旨とし、最も、現実的な解決策を探求する』ということであると思う。……又、それは、法の事実上の不存在に際して、裁判所が依拠する現行法上の『条理』とも異なり、むしろ法の背後にあって、これを規制する、いわば法の原則（自然法）であったと推定せられる。」と。

つまり泰時の考えるところは、「自然法」を可視化するところにあると思われますが、当然それは「自然」ですから日本の政治に適合するように、しかも後記「女人養子」に見るとおり「右大将家御時」より「その数あげて計うべからず」とする関東の慣習法を抽出して、つまりは日本人の「身の丈」に合わせて作ったものなのです。

また、「漢字」を読める人だけでなく、「かな」しか読めない人にも分かるように「上下を論ぜず」作った。そして、律令は立派だけど、それを十分理解している人は百千の中に一人二人もない。これでは法令としての意味がない。決して律令を否定するものではなく、こうした（教養的には劣る）武家のためのものだから（安心しなさい）と京都の人に言うように、というわけで、その心配りは見事です。

考えてみますと、律令というのは先のとおり元々日本のものではありません。しかし、その内容は極めて精緻です。先に述べたように「目」にも「歯」にも、あらゆるケースについて公務員の対応を規定しておかなければならないわけですから。

かくして、律令は、統治の技術としては窮極を追求した優れた点があります。でも、それは、精緻であることの反面として、硬くて融通がききません。そこで、それが「道理」に合わなければ、自分たちが今までやってきた「身の丈」に合わせて是正しよう、というのが泰時らの発想です。

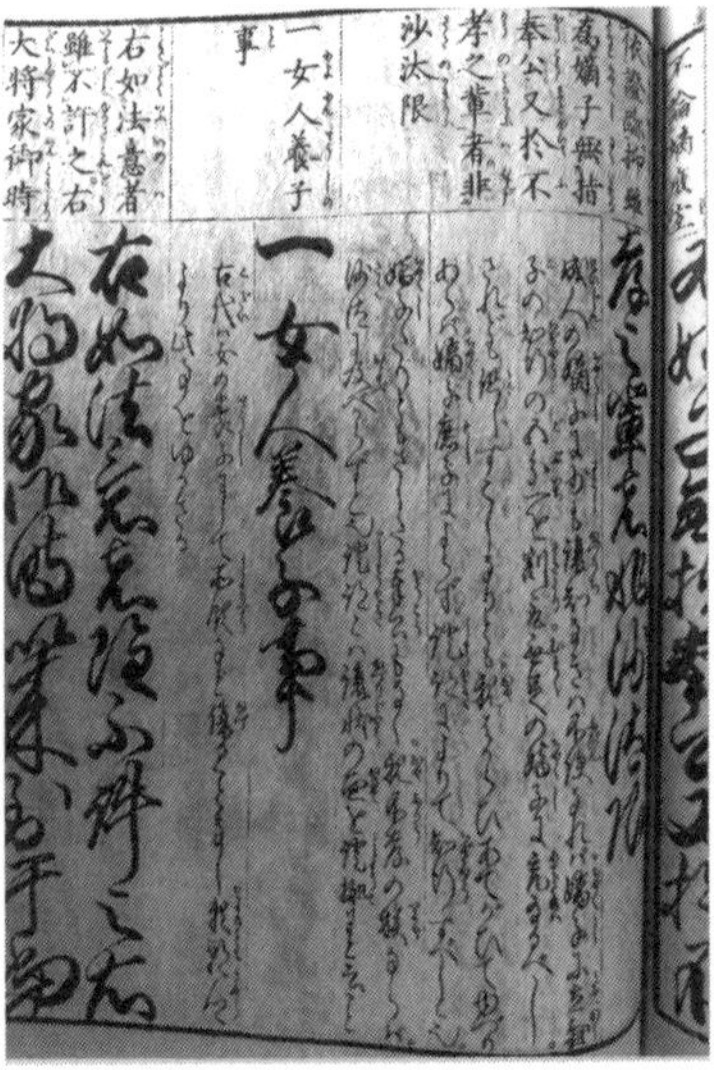

御成敗式目・女人養子の部分

律令は、前記のとおり董仲舒による儒教の政治を受け継いでいますから、一言でいって不平等（身分）。例えば、御家人の家の女の人に養子を取ることができないというような女性差別があります。しかし、そうなると「一所懸命」の御家人の領地は、縁者に承継されず、家子郎党は困ったことになってしまいます。それを是正しようとしてできたのが、以下の「女人養子の事」（第二三条）です。

「右、法意（公家法つまり律令）の如くんば、これを許さずと雖も、右大将家（頼朝）の御時以来、当世に至るまで、その子無きの女人等、所領を養子に譲与する事、不易の法勝計う（あげて数う）べからず。しかのみならず都鄙の例、先蹤これ多し。評議の処、尤も信用に足る歟。（『御成敗式目』の原文は和様漢文体）」と。

つまり女人にも養子を認めるようにしたのです。それが「道理」であり、「右大将家御時以来」つまり頼朝以来の「慣習」である、との発想から定めたもの。つまり、それは日本人の「身の丈」に合せたものです。

このような泰時という人物に対して、南朝の北畠親房も高い評価を与えています。「大方泰時心ただしく政すなほにして、人をはぐくみ物におごらず、…凡保元・平治よりこのかたのみだりがはしさに、頼朝と云人もなく泰時と云者なからましかば、日本国の人民いかばかりなまし。比いはれをよくしらぬ人は、ゆえもなく、皇威のおとろへ、武備のかちにけるとおもへるはあやまりなり。（『神皇正統記』）」と。頼朝や泰時らを悪く言うのは、（南朝の立場からも）誤りだ、というわけですね。

即ち、慣習・身の丈を重視した「日本の武士道（公務員の倫理）」が法の世界において具現化されたもの、と言うべきではないでしょうか。

私がこのような発想に立つのは、ナポレオン戦争後のドイツのことを思い出すからです。即ち、一八〇〇年代初め、ナポレオンに攻め込まれたドイツは、フィヒテが『ドイツ国民に告ぐ』の講演を行ない、グリム童話などができて、一種の民族主義を鼓舞しました。

そして、法律についても、正にゲルマン民族の「慣習」に光を当て、サヴィニー、ティボーらのかかわった法典論争が行なわれました。

この論争は極めて複雑で一概には言えませんが、いずれにしても、「民族」を強調するのならば「慣習法・歴史法」へ、というのが一つの考え方でしょう。

つまり、「日本の」を強調するなら、「外来のものを取り入れて、日本のものと思っている」のではなく、本当に日本人が、「その身の丈に合せて慣習的に作ったもの」をこそ「日本の」ものとするべきでしょう。

それは正に中世日本のそれであるはずです。もちろんそれは排外主義などとは無縁です。逆に、先の長承二（一一三三）年以来、「自由貿易」の時代として、天竜寺などの寺社造営料船などが盛んであり、鎌倉には中国の南宋から多くのお坊さんが来て、再建とはいえ建長寺、円覚寺など今に残る寺院などを建てた、そのような国際性のある時代が慣習法の時代でもある、というわけです。

（一二）その「日本独自の国家像」は「一味同心」の世界

そこで、こうした中世の国家の構造は、より具体的にどういうものなのかを考えるために、東洋における「社」、そして、英米法系社会の「コミュニティ」との異同を考えてみたいと思います（もちろん本来、大論文ででも書くべきで、学者の先生にはごめんなさい、ですが）。

日本の中世は、荘園制度というものがそれ以前に確立されていますが、武士に権限が移行することにより崩壊していくという過程の中で、自然に民主的自治組織ができました。

例えば室町時代の「惣」、「寄り合い」というようなものは、今でも農村部に常会などがあるように、田んぼの水をどうするとかいうようなことを自分たちで決めなければいけないので、そのような自治的組織が自然にできる。しかも、元々東洋には以下に述べるとおり「社」とか「社稷」というものがありました。

中国の場合、例えば北京の宮殿の北に向かって左に社稷壇が、右に祖霊を祭る祖霊殿があります。韓国のソウルも同じスタイルで、祖霊殿に相当するのが世界遺産の宗廟です。このことが遠く古代ローマのロムルスの町づくりにつながっていることは貝塚茂樹『中国の古代国家』四四頁以下などに紹介されています（一二七、三〇〇頁参照）。

これは、実は日本も同じで、伊勢神宮でいえば、内宮は祖霊殿、外宮は社稷壇、つまり農業神。この伊勢神宮のコンセプトについては、戦後最高と言ってもよい、東京裁判における東条英機の弁護人で、第一次安保国会の時の衆議院議長・清瀬一郎先生のご子息・清瀬信次郎先生（亜細亜大学名誉教授・靖国会の総裁でもあった）から聞いたことですが、あながち嘘ではないでしょう。信次郎先生とは同じご町内同士として、また同じ大学の教員仲間として、よく食事（お酒）をしました。

こうして祖霊、社稷の考え方は、しっかり日本にも入り、特に中世以来、伊勢同様、各村々に鎮守の森というのがありました。そして、そこを中心として村人が集い、同じ神社の水を飲んで会盟《かいめい》した。これを「一味神水」と言い、それによって軌を一にすることを「一味同心」とか「一揆」と言います。この「一味同心」は、本来、このように村人相互の同盟作成過程だったのですが、『葉隠』のように近世性が強くなると、殿様との一味同心となります。しかし、まだまだ「一味」や「同心」の色は濃い。

豊田武『武士団と村落』四七頁及び一九四頁では、一味同心の典型・松浦党について、「恐らく松浦党は、鎌倉時代には、上下ともに小地域毎に村の鎮守を中心として結束し、一族の本家的な地位に立つ有力者がこれらの小党を率いて随時対外的な行動をなしていたのではなかろうか。……神社とともに惣領が管理の対象としたのは、先祖代々の墓地と仏像である。これらはふつう根本開発の所領、とくに館の構内か、その付近に設けられていたが、墓地の附設はこの期になっての著しい特徴である。先祖の忌日には、先祖の墓地のある惣領の館に一族が参集し、物領が主となって、供養を行うのが当時の習いとなった。『光明寺文書』建仁三年（一三〇三）の文書に、『但得分に預かるの輩は同心合力し、嫡家においては忌日の勤めを致すべし。』とあるのは、これをよく物語っている。…至徳四年（一三八七）の『上杉憲方置文（置文は、一種の遺言書。筆者注。）』に、『所々寺院事、物領外護を致すべし。』と記されている。南北朝期になると、物領家は一族の統制を強化するため、僧侶を招き、寺院を創建して、これを氏寺とする傾向がいっそう高まっている。」とあるとおりです。

そして、松浦党『青方文書』では、

「一、公私において一味同心の思をなし、忠節を致すべし。或は一人公方より面目失い、或は公私につき恨みをなすと雖も、一揆中において談合を加え、衆儀に依り之を相計らふべし。一人の儀を以て事を乱すべからず。

一、市・町・路頭の乗合・笠咎・酒狂・戯以下の事に依り、不慮の外に珍事出来すと雖も、是非なく雅意に任せ、各弓箭を取り成す事、甚だ以て然るべからず。一揆衆中馳せ寄り、理非を検じ、別けしめ、その沙汰あるべし。」と（日本思想大系・石井進ほか『中世政治社会思想』）。

これが「一味同心」の世界、「一揆契諾状」の世界です。

このような中世「一味同心」のあり様は、現代の共同体や自治のあり方ともパラレルで、例えばアメリカに例をとると、その国全体がよい意味での「カルト」いわゆる小さな宗教集団からできているといわれます。

ヨーロッパからメイフラワー号でやって来て、プリマス植民地をつくり、あるいはクエーカー教徒ウィリアムペンがやって来てペンシルベニアを作ったり、モルモン教徒がユタ州という州を作るとか。そこでの民主的自治組織ができるわけです。

ちなみに、一六二〇年のメイフラワー盟約は、前記一揆契諾状と、その内容が瓜二つでもあります（例えば木下尚一ほか『史料が語るアメリカ』四頁。ウィリアム・ブラッドフォード「ケープ・コッド上陸とメイフラワー盟約」）。

六　秀吉の刀狩りから朝鮮出兵

以上のような中世であったところ、豊臣秀吉による天正一六（一五八八）年の刀狩り、天正一八年（一五九〇）年の天下統一、天正一九（一五九一）年の検地といった出来事により兵農が分離されていきました。そして、前記天正一八年の小田原北条氏を屈伏させた戦いなどでは、私戦（自力救済）を禁止する「惣無事令」を国民に強圧し、中世にわずかに残っていた荘園制を完全に収束させたことなどは歴史の授業で習うとおりです。

よって、これについては省略しますが、武士というものが土地にくっついていた存在から剥ぎ取られてしまったこと、更に「お上意識の醸成」など当然ながら大きな意味があります。

そして、秀吉は、一五九二年から一五九八年までに二回朝鮮出兵を行なったのですが、これによって相当な朝鮮人や中国（明）人が日本にやって来ました。

『葉隠』には、例えば、「中野甚右衛門高麗より童子一人連れ越し、後、槇忠左衛門と申し候て、足軽になし、子長右衛門直人に成り、秀島長右衛門と申し候。其の子秀島五左衛門。」

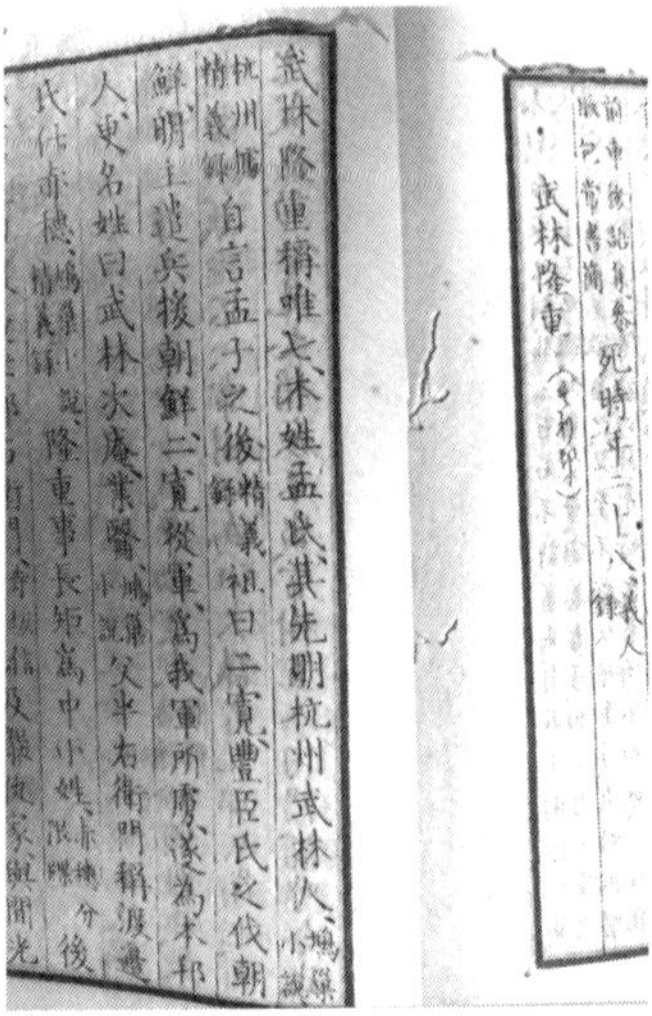

『赤穂四十七士伝』中の
武林唯七の部分

とかとあります。

　また同じ戦で、一二歳の時、藩祖鍋島直茂により韓国から連れてこられた洪浩然のように、七六歳で初代勝茂に殉死し、そのご子孫が今もたくさんおられるなどという例もあります。そのため佐賀市には鏡円寺、唐人町などがあります。

　その他佐賀県では、川崎、鐘ヶ江といった名家の人たちの名字、これらは北朝鮮の地名であり、中島浩気『肥前陶磁史考』によると、文禄・慶長の役で韓半島から来日した人々とのことで、焼物など貴重な文化を招来しました。

　更に、この朝鮮の役で韓国から連れてこられた看汎は、自らを漢の武帝の頃匈奴に捕まり、毎日羊を見ていた蘇武になぞらえて、帰国した後、『看羊録』を書きました。彼は、近世儒学の祖で秀吉や家康の先生でもある藤原惺窩と交わり、統治の基本・儒教を日本に根づかせるについて巨大な足跡を残したといわれます（後に述べる「撫民」の観念の植えつけ）。

　もう一人、朝鮮の人々だけではなく、赤穂浪士・武林唯七の祖父・孟二官は、孟子の子孫といわれますが、江戸時代の『赤穂四十七士伝』の詳細な紹介によると、やはり前記の戦で朝鮮を応援した明の軍隊の一員として朝鮮で囚われ、日本にやって来た人です。その子孫は浅野家に仕えて侍となり、武林の名は中国の浙江省杭州にあった武林門に由来します。杭州は古くは南宋の主都臨安であり、町は城壁で囲まれ、その西北の門が武林門です。現在は武林広場があります。

唯七は、そんなわけで立派な四十七士の一員としての侍で、泉岳寺で腹を切り、お墓もあるというわけです。

七　更なる劇的変化！一六〇〇年代
―国際情勢の変動と新しい武士の生き方である「士道」の始まり―

(一)「明」の滅亡

このような国際情勢の変化を反映して、新しい武士の生き方・「士道」が生まれてきました。それは、以上に続くアジアの激動によります。

それ以前の一三六八年、紅巾の乱によって元を北方に追いやり（「北元」となる）、明を建国したのが太祖朱元璋です。彼は、身分的には最低ランクのこじき坊主のようなものから身を起こしたので、利息を取る商人が大嫌い。重農主義を取り、つまりは士農工商です。このような身分差ということになれば当然儒教主義。もちろんモンゴロイドではない純粋中国人つまり漢民族の国家を標榜することになります。しかし、明は、日本で言えば室町時代から戦国時代にかけて、いわゆる北虜南倭に苦しめられました。モンゴルや倭寇らによる圧迫です。更に、内乱、党争などに加えて、前記秀吉への対応によっても相当な痛手を被りました。

清軍が入関した「山海関」

鄭成功（福松）と母田川氏（厦門博物館）

北京の故宮の北、景山にある、
明最後の皇帝崇禎帝が自殺したとされる木（の何代目か）

そして、最後の皇帝・崇禎帝は一六四四年、李自成の農民軍に追い詰められ、北京の宮殿の北にある景山において、首つり自殺に追い込まれます。

そして、将軍・呉三桂によって、現在の河北省・山海関から援軍として関内に招き入れられた清軍が、李自成を追い出しただけでなく、ついでに明自体にも取って代ってしまいました。

これが「華夷変態」と称される現象であり、東洋文庫で同名の大部の本になっています。日本にやってくる唐船の風説書などをまとめたそれは貴重で、オランダ商館長の日誌に並ぶものといわれます。

その明を復興しようという復明運動の最大の勢力が一六六二年に台湾からオランダを追い出し、一六八三年まで清やオランダと戦った鄭成功とその息子の鄭経、孫鄭克塽までです。鄭成功の母は日本人であり、父は明人鄭芝龍。成功は現在の長崎県平戸市で生まれ、七歳までを過ごしました。彼を扱った歌舞伎が『国姓爺合戦』ですね。

この復明の運動の過程では、鄭氏をはじめ有名な朱舜水らがたびたび日本に援軍を乞いに来ました。これを「日本乞師」と言います（石原通作『日本乞師の研究』、『南明史略』謝国楨）。

これにつき湯浅常山の『常山紀談』には、こんな記事があります。

「明の鄭氏援兵を乞ふ事幷びに稲葉正勝諫言の事
大猷院殿（徳川家光）の御時、國姓爺日本に援兵を乞ければ、諸長臣を御前に召し出だされ、是を捨置れなば日本の恥なり。援兵をつかはさるべき旨仰せられしに、小事たらざる故に各〻とかくを申出かねられし処に、稲葉丹後守正勝、援兵の事然るべからざる旨再三申されければ、……（家光）昨日申せし処思召にかなはざりしが、つぐづく御思慮有りしに、申す所理なり。援兵に及ぶまじき由仰せ出だされたり。」と。

南にいた明朝の遺臣など（南明）を救おうとすれば、清による北方からの攻撃もあり得たことでしょう。稲葉正勝の慧眼が日本を救った、といえるのかもしれません。今の世にもほしい真の国際性と考えます。

しかして、復明の企ては、前記一六八三年の鄭成功の孫政権の降伏で一応の区切りがつき、この間も、そしてその後も多くの中国人（明人）が日本にやってくることになったのです。

（二）新しい「中国文明」の渡来

木下鉄矢『清朝考証学とその時代』には、「明末清初の動乱期、……（中国では）五千万が減少したと推定される。」とあるのですが、私はこの内の少なくとも数万人が日本にやってきたと思っています。

前記孟二官もその一人ということになりますが、教科書では朱舜水や隠元禅師といったところが有名ではあるものの、その程度ではありません。この点の日本の教科書の記述は誠に不適切です。

中村質『外来文化と九州』一三六頁以下を引用させていただくと、「はじめに、九州以外の各地における戦国末から鎖国前の在住唐人の活動の一端を、寛政六年（一七九四年）跋の小宮山昌秀『西州投化記』等に拾ってみよう。古くは遣明船の通事の宋素卿こと朱縞・林従傑・閻宗達、奈良西大寺で豊心丹の製造法を伝えた張三官、京一条で饅頭屋を営み虎屋の祖と言われる三官、幼くして倭寇の俘虜となり、のち嵌金等の工芸に秀れた浙人の潘鉄、同様の事情で渡日し京都妙覚寺で写書等にあたった福建興化府出身の陳体経とその父や兄があった。信長に召出されて安土城の瓦を焼き、その技法が全国に波及したとされる瓦焼一官（一寛）と、江戸芝の「八官町」に屋敷を与えられ町名はその名に因むという子の八官、天正七年（一五七九年）に家康の夫人関口氏を治療したという唐医滅慶、また子が上総介忠輝に仕えて妻の姓により花井遠江守と称し松代城二万石を領し、孫は旗本の主水正義雄と名乗った唐人八官もいる。……」と枚挙にいとまなし。これは「鎖国前」の「九州以外」なのであって、同書では、博多・臼杵・府内など多くの町に明人がやって来たことが記されていて、間違いなくやって来た佐賀などは除いてあるにもかかわらず、相当な数なのですから、全体は推して知るべしです。

他にも、例えば『明朝来帝の日本之命』（元名『明太子、福王元年在日本』徐尭輝。訳は能條彬外）などにも詳細な記述があり、かくして、元禄九年（一六九六年）の長崎の人口は六万四五二三人で、内約一万人が中国系といわれ（『長崎略史』）、一部のこととはいえ、この分野で学士院恩賜賞を受賞された大庭脩『江戸時代における中国文化受容の研究』は享保時代の来船唐人につき、「しかも江戸時代は、きわめて多くの中国の文化に接し、中国の文物を用いていたのである。たとえば元禄元年には、延べ九一二八人の中国人が長崎に来航したという計算になる。」とされています。したがって全国では数万人規模の明人がやってきたことは間違いありません。

そこで、このような中国人（明人）たちがどういう気持ちでやって来たかですが、それは『唐通事由来書』に書いてあり、これがなかなか面白いものです。

「私共通事先祖之儀は、明官之者ニ而、清朝創業之折軍議之志願有之、日本之御池罷渡居候処、追々住宅御免、通事役被仰付、其頃専ら切支丹宗門之者稠く御制禁被仰出候へとも、西洋人唐人共之内ニも天主教之輩有之、通商之者へ紛れ罷渡候段被為聞召、唐船渡海御停止被仰出候処、（中略）住宅唐人共篤と相糺合、急度御国法相守候者共通商之儀御願申上候処、唐船請人と申者を御立被置、右邪正御糺方被仰付、通商御免被為遊候義ニ御座候、其後唐船入津之時々、木船罷越、宗門人物等相改、猶又異国之風説承り言上仕候役目ニ被仰付候、且又唐人共不法有之節者、時々罷出制方仕、御法令筋示方行届候（中略）。他邦之舌官者、通詞と相唱候へとも、私共義は右鴻臚館之格を以、通事と相唱へ候様被仰付置候付、唐人共唯今ニ至迄尊敬仕、則通事老爺と相唱来、……信牌大小通事姓氏書戴仕、其外御法令筋唐人相掛候義は、私共を以被仰出候義ニ御座候付、唐国ニも格別重く相心得罷在候得者、私共身分、当地限り之儀ニ無御座、異邦相響候義ニ御座候、（中略）殊更交易之基ひ候身分ニ御座候得は、何卒外地役人と差別御座候訳、乍恐御鑑察之程偏ニ奉願候、（下略）」と。

つまり長崎にいた唐通事は明の遺民とその後裔で、日本古代の鴻臚館（これは博多にあった。難波、奈良に。多分秋田にも渤海使のために同様の機能を持つ施設があったのでしょう）、清朝でも鴻臚寺（中国では「寺」は役所）の属官として、たんなる訳官ではなく、オランダ通詞などとは異なり鴻臚館の格式に則った「通事老爺」として唐人の尊敬をうけている云々というわけ。つまりは昔でいえば判任官（裁判所で言えば書記官）より更に上とでも言うことでしょうか。

確かに最高レベルの人々で、その子孫の中には、例えば大隈内閣の大蔵大臣武富時敏さんらキラ星の如し。現代日本のトップクラスの方々もおられます。

ですから、渡来した彼らは、親の代は中国系の服装をしていますが、上級武士の娘などと結婚し、子孫になると完全に侍の恰好になって名前も「〇〇兵衛」などと改めます。

(三) それによる日本自体の変化

これを前記の本は「同化」としますが、私としては、逆に日本自体が内容的に変ったのではないかと思います。

このころ中国からやってきた有名人の一人が、前記隠元禅師で、インゲン豆を伝えたことで有名ですが、それはごく一部の話。禅師は、将軍家綱、後水尾上皇らから土地やお金の寄進を受け、中国・福建省で刻んだチーク材を海上輸送で運んで寛文三(一六六三)年京都の宇治に黄檗山万福寺を開きます。黄檗僧は、やはり材木を運んできて建てた長崎の興福寺、福清寺、崇福寺などだけでなく、佐賀、福岡、山口など全国の殿様たちの帰依を受け、……中には今や田んぼの中である佐賀の蓮池・龍津寺に、有名な売茶翁や儒学者亀井南冥の先生で中国語ペラペラという大潮が生れました。また、隠元禅師だけではなくて、その前に道者超元という隠元禅師の法姪にあたる人も来て、盤珪禅師を通じて武士道書・『葉隠』に深い影響を与えています。

そして、この渡来した黄檗文化で大事なのが精神面と合せて物資の渡来です。東京国立博物館で行なわれた「黄檗」の展覧会のカタログ中には、インゲン豆、スイカ、たけのこ、れ

四川省の成都博物館にある着物を着た俑

んこん、寒天、原稿用紙、煎茶、普茶、ごま豆腐などが挙げてありましたが、むしろこの本の文字・明朝体が正にそれ。

そして、物の数え方「いち、に、さん、し、ご」もそうだと思います。私は、福建・台湾の人と会うと必ず「一、二、三、四、五を何と言う?」と聞くことにしています。台湾語（閩南語）で「サン、シ、ゴ」は日本と全く同じですが大陸では福建省の中で、はっきり「いち、に、さん、し、ご」のところがあります（方言が多いのです）。本来の日本では「ひ、ふ、み、よ……」、あるいは「ひとつ、ふたつ」ですから、「いち、に、さん、し、ご」もこの時の「渡来物」と思うのです。

先の大潮はもとより荻生徂徠なども中国語はペラペラだったそうですし、彼が書いたのが『明律国字解』や『孫子国字解』等々。その中国本の全てが明朝体。もちろん修身の教科書で有名な鉄眼禅師の『一切経』もです。

かくして、中国人、韓国人と日本人ですから通婚が容易でもありました。なお、念のため言っておきますと、中国と言う国が今と昔（特に明）とでは大違い。例えば、着物は本来、漢の時代を代表する中国の服装であり、チャイナドレスは北方騎馬民族の服装なのだ、ということも自覚する必要があります。

そして、明は先に書いたとおりの伝統的つまり儒教的中国国家。南京にある明の創業者・朱元璋の墓は「孝陵」と言うとおり、儒教の基本の「孝」が鎮座しています。清は北方ツングース系の狩りをする民族の国です（明と清との違いについては後記一八八頁以下の両王朝の「家具」の違いも参照）。

このことを踏えないがために、後に述べるのとおり、日本軍は昭和に入ってから蔣介石と提携せず、南京を攻め、万里の長城を越えるという大失敗をおかしました。

そして、もう一つ落としてならないのは、一一五頁以下に述べる明の滅亡・同国人の渡来による日本の「国学」の発生です。元和九（一六二三）年に来日した福建省福清市出身の林公琰（一五九八～一六八三）は、来日後、大村藩士の娘と結婚して、その系統から、中野撝謙、渡辺蒙庵、賀茂真淵、本居宣長が出たこと、それが国学となり、明治憲法の基軸の部分にそれがしっかり使われていることを忘れてはなりません。

以下、そこに至る前段階を少し噛み砕いて書いていきましょう。

(四) 水戸黄門の武士道観・「士道」

①水戸黄門と「中国」との出会い

明の崩壊の前である寛永五（一六二八）年に生れたのが徳川光圀即ち水戸黄門です（「黄門」

は中国での中納言）。彼は、テレビと異なり茨城県より北へは行ったことがありませんし、箱根の山も越えてはいません。徳川家康の子で水戸に封ぜられた徳川頼房の子であり、兄頼重に代って水戸家の跡継ぎ（世子）に指名されますが少年のころは無頼の人だったそうです。

ところが一八歳の時（といいますから一六四六年）、司馬遷が書いた『史記』の「伯夷叔斉伝」を読むことがありました。

「正保二年（一六四六年）乙酉、西山公（黄門）始て（初めて）史記の伯夷の傳を御よみ御感ありて、御父威公の御世つぎには、御兄頼重どの、御たちなさるべき所に、西山公御世つぎに御たち候段、甚御本意ならず思し召候、……此比（日）までは、学文は御好みなされず候が、今年より御学文精を出され候」と（黄門の伝記的な本『桃源遺事』）。

「伯夷の伝」というのは、紀元前一一〇〇年ころの中国・殷の紂《ちゅう》という王様が、周の武王のために最終的には牧野の戦いで敗れ、殷が滅亡して周が興るという話です。

紂は、「酒池肉林」の故事のとおりの放蕩をした上、家来・周の文王を謀反の疑いありとして幽閉。貢物でようやく釈放しました。この幽閉の時の文王の気持ちを唐の儒教主義者・韓愈が詩にしたのが一〇一頁に一章をさいた『拘幽操』です。いくら悪い王様であろうと、自分は従う、というのです。

しかして、文王のあとを継いだ子供の武王は、太公望の助けを借り、牧野の戦いで紂（殷）を滅ぼし、ここに周の王室が成立します。

ところが、この時、伯夷、叔斉という二人の老人は、紂から謀反を疑われて拘禁されるなどしても、君たる紂を恨まなかった文王の方を理想とし、「なくなられた父ぎみ（文王）を葬りもせず、しかも干戈（いくさ）をおこすとは孝と言えますでしょうか。臣として君を弑せんとすること、仁と言えますでしょうか。（『史記・伯夷伝』）小川環樹訳」と述べ、いかに王様が悪徳な行ないをしたとしても、それは、王様をサポートする家来がいけないのだから、家来が責任を取らずに王様を殺すなど許されず周の粟を食まず。と言って、首陽山・西山にこもってわらびを食べ餓死します。これが「采薇の歌」という故事です。そして、この話を、その冒頭に持ってきたのが司馬遷の『史記』列伝です。

ところで、この「臣として君を弑せんとすること」云々は、先に書いたとおり『論語』の「君々たれ、臣々たれ」を更に徹底させたものともいえ、その出典は『孝経』、特にその一種、先にも記した『古文孝経』にあります。

『孝経』といっても何種類かの異本があり、標準的なのは、唐の玄宗皇帝が作らせ、西安の碑林に建っている『御注孝経』。一方、孔子の子孫といわれる孔安国という人がそれに序文を付したと言われるものが異本（偽書？）である『古文孝経』です。これは日本にだけ伝わった、とも言われます。

この序文の中に「余謂不然君雖不君臣不可以不臣父雖不父子不可以不子（曰く、君は君たらざるといえども、臣は以て臣たらざるべからず、父は父たらざるといえども、子は以て子たらずんばあるべからず）」という有名な言葉があるのです（次頁下の写真参照）。この『古文孝経』を大切にした人物として、土佐藩の野中兼山（一六一五〜一六六四年）がいます。兼山は、土佐藩の家老であり、谷時中の弟子といわれて、次項山崎闇斎の兄弟子です。いわば「孝経」の「孝」の教えのファンダメンダリストであって、「身体髪膚これを父母に受く……。」とい

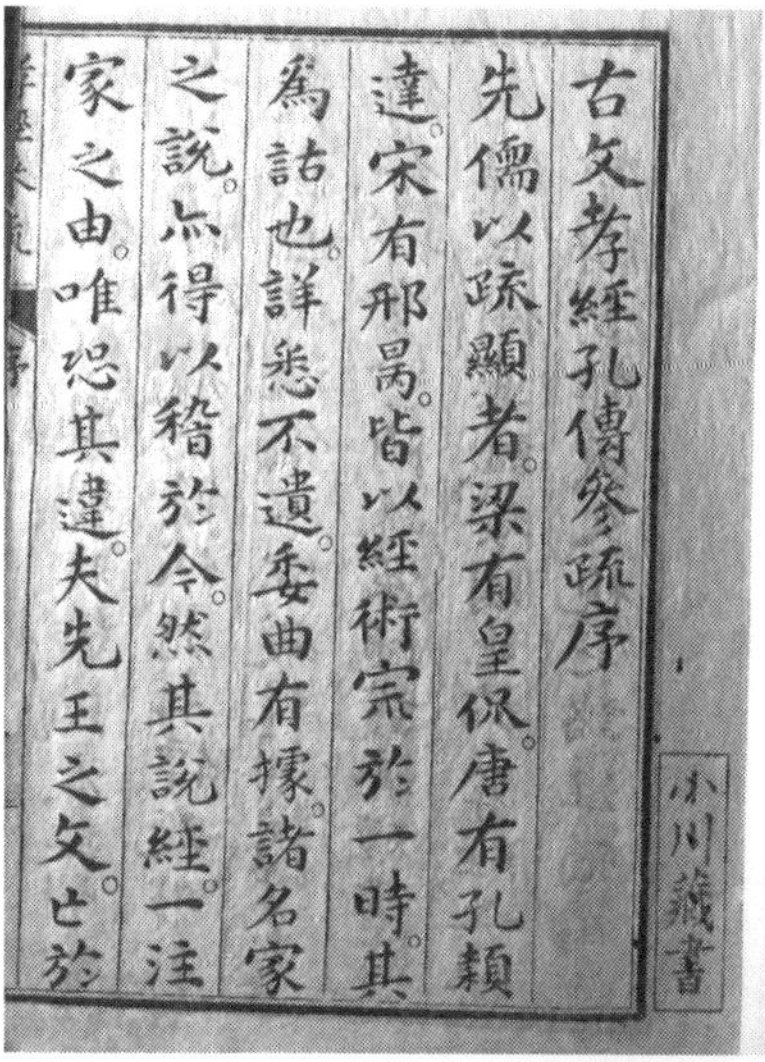

古文孝經孔傳參疏序
先儒以疏顯者。梁有皇侃。唐有孔穎
達。宋有邢昺。皆以經術宗於一時。其
爲詁也詳悉不遺。委曲有據。諸名家
之說。亦得以稽於今。然其說經一注
家之由。唯恐其違。夫先王之文亡於

小川藏書

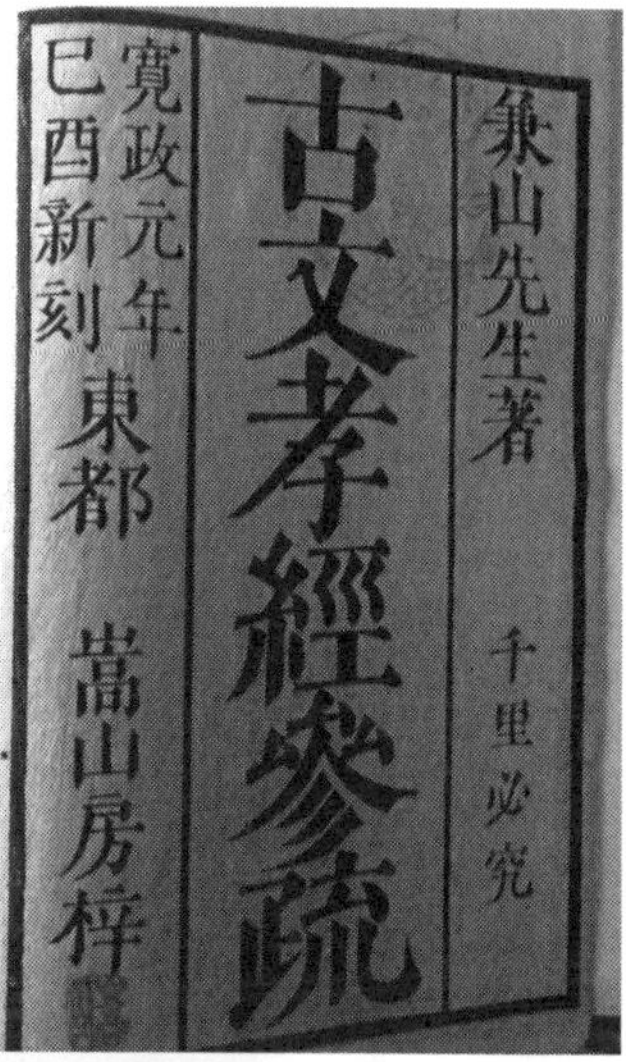

兼山先生著
古文孝經參疏
千里必究
寛政元年
己酉新刻
東都　嵩山房梓

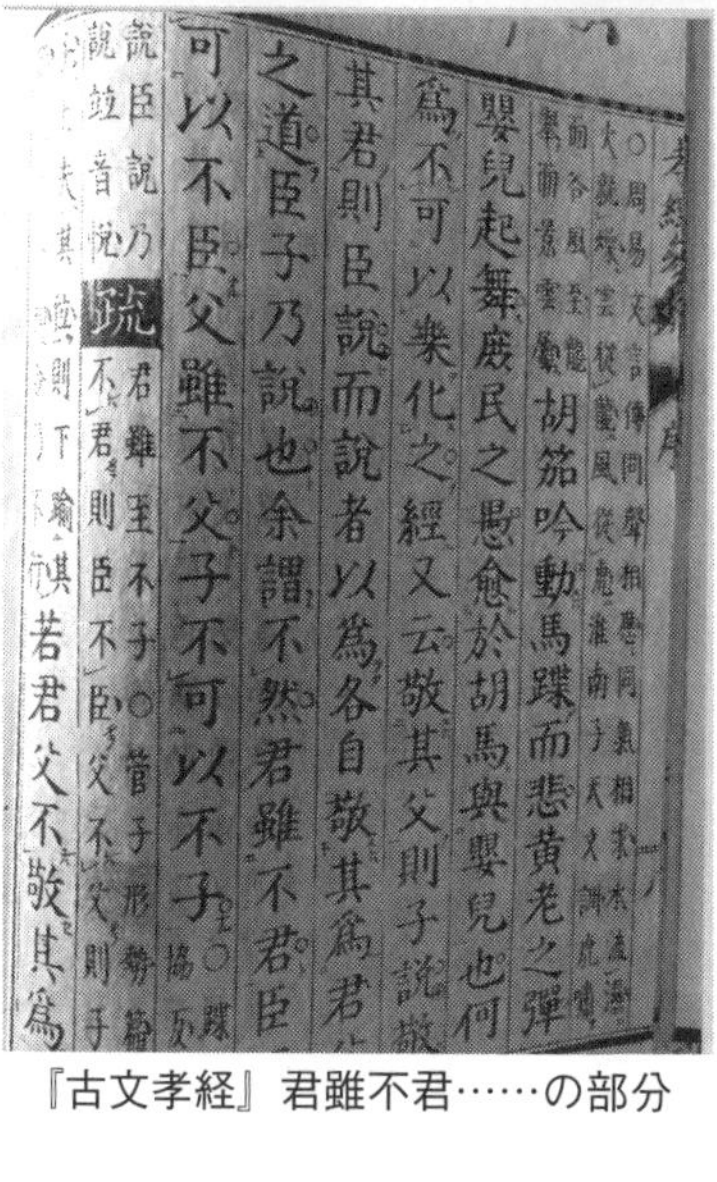

嬰兒起舞。庶民之愚。愈於胡馬與嬰兒也。何
爲不可以楽化之。經又云。敬其父則子說。敬
其君則臣說。而說者以爲各自敬其爲君
之道。臣子乃說也。余謂不然。君雖不君臣
可以不臣。父雖不父子不可以不子。

『古文孝経』君雖不君……の部分

う発想を極めて厳格に解釈、実行しました。

そのため母親の墓を巨大に作ったので、幕府からとがめられ、遂に引退に追い込まれ、一家断絶の悲劇をもたらしました（小説としては『婉という女』大原富枝）。

②彼の覚醒

さて、一方、伯夷、叔斉については、「それは良い」と思う人もいるでしょう。正に、黄門はハタとひざを打ちました。

そして、伯夷、叔斉や、応神天皇の皇子菟道稚郎子《うじのわきいらつこ》の故事にならって、弟でありながら自分が水戸家を継いだのが申し訳ないというわけで、兄の子綱条を自分の跡継ぎにし、息子頼常は高松の松平家を継がせます（『桃源遺事』）。

そして、黄門は、「このたびの明の滅亡により中国は皇帝を弑する野蛮な国になってしまった。『君々たらずといえども臣々たらざるべからず』。君側が責任をとって万世一系を貫いた日本こそ真の中国だ（これがつまりは、『国体』）」と考えたわけです。

③日本こそ中国だ！　から新しい「士道」へ

そして、朱舜水の助けを借りて、江戸に中国風の庭園「後楽園」を作り、自身の墓も生前、常陸太田の瑞龍山に中国風のものを作るなどします。ですから、後楽園は、廬山、西湖など中国名所ミニミニ版満載の庭であり、寧波人朱舜水が作った橋が残っています。伯夷・叔斉の像が納まっていた得仁堂も存在します。入口には水戸にある朱舜水の図のコピーが貼ってありますが、「身体髪膚……」の考え方から爪を切らないので、爪がすごく長いです。

気をつけたいのは、黄門は決して中国つまり当時の新王朝である清が大好きで中国風にしたわけではないということです。そうではなくてその前の明が好き、というか、中国では捨てられてしまった、「君は責任を取らないで君側が取る」という伯夷、叔斉の言う『古文孝経』序文のコンセプトが大好きで、そして、それにより結果的にもたらされる「万世一系」を、日本の独自性つまり国体を主張するものとして、即ち国粋主義のために中国風を打ち出した、ということなのです。

ですから、同じ頃、新しい武士の生き方である、「士道」即ちバックを儒教に置いたそれを打ち出した山鹿素行は、寛文九（一六六九）年に、その著書、『中朝事実』の中で、「この日本こそ『中国』である」と述べるのです。

即ち、『中期事実』の序文では、

「中華文明の土に生れて、未だ其の美を知らず、専ら外朝の経典を嗜み、嘐嘐（こうこう。言うことが大きいこと。筆者注）として其の人物を慕う。何ぞ其れ放心なるや。……それ中国の水土は万国に卓爾し、人物は八紘に精秀なり。故に神明の洋々たる、聖治の綿々たる。……」と。なかなか威勢がよいのですが、ここに書いている「中国」とは「日本」のことです。また、「中華文明」というのは、日本の「中国」文明のことです。それが、本来の中国の文明・価値基準にかなっているから、日本にある文明が中国文明、中華文明だというのです。

黄門も正に、『西山公随筆』の中で、「毛呂己志《もろこし》を中華と称するは、其の国の人の言には相応なり、日本よりは称すべからず。日本の都をこそ中華といふべけれ。……」と述べます。

ですから、先に述べたとおり「国粋主義なのに、中身は全て、元は中国」です。

この素行の提唱した武士の生き方こそ、「武士道」ならぬ「士道」です（寛文三［一六六三］年に出された『山鹿語類』）。

彼は言います。

「凡そ士の職と云うは、其身を顧に、主人を得て奉公の忠を尽し、朋輩に交て信を厚くし、身の独りを慎で義を専とするにあり。而して己れが身に父子兄弟夫婦の已むを得不る交接あり。是又天下の万民各なくんば有る可から不るの人倫なりといへども、農工商は其職業に暇あらざるを以て、常駐相従て其道を尽すこと得不。士は農工商の業をさし置て此道を専らつとめ、三民の苟くも人倫をみだらん輩をば速に罰して、以て天下に天倫の正しきを待つ。」と。

つまりここに士は「上」だ、という身分を前提とした新しい武士道「士道」が生まれたのであり、以上の経過からそのバックには儒教、特に上位の君に間違いがあっても臣は臣道を貫けという『古文孝経』という儒教ファンタメンタリズムと一体になった倫理があることが明らかでしょう。鎌倉の北条泰時らの仏教ではありません。

こうして士道の本家・黄門が作った常陸太田の「西山荘」は首陽山の別名「西山」から取ったものです。

そして黄門は、その「君々たらずといえども臣々たらざるべからず」の「君」を天皇としたために、幕末において水戸浪士は、君つまり天皇の勅許を得ないで、将軍が日米修好通商条約等安政の五か国条約を結んだのは、「違勅」だ、として、自分らの本家である将軍家の家老井伊直弼を殺す、という挙に出ます。そして、そうは言いながらも御三家の一つではあるので、天皇と将軍との間で悩み、天皇を大切にする天狗党、将軍を大切にする諸生党という二派を生み出し、互いに激しく争い、遂に明治新政府に出す人材もいなくなりました（山川菊栄『幕末の水戸藩』）。

こうして今日でも、国粋主義者こそ実は親孝行から派生した極端な中国的徳目を持ち出すという現象の、いわば本家本元が黄門なのです。

なお、鍋島家と水戸黄門とは、その頃ともなれば全国的に殿様同士の結婚が盛んで親戚です。その縁で特に支藩の小城藩主鍋島元武と黄門とは五〇通もの手紙のやりとりをしている仲良しです。

そんな中、『葉隠』によると、山本常朝の年上の甥・山本五郎左衛門が、小城出身の黄檗宗の高僧・潮音禅師に対して、儒教好きの本藩の藩主綱茂（綱吉の綱をとっている）や元武に対し黄檗禅の印可を与えるな、ということを言いました。しかし、綱茂も元武も、儒教も仏教も大切にし、しっかりと印可をもらったそうです（『緑樹』）。

そんなわけで、この鍋島の殿様たちは、特に後期水戸学のようなファンダメンタリズムとは異なる、幅の広い考えを持っていたのではないかと思います。そのくらいの度量があれば、儒教をしっかりと活かしていくことができるでしょう。現在佐賀県の多久市には重要文化財の聖廟が残り、毎年春秋に釈菜が行なわれます。それが同市の文教の興隆にも役立っているのです。

その際、問題になった禅というもの、インドで生まれた仏教が中国に渡って来た時、インドや東南アジアでは、信者の人たちがお坊さんに食事を与える布施の行を行なうという伝統がありますが、中国にはもともとそれがなくて、お坊さんたちが自分で農業をして食料を確保しなければならない。そのためには、団体の規則が必要ということで、儒教の影響を受けた清規《しんぎ》というものができたと言います。それが禅であって、つまり禅というのは、仏教と儒教とが習合したようなものです。そんなふうに、いろいろな考えが交じり合い高め合って素晴らしいものができるのでしょう。

なお、一二三頁以下の伊勢神宮に対する黄門の考え、そして、高尾平良、和辻哲郎両先生の解説をご覧ください。

(五) 保科正之の場合

さて、このような黄門と同様な明国式、つまり儒教的階級差のある国家像を持っていたのが彼の年長の従兄弟・保科正之でした。彼も「君君たらずといえども臣臣たらざるべからず」です。

彼は、野中兼山の弟弟子山崎闇斎を特に大事にし、ただし儒教のみを大切にするのでは沽券にかかわるのか、この儒教を神道の説明に応用し、吉川惟足の神道と習合させます。これを「神儒一致」と言い、闇斎の号から垂加神道と言いました。

彼らは日本の独自性を主張はしますが、その根本の価値観は、中国や「小中華」韓国の考えそのものです。ですから闇斎は、実は韓国の一部で今でも人気です。なぜなら彼は、韓国の千ウォン札に載る儒者・李退渓の考えを正に祖述したからです。でも、闇斎の考えは、退渓由来のヒエラルキーの考え方を前提に、日本を韓国より上位に置くという発想。いわば韓国にとっての侵略（！）の元は自国の学者・李退渓だった、という矛盾の極致を韓国の一部の人は分かっていないというわけです。

「小中華」の例は、猪苗代湖畔にある正之の墓を見れば明らかです。黄門もそうですが、はるかに大規模な、北京にある明の十三陵などと同様の中国式です。亀趺という、本来は竜の何番目かの息子ですが、会津では獣身の大きな台座の上に巨大な石造の墓誌を立て、そこには祭主（藩校の校長。中国の場合は、最高学府国子監の校長）による正之の一生が漢文で書かれ、その後ろに、日光東照宮のような立派な拝殿をしつらえ（戊辰戦争で焼失）、長い参道を上った先に円墳。土葬です。先にも述べたとおり「身体髪膚……」の考え方からは、火葬したのではその被埋葬者に毀傷という親不孝を強いることになるので、子孫としてはできない、というわけです。

以上は中国や韓国にそっくりです。正之のそれは特に規模が大きく、墓誌だけでも、数千人の人々や牛馬で石を引っ張り上げ、刻んだ、というものです（近藤啓吾『儒葬と神葬』）。それを正之以降、会津若松市内に十数代にわたって造っているのです。松平家墓所がそれですが、鍋島直茂らの発想とは真逆です。

こうして、正之は、幕閣では家綱の補佐役として、儒教主義つまりは文治主義の政治を本格的に始め、「家訓《かきん》」という遺言を残しました。「大君（即ち将軍）の義一心大切に、忠勤を存ずべく列国の例をもって自ら処るべからず。若し二心を懐かば則ち我が子孫に非ず、面々決して従うべからず」と。

1000ウォン札に描かれた李退渓

彼は秀忠の婚外子として生まれ、長く日陰の身でしたが、お母さん・お静の方が今も東京にある蛸薬師成就院に熱心にお参りしたせいか、後に、兄家光に見出され、幕府の最有力者となりました。

ですから正之は、以後の会津藩主に、将軍に対する、「列国」つまり普通の藩以上の忠義を求めます。そうでなければ我が子孫ではないから家来はそんな殿様には従うな、とまで言うのです。

そのため幕末には、現在の岐阜県にあった高須藩から養子に入った藩主松平容保は家臣の反対を押し切って将軍の命に従い、京都守護職を受けざるを得ず、藩士は最後まで将軍に殉じることになりました。この点が黄門の水戸とは真逆です。

そして、その戊辰戦争の敗戦の結果、藩主容保は、自ら切腹して責任をとったのかというと、当然ながら(⁉)とりませんでした。なぜなら彼は「会津における『君』」だからです。つまり、不始末をさせてしまった彼の「君側の奸」つまり家来がいけなかったのだ、ということになり萱野権兵衛という実は立派な家老が、藩主の代わりに切腹し、会津藩の「万世一系」は保たれる、というわけです。詳細は省きますが、彼の子供、郡長正も一六歳で切腹。

私は、このような歴史がもたらした会津藩の、幕末の「立場」とその関係の人々に心からの同情を禁じ得ません。正に秋霜烈日というべき儒教武士道であり、それは、家老西郷頼母の妻千重子さんの辞世「なよ竹の 風にまかする 身ながらも たわまぬ節は ありとこそ聞け」に見事に表現されています。ちなみに、母律子さんの辞世は、「秋霜飛兮風冷　白雲去兮月輪高」。正に秋霜烈日です。

『葉隠』や伊達政宗の『名語集（命語集）』にある大慈悲云々の仏教をバックにする武士道とは相当に違い、良く言えば「けじめ」がついています。

こうして、「君々たらずといえども……」の発想は、簡単にいえば「御恩と奉公」の反対で、「たまたま生まれ（つまり「身分」）で、「君臣の関係になったからには、御恩をくれないような主君でも、家来は最後までそれを支えて奉公せよ」というわけです。ですから、それは、中世とは全く異なる武士の生き方の誕生です。そして、その君が天皇か将軍かによって、水戸（君は天皇）と会津（君は将軍）という全く異なる対応が生れるのです。

(六) 改めて、こうした儒教武士道のバックには「拘幽操論」がある

先に紹介したとおり、周の文王は、殷の紂《ちゅう》によって牢屋に押し込められ、「君が君でなかった」のに、「臣道」を貫きました。その故事は唐の詩人で厳格な儒教の徒・韓愈によって先に述べた『拘幽操』という詩にまとめられました。その詩はこうです。

「目は見えない、外の音も聞こえない、太陽も月も見えず、生でも死でもない。」と続いた後、「嗚呼罪誅に当たれり、天王は聖明なり。」つまり臣である自分は正に罰せられている。（しかし天王は聖明なのだ。（天王聖明）と（清水茂注『韓愈』）。この「拘幽操」は、闇斎の絶大な評価を受け、後々までも大きな影響を及ぼしました。

即ち、江戸時代、文王の生き方が良いのか、武王の生き方が良いのかという「拘幽操論」すなわち放伐論を巻き起こしたのです。そして、黄門や正之は放伐反対論であり（つまり万世一系）、だから特に黄門の発想が明治維新の元になり、拘幽操の末尾の言葉「天王は聖明なり」は、日本において、「天皇は聖明なり」と改定されて、昭和の二・二六事件の本質とも言うべき言葉になりました。明治維新の志士の発想を一層純粋化した青年将校は、この「君の聖明」を曇らせている「君側の奸」を除こうとして事を起こしたのです。後記二・二六の池田俊彦少尉の文章を見てください。そこには『古文孝経』の話も出てきます。一方、彼らの前、昭和六年（一九三一年）に三月事件、満州事変、十月事件を起こした橋本欣五郎らは、同じ「軍部」でもその点が全く逆である、ということが昭和の歴史を見るのに最も大切なところです（大いに誤解されています。一五四頁以下参照）。

（七）黄門や正之の考えの基礎にある天文学と渋川春海、そして浅見絅斎

更に、このような黄門や正之の考え方のもう一つの基礎として、同人らの碁敵・渋川春海を取り上げたいと思います。彼は貞享二（一六八五）年に貞享歴と呼ばれる日本の新しい暦を作った天文学者としても有名です。

そもそも彼らは何故に貞享暦をこしらえたのでしょうか。

まず、暦は中国の発想からは、天人相関説により天から任命された皇帝が、その任命の都度、国民に下賜するものです。これを「一世一元」といいます。

なぜなら、皇帝は、縦、横、高さという三次元のみならず、時間という四次元目をも支配する者として、それに就任するわけです。そのことは中国・北京の故宮にある太和殿の左右を見ればわかります。

そこには南面した右側に縦、横、高さの度量衡の象徴である枡・石（斛。加賀百万石の石）が。左側に時間の象徴である日時計が置いてあります。

こうして四次元を支配するのが皇帝であり、天皇であったのです（『礼記』）。

この影響は日本にも当然のように及び、第一〇代崇神天皇は、四道将軍という四人の皇族を日本の各地に送りました。それは「正朔を奉じさせる」ためでした。「正」とは正にお正月、元旦のことです。「朔」とは毎月の一日。つまり、崇神天皇は、自分の持つ暦を日本の辺境にいる人々に採用させようとした。それが正にそこの人民を支配することである、というわけなのです。

日本の場合、今でも例えば福岡県の宮地嶽神社では毎月「朔日参り」があります。これも、「正朔を奉ずること」の名残でしょう。

韓国でも、ギリシャの民会の後ろにも、あるいはトルコのトプカプ宮殿にも日時計や水時計がありましたし、フランス革命の時は革命暦がありましたから、こういう発想はこれまた元々世界の伝統（いや必須？）なのでしょう。

石（斛）。東側にある日時計「日晷」と対である

こうして日本でも、飛鳥に水時計・漏刻跡があるように、天智天皇の大化の改新（六四五年）のころ以来、そして平安時代に、朝廷によって、宣命暦というものが下賜されていました。

しかるに江戸時代は、以来八〇〇年が経って、日食の予測などに二日間のズレが生じていました。これは、黄門や正之の仲間である国粋主義者として、春海には我慢できないことでした。それで治世の具体例・暦を自身の国粋的発想から提供したのが春海です。

この発想は現に今も中国に「生きて」いますから、中国には暦が一つしかありません。あの大きな国に「時差」がないのです。中国政府は統一的支配の象徴として全国を同じ時間とし、国民に北京の時間を採用させています。

ですから、春海は、黄門らとある意味同様に、中国の発想にしっかりはまり、当初は京都にいて、「東夷」である将軍がいる江戸へは足も踏み入れませんでした（皇国史観の代表者の一人、陸軍教授・西内雅の『渋川春海の研究』九一頁など）。

また、同種の行動をとった人として、山崎闇斎の弟子・前記浅見絅斎は、将軍は天皇を京都に押し込めている悪者で、江戸はその住まいするところと考え、武士の城の白壁を見るのも大嫌い。毎日、刀を振っては、「この東夷め」と、将軍のいる江戸の方角を切りつけてい

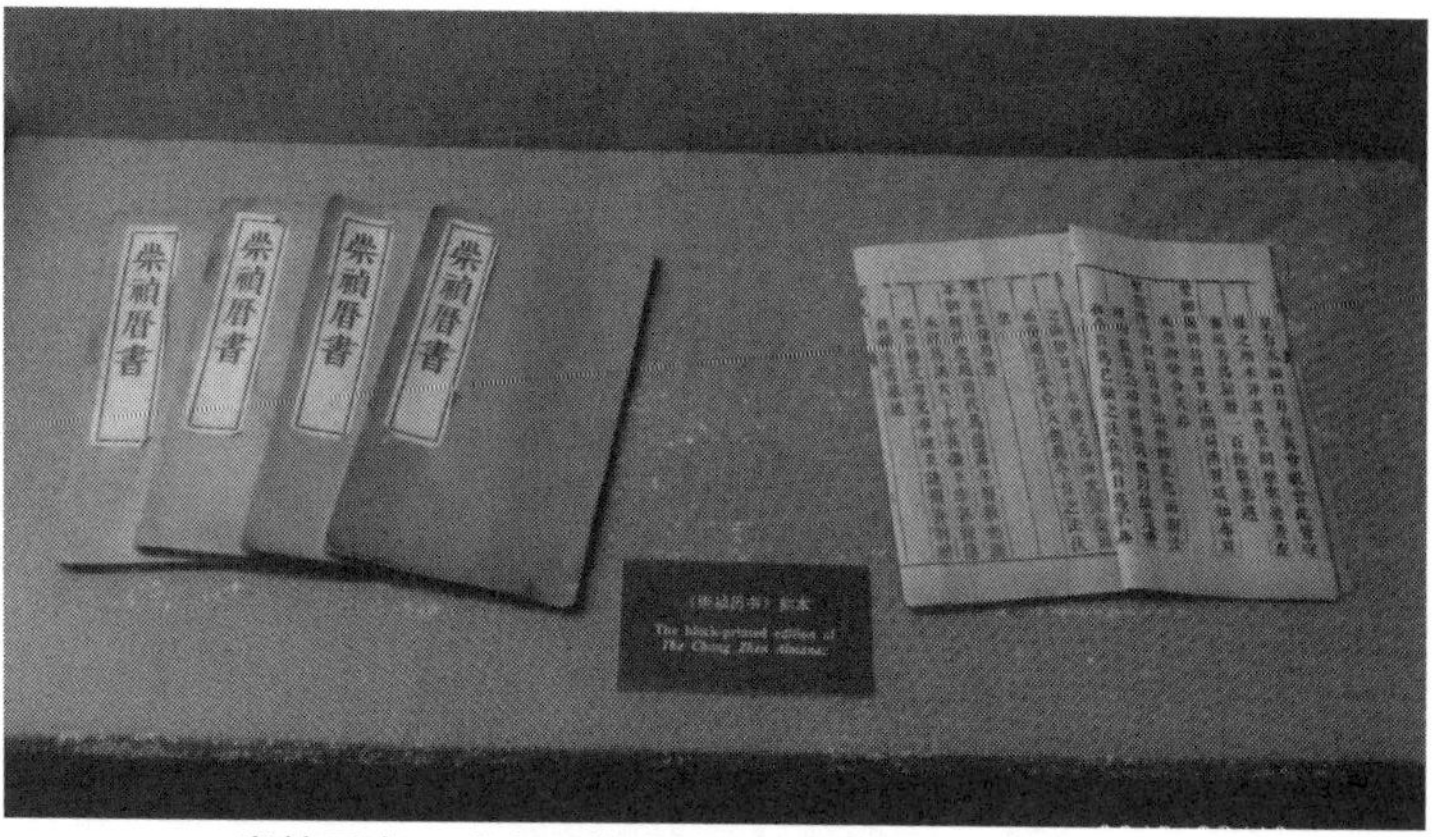

崇禎暦書・明末に徐光啓や宣教師ロンゴバルディらによって編まれたもの

たとか。現に武士嫌いが根本にある明治維新で多くの城が破却されました。

　そんなわけですが、逆に絅斎が書いた勤皇の志士のバイブル吉田松陰らが大好きな『靖献遺言』は、その内容が全て中国の話です。「国粋主義なのに何故中国？」。種を明かせば文王か武王かという話。当たり前と言えば当たり前ですが、一向「日本的（つまり鎌倉的）」ではありません。

　絅斎の弟子若林強斎も極めて激しい、国粋主義のようで実は中国主義です。

　彼らの「士道」とは対極の、一方の武士道書『葉隠』にはこんな中国文化の発想は全くありません。逆に鍋島一国主義です。春海たちからすると、中世武士道や地方色の極めて強い士のにおいがする『葉隠』（相良亨先生の述べるところ）のような武士の生き方は、およそ考えられなかったのです。だから、新渡戸『武士道』にも、『葉隠』はありません（出版時には知らなかった。のちに推薦文を寄せる）。

（八）「暴れん坊将軍」も実は日本的ではないし、「暴れん坊」でもない

少し時代が下がりますが、黄門の出現のころから「法律」も変化を始めました。

それまでは、『御成敗式目』の流れをくむ中世の分国法などがかろうじて命脈を保っていたのですが、武芸に励むことから文治へを標榜した将軍綱吉の武家諸法度を経て、八代将軍吉宗へと、日本的儒教化は強まります。

吉宗は、黄門と同じく、京都の公家（つまり律令の人々）と盛んに婚姻関係を結びます。彼の中国趣味は父徳川光貞の時代からで、光貞は、明の法律を解説した『大明律例諺解』を作らせ、吉宗が作らせたのが「大明律例譯義」です。

吉宗の中国趣味は、和歌山城の傍に今も残る時鐘堂からも明らかです。中国では、どの都市にも鼓楼と鐘楼とがあり、日本でも律令制下では、延喜式（律令の施行細則）などで、これらの施設により時を告げることになっていました。

そして、吉宗が将軍になった後の寛保三（一七四三）年に作らせたのが上記『譯義』を元にした『公事方御定書』です。

これは、律令と同じく絶対的法定刑主義を取り、「目には目を」と同じく、「〇〇し候者△△」と、一定の犯罪を（これこれの方法で）行なった者は、ただ一つの刑に処す（執行方法も細かい）と、正に「承詔必謹」になるように作ってあり、融通が全くききません。つまり律令と同性質で、この流れは、先に述べたとおり、明治維新後の『仮刑律』へとつながります。しかも仮刑律は「内外有司（つまり役人）其之ヲ遵守セヨ」となっており、役人への通達、行政組織内部でのきまりでしかなく、一般国民にオープンではありません（明治六［一八七三］

年の改定律令に至って、漸く公示主義となりました）。「実際は知っていた」などという解説を見ますが、法の論理と現実を混同してはいけません。

こうして吉宗は、近世官僚の倫理としての武士道（つまりは「士道」）を法的面から完成させた人物であると思います。

そして、このコチコチ的な法律（というよりも通達）を前に、「この殺人の被告人、さほど悪くない。殺された方がよほど悪いんだけどな。」とかと困った裁判官・大岡忠相は、知恵を働かせ、そういうケースの時、「殺された者は『人』ではない『鬼とか猿＝器物』を殺したのである。つまり殺人罪ではなくて器物損壊罪です。だから軽くしました」と吉宗に「嘘」をついて、具体的妥当性を導いた、と称するのが大正時代に末弘厳太郎が書いた『嘘の効用』という本です。

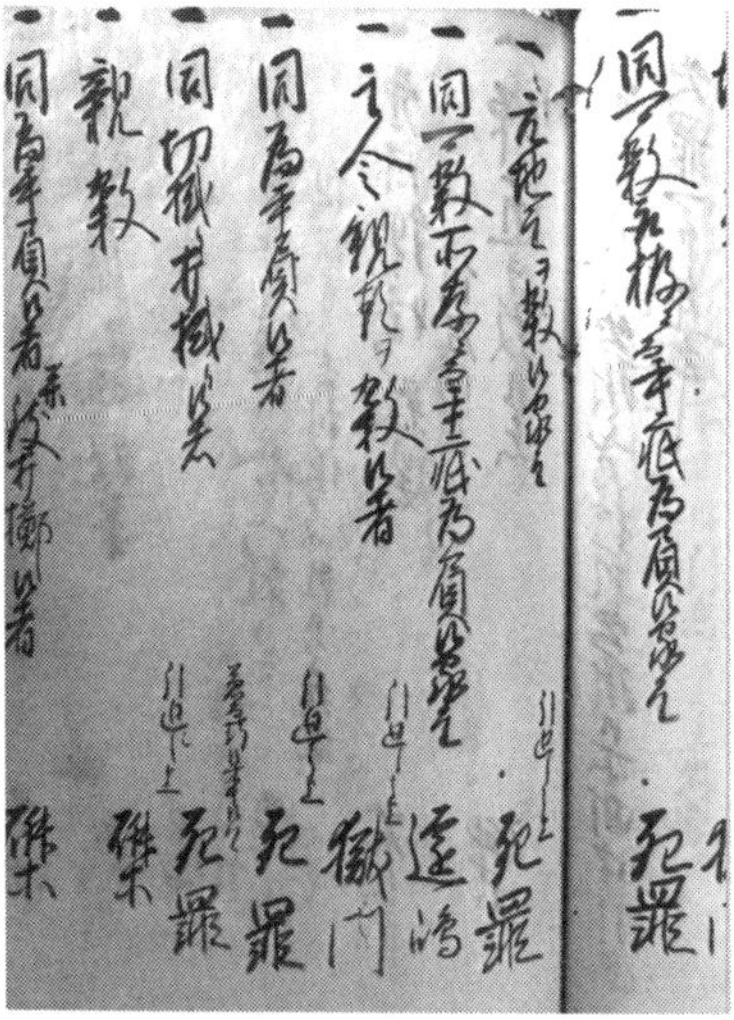

『公事方御定書』刑は一つ。
「引廻しの上」という執行方法も

この具体的妥当性を追求する、という方法論は、一見すると「よい」ことのように見えますが、法律を解釈で動かしてよいとするやり方であり、前記ユスチニアヌス帝の真逆ということになります。しかし、これまた現代にまで大きな影響を与えています。

末弘以前の民法などの本（例えば鳩山秀夫『日本民法総論』）は、法律の文言つまり文理を重視する徹底的な条文重視の態度だったのに、末弘以降の民法学者の態度は利益衡量や自由法学と呼ばれる、裁判官自身が公平の観念を前提として、解釈については融通を効かし、という傾向が大きな比重を占めているからです。甚しきは、「裁判官は結論を最初から決めている」という加藤一郎説（『現代法学入門』）さえあります。

しかし、「公平」は本来立法者に向けられているのであり、裁判官が法律ではなく、自身の持つ公平の観念で裁判するのでは自分が法律を作っているのと同じで、三権分立に反します。滝川叡一判事『法律実務講座民訴編四』一〇六頁は、挙証責任に関し、「公平の原則はあくまでも立法者に対する指標であって裁判官に対するそれではないのである」というローゼンベルクの所説を引用されますが、それが正常なあり方でしょう。

私が裁判所長として、またお互いに退官後も、お付き合いいただいた倉田卓次判事も実定法を厳格に守ることにこだわられました（拙稿『判例タイムズ　一三四五号・倉田卓次先生を偲んで』三二頁の石田穣先生とのやり取りの紹介）。また私が横浜地裁勤務時代の三井哲夫裁判長（後、筑波大学教授）も、その著書『法律要件分類説の修正及び醇化に関する若干の具体的事例について』三八頁において、民法五八七条の消費貸借契約が「楔形文字」以来の歴史を有することを紹介しつつ、「法律の条文と云ふものは、立法者の単なる気紛れによってこねあげたのではなく、人類数千年の法文化の歴史を凝縮したものである事を彼等は知らなければならない」と、法律適用の厳密性を説かれます。

末弘説の「効用」の考えは、逆に法の権威を失わせ、遵法意識を減殺させ、何よりも現代中国が指摘されるのと同様、法律の予測可能性を失わせるという深刻な影響を今日にまで及ぼしているのではないかと私は思います（二七七頁の江藤新平の言。この解決としての台湾などのシステムについては二七八頁）。少し難しくなってしまい、すみません。

（九）吉宗で忘れたくないこと—寺子屋教育—

吉宗は、寺子屋教育の重要人物です。

そもそも明を確立したのが朱元璋で、ヒエラルキー・儒教を据えたことは既に書きました。

そして、彼は、儒教を単純化した『六諭』というものを作りました。それは、「父母に孝順であれ」、「長上を尊敬せよ」、「郷里に和睦せよ」、「子孫を教訓せよ」、「おのおの生業に安んぜよ」、「非違をなすことなかれ」という標語のようなものです。

しかるに明では、朱元璋が亡くなりますと、北京にいた燕王は靖難の変を起して、二代目建文帝を抹殺し、成祖永楽帝として都を北京に移します。

その北京にあるのが、明の最高学府国子監です。国子監は、日本でいえば東大のようなものですが、そこに沖縄からの留学生の寄宿舎が今も残っています。そこで学んだのが沖縄の久米に生まれた程順則（一六六三〜一七三五年）で、この人が『六諭』を沖縄に持ってきました。

そして、それは更に、当時沖縄を支配していた鹿児島の島津へ。それを知った将軍吉宗は一本を献じさせ、「これはけっこう」と喜んだ。そして『駿台雑話』で有名な室鳩巣に命じて、それを膨らませたものを作ります。これが『六諭衍義大意』という木版ずりにして三センチメートル近くになる本です。

その内容は、その昔の「修身」の教科書そのもの。いや「修身」の方がこれをまねたわけ

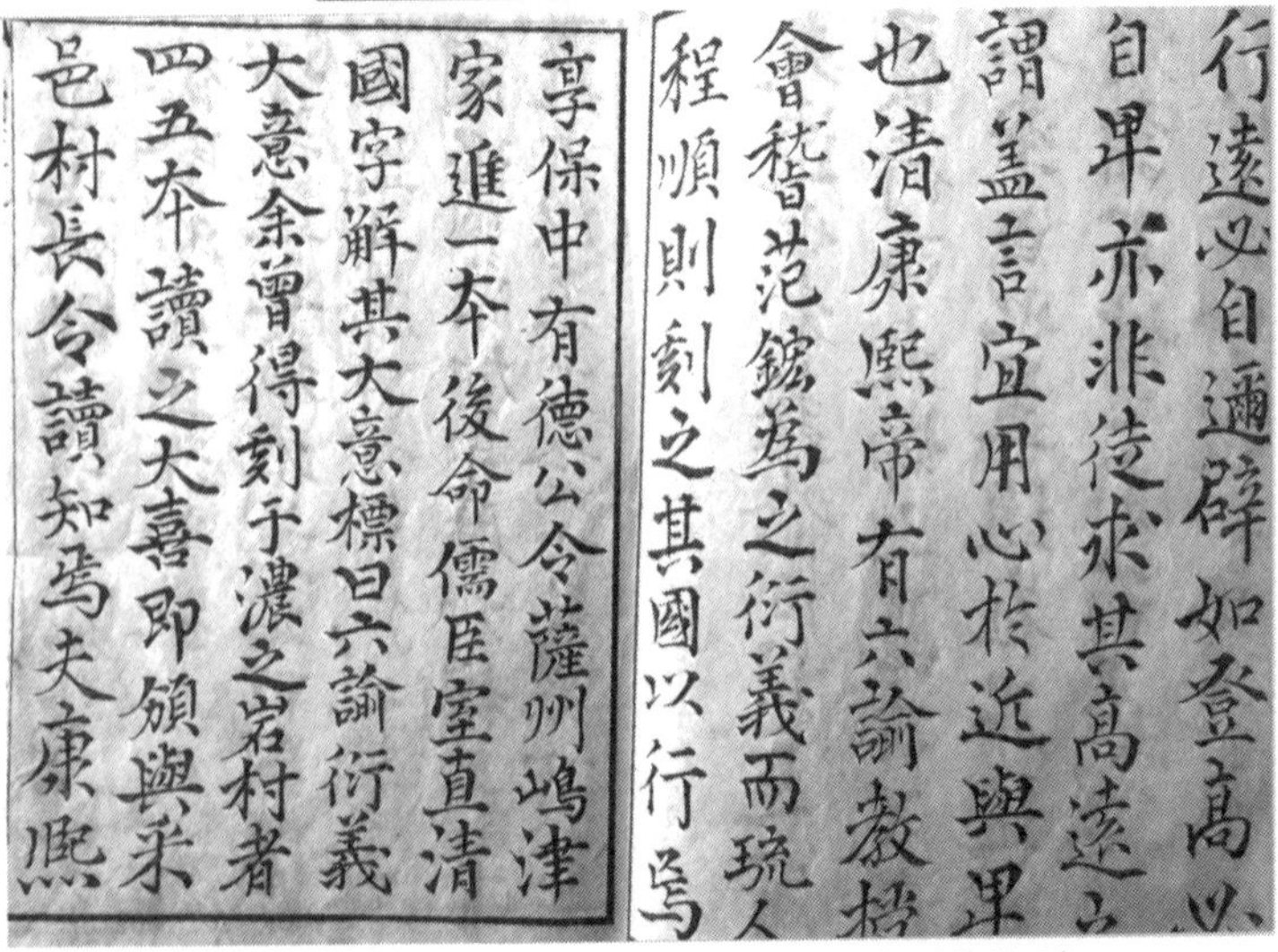

行遠必自邇辟如登高必
自卑亦非徒求其高遠之
謂蓋言宜用心於近與卑
也清康熙帝有六諭敎條
會稽范鋐爲之衍義而琉人
程順則刻之其國以行焉

享保中有德公令薩州嶋津
家進一本後命儒臣室直清
國字解其大意標曰六諭衍義
大意余曾得刻于濃之岩村者
四五本讀之大喜即頒與采
邑村長令讀知焉夫康熙

『六諭衍義大意』北京から琉球、薩摩、吉宗（有徳公）へで、つまりは中国由来です。『白拍子静』だとか『青砥藤綱』だとか、『鉄眼禅師』だとか、つまり夫に貞淑であることとか、お金を大切にするとか、集めたお金を散財して多くの人を助けたとか。よい話といえばよい話ですし、「一応」は日本の話に仕立て直してありますが、コアの部分は中国で、吉宗のような為政者にとっては、政府の施策が不十分でも国民が自分で何とかしてくれる、という将軍（国）に有利な本です。

吉宗は、これを寺子屋教育の教科書として全国に展開。明治以後の修身教育と相まって、現在の我々の持つ儒教的価値観作りに大いに貢献したことでしょう。

八　黄門らの考え方が明治維新の元！

（一）改めて、水戸の史論は「お話」の歴史

こうして江戸時代中期以降、水戸黄門らをその開拓者とする新しい武士道、即ち先の明文化的儒教的ヒエラルキー、「分」を重視し、悪い殿様にでも律令時代と同じく、いや、それ以上に「承詔必謹」で従え、とする身分中心の「士道」が生れたのでしたが、それは、「君々たらずといえども……」でしたから、歴史についても、「臣の品定め」をすることが極めて重要でした。

あたかも中国において、年代順に歴史を記す『資治通鑑（編年体）』に対して、『史記』のように、本紀、列伝など伝記を並べる紀伝体、即ち「品定めをした本」があるようにです。

つまり勤王か佐幕かで伝記を書き、それを並べることこそが「歴史」であるというポリシーに立つ本です。

そこで、朱舜水の影響で『史記』に感動した黄門が作らせたのがそれと同じスタイルの紀伝体・『大日本史』です。この本によれば楠正成や新田義貞は勤王、北条義時や足利尊氏は佐幕になります。当然、一人一人の評伝を並べた本紀・列伝ならぬ「お話」の本であることが大事な視点です。

現代においても、歴史は面白くなければ、とばかりにやたらお話を並べたがる人や、誰とかを英雄にしたがる人がいますが……。国家の組織、作用の動的変化こそが大切でしょう。このことは、今から三〇年位昔、米国の連邦議会議事堂で売っていた本「我ら国民（We the people）」にも記すところで、「（米国を人工的にまとめるための）『お話』が歴史だという考え方があるが違う。この議事堂で作る「法律の中に歴史はある。」という見解は、私に大きな影響を与えました。日本歴史の名著、慈円の『愚管抄』や新井白石の『読史余論』もその論理性をもって名著とされているはずです。

ちなみに、こうして朱舜水の影響を受けて出来上がった『大日本史』ですから、彼の出身地である中国の寧波博物館にはしっかりとそれが展示してあります。

(二)「お話の歴史」が明治維新を導く

大切なことは、このような「お話の歴史」は人を高揚させます。戦前の国定教科書の『国史』即ち『大日本史』のミニミニ版には、鎌倉時代末、隠岐の島に流されようとしていた後醍醐天皇が幽閉されていた院ノ庄において、児島高徳が、天皇のいる部屋の前の木の幹を削り、「天勾践《てんこうせん》を空しゅうするなかれ、時に范蠡《はんれい》無きにしもあらず」と書いた、などの話があり、歌もあります。

臥薪嘗胆で有名な呉越の戦いにおいて越王句践が呉王夫差に「会稽の恥」をかかされたけれども、苦い肝をなめて（嘗胆。臥薪と対に）、その恥を忘れず、范蠡《はんれい》の助けを借りて呉を滅ぼしたという話で、中国由来です。

しかし、桜の木に「（頑張って下さいと）書いた」なんていうことが歴史として取り上げるべき話でしょうか。

そもそも南朝と北朝とを比べてみると、中国南宋の大義名分論の影響を受けた後醍醐天皇の肖像画を見れば、冕冠と呼ばれる中国風の冠をかぶっており、書体は中国風。北朝の光厳天皇は僧態。書体も和風で、「日本的」なのは北朝なのです。

もちろん私は、南朝、北朝いずれでも凄い人は凄いと思っています。例えば、後村上天皇は、五歳で吉野から仙台の東の多賀城まできて、たびたび関西との間を往復し、再び吉野に戻って天皇になりました。

彼の詠んだ「我が末の代々に忘るな足柄や　箱根の雪を分けし心を」は多賀城跡（もちろん本来の場所の検討は必要）に立って口ずさむと、格別のものがあります。

いずれにせよ、幕末の「志士」は、児島高徳のような話を聞いて、「陛下おいたわしや」というわけで、こうした「お話」の歴史観に酔ってしまいました。例えば、久留米の勤皇家・真木和泉などその典型です。

でも彼らの発想の元は、今までに述べたとおりほとんど中国にありましたから、例えば「尊王攘夷」という言葉自体、実はこれまた南宋の「尊華攘夷」の焼き直しのスローガンなのです。しかし、後記大隈重信の談話のとおり（一四一頁）、そのエネルギーが、王政復古という明治維新を引き起こしたことは事実です。

その結果、東京帝国大学の国権主義の教授・穂積八束は、東大の『法学協会雑誌』三十巻九号に、『憲法制定之由来』を書き、「明治維新の由して来る所は国家論に在り。……大勢変遷の根本の理由は、一時の政策の外に、別に勤王精神の勃興に存したり。……鬱勃たる固有の国家精神は久しく逼迫に堪ゆべきに非ず、即ち水府の史論となり、即ち国学の振興となり、志士大に四方に起る。」と述べます。

君を天皇とする水戸黄門の前期水戸学、そして、それを承継した水府つまり後期水戸学の史論と国学とにより明治維新が達成されたのだ、と言うのです。しかし、以上述べたことからも、その大元の発想がいずれも、国学についても、次項にあるとおり中国にあることが明らかでしょう。

現にそのことは、幕末の後期水戸学者・藤田東湖の「正気歌」が、実は南宋・文天祥のそれの正に引き写しであることにも見て取れます。

東湖の詩は、「天地正大の気、粋然神州に鍾る。秀でては不二の嶽となり、巍々千秋に聳ゆ。注いでは大瀛の水となり、洋々八洲を環る。発いては万朶の桜となり、衆芳与に儔し難し。」ですが、その三〇〇年も前に南宋の将軍文天祥は、元のために北京に幽閉され、「天地に正気有り　雑然として流形を賦く。下りては則ち河嶽と為り　上りては則ち日星と為る。人に於ては浩然と曰い沛乎として蒼冥に塞つ。」と詠みました。日本の方は「不二の獄」、中国は「河獄」など似たようなものです。

　水戸藩は徳川将軍家の藩屏でありながら、こうして天皇を第一に考えるという矛盾をはらみ、前記のとおり吉田松陰も水戸において自らの目を開き、それを長州に持ち帰り、それが明治維新を引き起こしました。その結果、水戸黄門は、明治三一年、遂に正一位という高位まで追贈されました。自らの子孫によって、自身が創業した江戸幕府をつぶされた家康の心中如何に、というわけです。『葉隠』の中にも、「（権現様）御遺言に任せ、御陰骸甲冑御帯し御棺に入らせられ、……又御病中、御陣刀にて罪人御切らせ、血附き候儘にて久能御宮御神體に成され候。『東國は皆手に入り、死後にも別條有るまじく候。西國心元なく候間、切先を西國の方へ向け込み置き候様』仰付けられ候由」とあるのに。

　かくして、明治維新以後は、山岡鉄舟のような例外を除いて、本来、『葉隠』のように仏教をバックにする「武士道」という言葉が（相良亭）儒教的な「士道」を表す言葉に成り代わり、つまり儒教的「士道」が「武士道」といわれるようになってしまった、というわけです。

（三）もう一つの明治維新の元・国学―復古神道―

　そこで、もう一つの明治維新の元（穂積八束の言う「国学の振興」）を考えてみましょう。

　水戸黄門に関係する人物として、契沖《けいちゅう》という僧がいます。この人は『万葉代匠記』という万葉集の注釈書を書き、それにも黄門の多大なる援助があったようです。

　それというのも、中国で明が滅びて清になった時、「清朝考証学（考拠学）」というものが生まれました。これは、満洲族である清朝が政治的に国家の上部にある時代、漢民族はそれに対するプロテストができないので、むしろ自分たちの元は何だろうかということで、例えば『説文解字』などを重視し、武士道の武という字は、戈を止めるという字を書くわけで、つまり古の中国にはそういう字を作った聖人がいた、などというような話ができてきたというわけです（木下鉄矢『清朝考証学』九四頁）。

また、『詩経』などの古い本を研究して古韻を極めようとする音韻学なども発達しました。それに対して、日本でも、自分たちの上にずしりとのし掛かった徳川政権に対して天皇のファンは反抗ができないので、日本の大元《おおもと》は何だろうと考えるようになり、『古事記』や『日本書紀』の研究が始まりました。

それが、国学と言われるもので、前記契沖、荷田春満、賀茂真淵、本居宣長と繋がっていくわけですが、このバックに中国文化があります。例えば、宣長の先生といえば、賀茂真淵が有名ですが、真淵は渡辺蒙庵に教わっています。その先生は中野撝謙《ぎけん》。そのおじは林道栄。その父は先の林公琰《りんこうたん》です。

また、宣長のもう一人の先生として、荻生徂徠と親しく契沖の本にも関係している儒学者・堀景山が挙げられ、彼はこの人にも儒教の教えを受けており、その『不尽言』などの影響があるとも言われます。こうして国学者には、中国の明末清初の人たちの清朝考証学（考拠学）の影響がしっかりとあるのです。

しかし一方、彼らの行なったことは上代の日本探求ですから国粋主義にもなります（芳賀登『幕末国学の展開』など）。

そして、このような国学の典型に、先に述べた五十音図につながる「日本語論」、その中の一つ音韻論があります。例えば、本居宣長の書いた『呵刈葭《かがいか》』（本居宣長全集一八巻三七七頁）がその一つです。

これは『雨月物語』で有名な上田秋成と宣長との論争を宣長が記録したもので、双方の主張が記してあります。

宣長は、賀茂真淵の影響を受けて、日本語には元々、京都の碁盤の目のように整理された五〇の音しかなかった、と言います。「皇国の古語は五十の音を出ず。これ天地の純粋の音のみ用ひて。混雑不正の音をまじえざるがゆえ也。」と（『漢字三音考』）。だから、「ぎゃぎゅぎょ、『ん』も古代にはなかった。」と言っているのです。そして、こういう音は、「混雑不正」の一種の堕落だというのです。一方、秋成の方は「何を言っているんだ。人間の自然な営みとしてぎゃ・ぎゅ・ぎょだろうと、『ん』だろうとあったんだよ。あなたは（三重県の）田舎にいるからそんなことを言うんだ。」と。例えば、

「秋成・古の人の言語に「ん」の音なしというは、私の甚しき物也。神風を加牟加是《かむかせ》と読べしと教えんに云々。

宣長・私の甚しきとは何事ぞや、古の例証にもよらず、理もなき事を、己が思うままに定めていわんこそ私ならめ。古言に『ん』の音なかりしことは、明らかなる証拠共有て、既に本書にいえるが如し……。」云々。

戦前、北京に留学していた私の恩師は、宣長派で、「昔は、『きょうはてんきがよい』とは言わなかった。『けふはてけかよひ』と言った」、と言われました。

イタリア・ミラノの裁判所。典型的ファシズム建築。
巨大、直線的で、ヒトラーや多分日本にも影響を与えた

しかし、「さいたまけん」を「さきたまけむ」と言うでしょうか。フランス語のリエゾンとか、音便の変化などは世界中で当たり前ではないでしょうか。

宣長が奈良時代以来の議論を踏まえていることもわかりますが、所詮、当時生きていたわけではないので昔のことはわからず、何よりも、それから国粋主義に走っていくことが理解できません。宣長の書いた『玉かつま』など面白いのですが、何かと「からごころ」と言って排斥する割には中国由来があるからおかしいのです。

また、こうして五十音図から外れた音を「混雑不正」というのは果たして「人間性（ヒューマニティ）」の立場からいって、よいものでしょうか。

私はこの議論は、「正統？」や「健康」でないものを全て排除する、という「ナ

パリ・アンヴァリッド・廃兵院前の長州の砲

チス」につながるものと言わざるを得ないように思います。ナチスは、別記したとおり、アーリアン人種という一種の神話を作り、例えば身障者を排除するという政策に向かいました。いわゆる優生思想です。それは、美しい（と言われる）絵、美しい音楽、正に整序されたものになりますが、少し怖いですね。

私は、そのことをベルリンに今も残るナチス時代の航空省の建物（現連邦財務省ビル）の直線度を見て、強く感じました。一方同じベルリンでも、その反省に立った「ホロコースト記念碑」は、デコボコの高さの柱が二七一一基も一面に並んでいます。「人間は色々なんだよ」というメッセージのように見えました。

いずれにせよ、このような国学者は、大好きな五十音図ひいては京都や北京の五十音図のてっぺんに立つべきなのは誰か、と考え……つまり天皇。日本の本家本元は天皇だっ

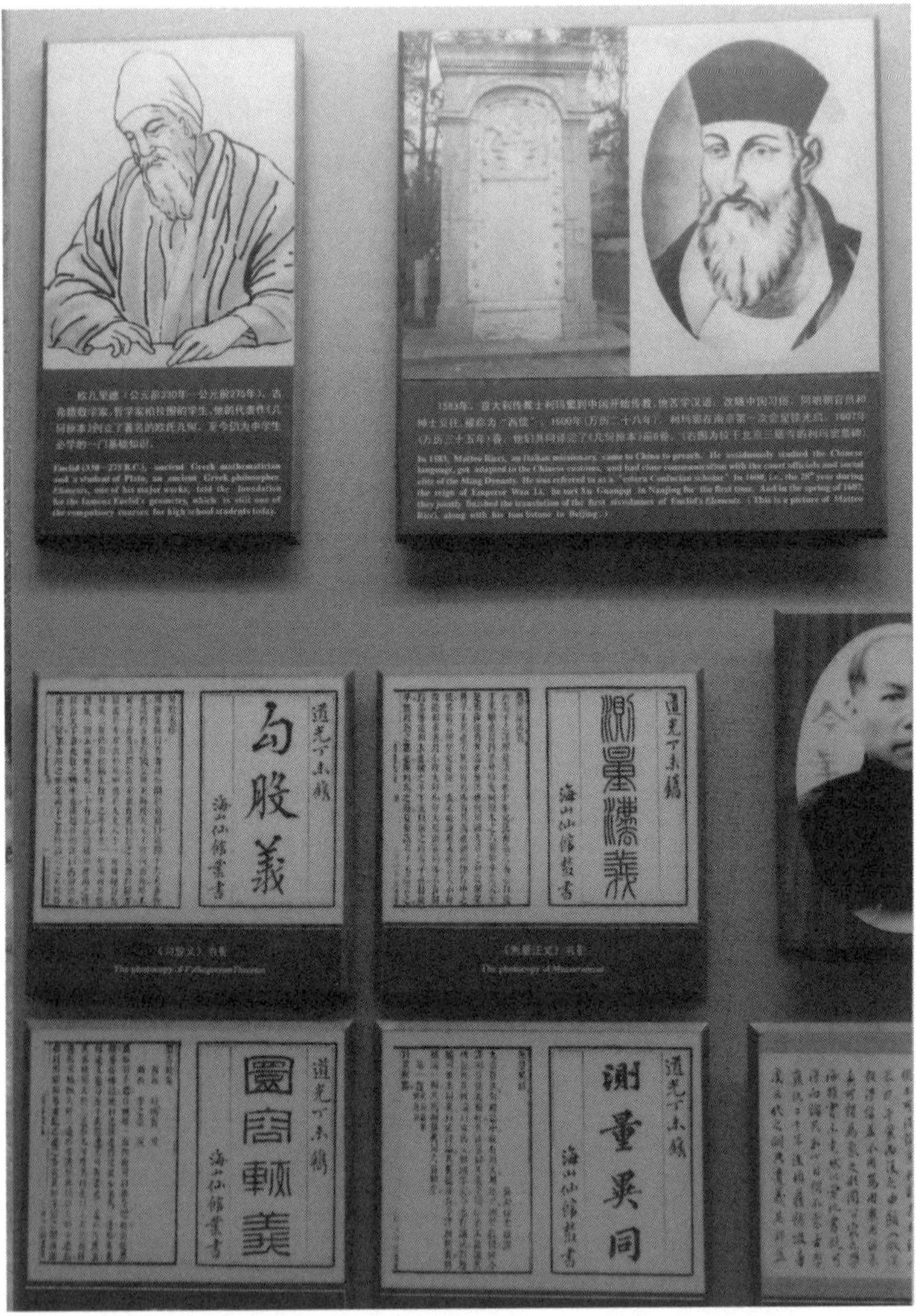

上海・徐光啓旧宅の展示。マテオリッチらによる文化の移入。
これが日本（昌平坂学問所など）にまで来ている

た（！）と気づきました。

即ち、幕末の国学者大国隆正（寛政四〔一七九三〕年～明治四〔一八七一〕年）は、幕末ですから日本の力が「ない」ことを自覚しつつ、「精神では」「日本が最高」とし、『新真公法論并附録』（日本思想大系・五〇一頁）で、「天孫瓊瓊杵尊を（『神勅』によって）まづ日本国にくだして、そのくにのあるじとし、人心定まりてのち、つひには万国の総帝と、その子孫の正統をもて、したまふべく、はかりおきたまへることをいへるものなり。…」と、天皇家こそ日本こそが世界のトップだというような話を作り上げるわけです。そして、天照大神が瓊瓊杵尊《ににぎのみこと》に下した、なんじが降臨してこの大八州を治めよと命じた『神勅』を徹底的に大事にします。

でも、そんな話はまったくの強弁です。

というのも、パリのアンヴァリッド・廃兵院の前に、フランスが世界から分捕って来た大砲が置いてあるのですが、入口の小さな二本は日本の長州から分捕ったもの。その先の小さな一本は清仏戦争で中国から分捕ったもの。その次の一・何倍かある大きなのがオスマントルコからのそれです。これを見ただけでも幕末の日本の実力は明らかであり、幕府がその火力の弱さを自覚しつつ、「お台場」を造るなどして大砲の飛距離をかせぎ、対外交渉をだましだまし頑張っていたのに、長州がその足をいかに引っぱったのかがわかります。

いずれにせよ、この大国らの考えが尊王攘夷の重要な精神的支柱となり、明治維新を引き起こすどころか完成させる原因にもなりました。

ちなみに、彼らの、この復古神道、特に宣長の死後の弟子を自称する平田篤胤の神道の教義が、イタリアの宣教師で一五九八年に北京にたどりついた東西文明の偉大な紹介者マテオ・リッチ（利瑪竇）の文章の日本語化に他ならないことは、東北大学の村岡典嗣先生の詳細な研究が明らかにしているとおりです。

「篤胤には『本教外篇』と題する未定稿があり、この書は、天主教書『畸人十篇』（マテオリッチ）、『三山論学紀』（艾儒略）、『七克』（龐迪我）などの影響をうけて書かれたことははっきりしている『平田篤胤の神学に於ける耶蘇教の影響』〔『日本思想史研究』所収〕・海老沢有道『南蛮学統の研究』第九章参照）。」と。弾圧されていたキリスト教の教義が、江戸末期には、秋田出身の平田のところにまで入ってきていたというのも面白いですが。

なお、マテオリッチは別に述べるとおり（一三一頁）新渡戸『武士道』の重要部分『菅原伝授手習鑑』の元になる元曲（元の時代の戯曲）も翻訳しており、科学の巨人・ドイツ人宣教師アダムシャールらも含めて、宣教師のアジア全体に及ぼした影響は巨大です。日本では、歴史の授業での取り上げ方がこれまた軽すぎで、中国や韓国にも及びません。

（四）もう一つの「孝」から出た武士の生き方─中江藤樹─

一方、同じ儒学者といっても、一味違う人もいます。それがやはり「士道《さむらいどう》」を言う中江藤樹です。彼は、慶長一三（一六〇八）年に生まれ、慶安元（一六四八）年、わずか四一歳で亡くなりました。

彼が書いた『翁問答』の後半部分にあるのが、士道です。『甲陽軍鑑』から、若干後れるものの最古期に「武士道」や「士道」を説いている一人ということができます。

『藤樹先生年譜』によると、彼は近江の農家に生まれたのですが、加藤公の家来であった祖父の養子となって伊予の大洲に行きました。そして二七歳のころ、当時既に高齢になっていた母のため、郷里の近江に帰り、私塾を開きました。

彼は、最初は朱子学から入りましたが、大きな問題が「格套」ということです。これは、朱子に合わせ、ピッチリとした原理原則を大事にするということで、一言で言えば山崎闇斎の場合の「祖述」。悪く言えば道学先生的なコチコチです。なので、彼は三〇歳の時結婚します。これは論語に「三十にして立つ」という言葉があることから行なったことのようで、いかにもコチコチ人間であったことがわかります。

ところが、彼の考えはだんだんと深まっていきました。特に、『孝経』の「孝」という考え方が、一般的には先にも書いたとおり親に対する孝行、というものだったのを、どんどん深めていきました。

「孝」の観念は、冒頭にも二三六頁の南京博物館の展示の話にも書いたとおり東アジアにおける新石器時代からのものともいわれ「身体髪膚……」です。

しかし、中江藤樹はその考え方では満足しませんでした。「孝」を更に深め、そのまた「元」は何なのかと考えた末に、それは「天」であり、天そのものが孝の理念である。それは、我々の体の中に体されているということになりました。インド哲学の、ブラフマン、アートマンのようなものでしょうか。

しかして、日本で天というと天照大神が祀られている伊勢神宮。しかし、三〇歳台前半までの藤樹は、伊勢神宮はあくまでも、この格套の観念、神社の大原則からも、それは「皇室の宗廟」であるから一般庶民が参るところではないと考えていました。これは儒教の常識でもあって、例えば韓国の宗廟も、それは李家の宗廟ですから毎年五月に全州李氏一族による宗廟祭礼祭が行われており、世界遺産ですから見学はあっても、よその家の人が拝礼するということはありません。日本の「氏神」という観念も本来同じでしょう。

『佐賀新聞（二〇〇七年七月二三日）』にも佐賀の伊勢神社の話が書かれていて、「伊勢神宮は古くから皇室の宗廟として、未婚の皇女である斎宮によって奉祀され、神前の奉幣も天皇に限られ、皇族の奉幣すら禁じられていた。……延暦年間（七八二―八〇五）の『皇大神宮儀式帳』によれば『王臣家ならびに諸民、幣帛を進めせしめず重ねて禁断、若し欺事をもって幣帛を進むる人を流罪に……』と、天皇以外の奉幣を重罪としている。しかし一〇世紀初め……『……幣帛を、三后・皇太子もしまさに供すべき者あらば臨時に奏聞せよ』と皇后・皇太后・太皇太后および皇太子に限り天皇の許可を得ての奉幣を認めている。古い時代の伊勢神宮は、庶民信仰とは程遠い神社であった。（鳥栖市文化財保護審議会会長・高尾平良先生の論稿）」とあるとおりです。

そして、このことを強調したのが、やはり、水戸黄門であり、前記『西山公随筆』の中で、「伊勢の御師なにがし太夫などいふもの、毎年、御祓・御供・暦・鮑やうの物を、たれがしなにがし、旦那なんどとののしり、ゆかりを尋ねてくばりめぐる。…況や伊勢は日本の宗廟なり。祓・供物なんど、凡下の輩たやすく拝受すべき事にあらず、然るを穢土不浄をもわかたず、我が物顔に猥りにくばるは、神慮もいかがあらんや。」と述べるのです。

和辻哲郎は『日本倫理思想史』（五一三頁以下）で、これらの考え方をまとめ、「寛弘ではあっても、士道の立場（つまり、水戸黄門の立場・筆者注）は怪力乱神を説くことを好まない。『西山公随筆（著者・水戸黄門）』などには顕著にこの傾向が現れている。伊勢神宮のために初穂を集めて歩く御師の活動などは、彼（水戸黄門）の喜ばないところであった。元来伊勢は日本（皇室・筆者注）の宗廟であるから、その祓、供物などは、民衆のたやすく受くべきものでない。これが彼の主張であった。」と述べ、更に「士道の立場はまた鎌倉時代以来の武者の習をも好まない。軍記物で賛美された主従間の献身的道徳は、室町時代にあっては、『義経記』や『曽我物語』として民衆の間に沁み込んだが、しかし義経主従や曽我兄弟のような民衆的英雄は、光圀の眼には、士として上乗のものではなかった。」と言われています。

以上の伝統が現在も伊勢神宮にはありますから、そこには、賽銭箱というものが原則的にありません。一般の方からのお賽銭は受けないということです。私たちの常識からは相当離れていますね（実際は布の賽銭受けがあります）。しかし、それが逆に伊勢神宮が中国、韓国と同様のアジア的な伝統を内包しており、東アジア全体とつながっている、ということではないでしょうか。先に述べたとおり内宮は祖霊を祀る宗廟。外宮は社稷を祀る農業神つまり社稷壇ということになると、正にアジアと同一でしょう（『周礼』左廟右壇）。

そこでもう一度話を中江藤樹に戻しますと、彼によれば、先のとおり、天照大神というものは「天」であったという考え方です。これは、アジア的な、天人相関の原則を非常に広くとらえたものということができます。そんな彼は、ちょうど三三歳の時、王陽明系の王龍渓という人の書に触れることがあり、ここで初めて格套から抜け出すことができ、「真実性」というのはこの我々すべてのなかに均しく備わっているのであり、その大元は天にあるのだというような、大きな発想を持つようになりました。そして、伊勢神宮をそのための大切な場所であるというふうに認識し直しました。それで三四歳の時、初めて伊勢神宮に参拝したというわけです。

こうして彼は、現在では日本における陽明学の祖であると言われており、また水戸黄門や山崎闇斎らの朱子学を基にした武士道ともまったく異なる発想をもった、「広い考えを持った士道の人」です。

(五) 神道の意義

そこで、改めて神道のことを書いておきたいと思います。神道という言葉自体は中国・古代以来のものですが、日本の独自性を特に主張することが多いので中々難しいのです。

結論を言えば、もちろん明治維新によって出来上がった国家神道なるものは、日本古代からの神道とはまったく異なるものです。そして、神道の本源に遡れば前記のとおり伊勢神宮の内宮、外宮が祖霊と社稷というアジア共通のものを持つことからいっても、アジアと、いやユーラシア大陸とも極めて関係が深いもの、そして日本文化の基底を構成するものだと思います。

それは神社の建物を考えてみればまず感じることで、神社の建物は基本的に掘っ立て柱で白木です。また、鎌倉時代に典型の柱上の組み物がなく、土間ではなく床を高くし、屋根は草ぶき。また柱や梁との関係も貫ではなく長押です。このようないわば純和風な建物なのですが、実をいうとそれ自体が古い時代に、何しろ九州から韓半島が見えるのですから、東北アジア・ユーラシア大陸から来たものでしょう。京都などの最古級の神社に拝殿などを隠すように屏風（ピンプン）があることも「アジア」を思わせます。こうしたことを抜きにして、神道は語れないのではないかと思います。

中野幡能『八幡信仰』にみられるとおり、皇室の準宗廟とも言うべき宇佐神宮と新羅とには深い関係があり、それが新羅工人のノウハウによる奈良の大仏の造立へ。そのお礼と守護のための手向山八幡宮造営へとつながっていることは周知です。

そして、前記『ユーラシア』によれば新羅を掘ればロシアが出てくる。例えば、しっぽが九本のキツネは「九尾狐」として神獣とされますが、以前、横浜のユーラシア文化館でオホーツク文化の展示がされた時、シベリアの尾が九本の狐が登場しました。狛犬もそうですが神様の「お使い」は大陸から来た。

こういう話になると、私もいくらかロシアを旅し、竪穴式住居のオリジナルな姿などいろいろ詮索したくなることがありますが、現実にその地をしっかりと踏んだ、例えば鳥居龍蔵『極東民族』には聖徳太子の絵伝とアイヌとの関係など、面白い記事がたくさんあります。現在のロシア東北のチュクチ族（自治州あり）の寝床、あるいはそれに伴うお守り（同書二六二頁）なども日本との共通性を窺わせます。

さらに、貝塚茂樹『中国の古代国家』四四頁以下は、クーランジュ『古代都市』（田辺貞之助訳）二〇〇頁などを引用し、ローマをつくったロムルスの町づくり、つまりアジアでいえば社稷《しゃしょく》づくりにふれておられます。ロムルスはローマのパラティーノの丘に都市をつくる作業において、土を掘り、都市の範囲を画する城壁造りを行なったというのです。それは、周の古公が行なった社稷、特に社をつくる作業と同様とのこと。素人ながら私は、日本の地鎮祭にそっくりと思います。ちなみにそうして造ったその城壁の切れたところ・門を闕《けつ》といい、二・二六に関わる黒崎貞明中尉の『恋闕』の闕です。天皇陛下の御前に忠以上のものをささげるというわけです。北京では午門が闕に当たります。

闕は、韓国の村々の入口にあるチャンスン（天下大将軍・地下女将軍と書いた柱。日本では道祖神か）にもつながります。闕の上にはチャンスンとセットのソッテ（鳥）が乗った絵もあり、闕、チャンスン、ソッテは同根です。

そして、更に貝塚先生は、以上とこれまたセット、同根で、「土」という字の元つまりは社稷ともいわれる蒙古のオボに及びます（写真）。

二九九頁の写真にあるとおり、ロムルスは狼とセットであり、それはローマ、タジキスタン、蒙古そして鮮卑へとつながります。ですから、日本の神道の諸行事とローマの文化とは、アジアの東端からヨーロッパまでつながる人類共通文化の互いに一部なのです。

京都大学教授で小幡神社宮司をされていた上田正昭先生は対馬・壱岐における式内社（『延喜式』という日本で最も古い「法律」に取り上げられている神社）の数を挙げておられ、平米当りとでも言いましょうか、一番多いのが大陸と近い対馬であり壱岐なのです。

先生は、一九七〇年の四月に公にされた『日本神話』（岩波新書）の中でも、大陸と神社との関係を詳しく語っておられます。

即ち、「神道イコール国家神道ではない。神社神道すなわち国家神道でもない。私（上田）のいう民族神道は、日本の歴史と文化の基層を形づくり、日本の宗教と信仰のバックグラン

河北省にある「オボ」。中央アジアのあちこちにあり、韓国のチャンスン、
チベット仏教やローマの神話にもつながる。
ここではチベット仏教「マニ堆」の説明となっている

ドとして存在した。そしてそれはナショナルであって、インターナショナルな要素を内包して展開した。神道のなかみはローカルであってしかもグローバルなひろがりをもつ、いわゆるグローカルな進行であった。日本の神道の内なる独自性と外なる普遍性を、神道の内実から再発見することが必要なのではないかとその思索をつづけてきた。」とも述べておられます（『神道と東アジアの世界』）。

こうした世界との広いつながりを持つ、祖霊・社稷を敬う古神道が日本文化の基底を構成しているということは極めて大事であって、逆にこのような土台の上に私たちの今の文化はあると自覚し直すことが大切でしょう。

（六）水戸黄門的な「士道」が導いた明治維新と新渡戸『武士道』

改めて、明治維新は、「水府の史論」、つまり神儒一致を前提とする新しい士道、更には天皇を五十音図の頂上に置く復古神道、血わき肉おどる『大日本史』の美しく、アクティブな「物語」を大きな動因力として成りました。

ですから、明治維新を承けた官僚である新渡戸の『武士道』が、儒教的武士道観や復古神道論から出来上がっていることは当然といってよいでしょう。

そこにあるのは、岩波文庫の最初の書き出しにあるとおり、仁義礼智信、つまり孟子の人倫五常の道を少し変えた儒教徳目であり、歌舞伎という、中国の元《げん》や明王朝由来の「お話」から持って来た滅私奉公、幕末の志士宜しく悲憤慷慨の精神主義に他なりません。

例えば、矢内原忠雄訳・新渡戸『武士道』から。

ヴォルテール像と彼の中国趣味・パリのカルナバレ

「その物語は我が歴史上最大人物の一人たる菅原道真に関するものである。……（として、藤原氏が道真の子秀才を狙っている話を載せ、ちょうどその時）……見よ、器量賤しからぬ母親に連れられて寺入り頼む（秀才そっくりの）一人の児あり、（その児自身が「身代わりになる」と言って）……ここに犠牲の山羊が獲られた！……検視の役人……松王丸は彼の前に置かれし浅ましの首を引き寄せ、……紛いなしと言い放った。……つらき役目を仕遂せて、彼は家に帰り、敷居を跨ぐや否や妻に呼びかけて言った、『女房喜べ、倅《せがれ》は御役に立ったわやい！』（このあたり、父源蔵と松王丸とが混乱）。……武士道はアリストテレスおよび近世二、三の社会学者と同じく、国家は個人に先んじて存在し、個人は国家の部分および分子としてその中に生まれきたるものと考えたが故に、個人は国家のため、もしくはその正当なる権威の掌握者のために生きまた死ぬべきものとなした。……ただ国法と国家は我が国にありては人格者によりて表現されていたという差異があるに過ぎない。」と。

この話、子供が進んで父の主君の身代わりになった、という歌舞伎の『菅原伝授手習鑑』です。もちろん実証性はなく、元々中国は元の時代の戯曲・元曲に由来するもので、それをマテオ・リッチが翻訳し、歌舞伎になった、という次第。

一方、リッチ訳はフランスに渡り、中国趣味を持っていたヴォルテールが『シナ孤児』と呼ばれる劇にして、こちらはハッピーエンドで終わるそうです。パリのマレ地区にある貴族の館・カルナバレでは、ヴォルテールの中国趣味を見ることができます。

外国からのものを加工して、滅私奉公を勧め、最後の部分では「個人は国家のため、もしくはその正当なる権威の掌握者のために生きまた死ぬべきものとなした。」と、「天皇のために死になさい。」の如きことを言っているのが、本当の「日本の武士道」なのでしょうか。おまけに「国法が人格者により表現」というのは正に「王言」の話でしょう。これ全て、民主主義とは無縁です。

ちなみに、そのころの歌舞伎では、『熊谷陣屋』、『伽羅先代萩』など、子供が身代わりになる滅私奉公の話が次々に出現しますが、これも明《みん》文化の極端な姿と言ってよいと思います。

また江戸時代、「孝子伝」が次々と、日本のあちこちで出現しました。孝子伝には親孝行のお陰で滝が酒になったり、真冬にタケノコが生えたりの奇譚が続々と出現。これも中国由来です（黒田彰『孝子伝の研究』）。

そして、この滅私奉公で思い出すのが、かの楠正成です。『太平記』によれば、彼は、足利尊氏が九州から攻め上ってきた時、新田義貞とともに、尊氏を一旦京都に入れ、後醍醐天皇には一度比叡山に避難していただき、尊氏らが京都で食料などの欠乏を来した時、北と南から、義貞とともに挟撃する案を考えました。

ところが、公家・坊門清忠はこの案に反対。「一年の内二回も天皇が比叡山に逃げるのはよくない」とし、中世的な「実」から外れた「形式」論を強調します。その結果、正成は敗色濃い湊川に向うことになりました。正成こそ、「承詔必謹」を行なった、執行機関の長として、立派な人と言わねばなりません。

しかし、敗戦の責任者である坊門清忠が責任を取ったかというと、取りません。そして最後まで後醍醐天皇に重用されます。正成は、確かに、滅私奉公の鑑として神になりました。特に明治維新のあと、わざわざ湊川神社を作って。それまでは、水戸黄門が朱舜水の字をもって作った「嗚呼忠臣楠氏之墓」はあったものの、地元では「残念さん」と呼ばれる小さな建物があっただけとか（ただし、北側には楠寺〔広厳寺〕が今でもあります）。

この流れは、靖国の神と祭られた兵士と、一向責任を取らなかった文字どおり君側の重臣たちと、何とよく似たことでしょうか。撃墜王・坂井三郎氏にしても私の父にしても、現実に戦った人間からみると、勝利のために「死にに行け！」との命令を発布されて、命令どおり、死んだ兵士らと、その命令を発しながら敗戦をもたらした者ら、即ちA級戦犯とを靖国神社で同時に頭を下げるわけにはいかない、というのです。父が久留米の一八師団の営門を出る時は、週番司令が本当に「死にに行け！」と叫んだとのこと。

坂井氏はですから、靖国神社のA級戦犯に対して、「貴様らに下げる頭はない。」として、自宅に「英霊」を祀っていました。

更に、同じく矢内原訳の新渡戸一四六頁、「或いは言う、日本が中国との最近の戦争に勝ったのは村田銃とクルップ砲によりてであると。また言う、この勝利は近代的なる学校制度の働きであると。しかしながらこれらは真理の半面たるにも当らない。……活力を与えるものは精神でありそれなくしては最良の器具もほとんど益するところがない。」と。

日本は、こんな精神論を言っていたから第二次世界大戦に敗れてしまったのではありませんか。

しかも、そもそも新渡戸さんはクエーカー教徒、つまりクエイクするほど平和を欲する人物ではなかったのか。良心的兵役拒否者の中にも多いはず。なのにこれでは余りにも矛盾が多過ぎで、本当の「ＳＯＵＬ ＯＦ ＪＡＰＡＮ」ではありません。

九　明治憲法とその機軸・祖先ならびに天への責任のもたらしたもの

(一) 明治維新はいつまでか―それを完成させた明治憲法―

この明治維新の〝維新〟とは、『詩経』の「周旧邦と云えども、其命維《これ》新まる」に由来するとされています。つまり中国において、殷が再三述べる牧野の戦いによって周に変わった時、天の命が改まり、それを〝維新〟と言ったというわけです。いずれにしてもこうした名前がつくこと自体、この当時の発想の中には極めて中国的なものがあり、当時の鎖国体制下の情報源からは当然とも言えますが、それまでの日本的であったものが、この「維新」で「より中国的」になったのであって、相当極端です。

次に、この明治維新はいったい「いつからいつ」までのことを言うのか。嘉永六年(一八五三)年のペリー来航を始まりにすることは良いとして、終期についてはいくつかの説があり、私は、明治二二(一八八九)年の明治憲法制定まで下らせたほうが良いのではないかと思っています。それは、ウエストファリア条約(一六四八年)などによっても、国家というものは領土・国民と共に主権がなければなりませんが、その主権が近代法的に定まったのが、この明治憲法においてだからです。

(二)「仏教」も、「伝統的神道」も、「神儒一致」も外され、「復古神道」が明治憲法の機軸になって、「国家神道」に

明治憲法制定に当たって、現在東京の信濃町駅近くにある明治記念館の木造建物(以前は別の場所に)において、枢密院の会議が行なわれました。その席で伊藤博文は、「今憲法制定せらるるに於ては、先ず我国の機軸を求め、……確定せざるべからず。」とした上で、「しかるに我が国にありては宗教なるものその力微弱にして、一も国家の機軸たるべきものなし。…我が国にありて機軸とすべきは独り皇室あるのみ。」と述べ、皇室、つまりは先に述べた日本書紀の「神勅」をすえるとしました(『憲法義解』二頁)。

「神勅」は、大国隆正のところで書いたとおり、天照大神がその子孫つまり天孫瓊瓊杵尊(てんそん＝ニニギノミコト)に「豊葦原千五百秋瑞穂国は、是吾が子孫の王たるべき地なり。

爾皇孫、就でまして治らせ。行矣。宝祚の隆え之まさむこと、当に天壌と窮りなけむ（『日本書紀』）」と述べて、空の上から日本の国に降臨させ、「爾がこの瑞穂の国を治めよ」、「皇統は窮なし」と述べた、というものです。それが実際は、天人相関説つまり、天から中国の皇帝が任命されるのと同じ構造を持つものであることは先に説明したとおりです。

そしてこれこそ、穂積八束が『憲法制定の由来』で述べた「国学大いにおこる」によるものです。

その結果、明治憲法は、天皇の祖先即ち皇祖皇宗への「孝」の思想によって貫かれており、冒頭に述べたとおり天皇やその家来である公務員の、国民へではなく「上」即ち天や天皇陛下への責任というコンセプトで固められています。

こうして、国学という、国粋のようで実は中国由来が、明治国家を作るにおいてそれを完成させたことが重要です。

このことにつき、私が幼少の時にお会いした真崎勝治海軍少将（当時衆議院議員）は、講演録・『隠された真相』の中で「日本人が血を非常に強く意識する動機は神勅の第一ということになります。……しかしこれは民族の団結は強いけれども他人や他民族を排斥する考えが伴い易い。それを横に拡がり平等観に立つ智慧の宗教である仏教が調和したから良かったわけです。」と書かれ、ついで、そのような伝統は、この明治維新の完成によって破壊され、「夜郎自大」の、大国隆正の言う前記「万国の総帝」、つまり、日本の天皇こそ世界の中心のような観念が登場し、敗戦に至ったとされます。このあたりを第二次大戦中研究発表したものが『Modaern Japan and Shinto Nationalism』（D・C・Holtom）であり、深沢長太郎訳として、『日本と天皇と神道』が戦後出版されました。この本はルース・ベネディクト『菊と刀』などより余程鋭い分析に満ちています。

(三) 軍人勅諭の歴史観が加わる

このような発想のバックにあったのが、その前の明治一五（一八八二）年に成立した軍人勅諭です。この勅諭は、その歴史認識において、江戸時代までを武士が天皇から権力を奪った武家政治の時代として、「再び中世以降の如き失態なからんことを望むなり」とします。

しかし、鎌倉、室町、戦国と、江戸時代をひとくくりにするのは誤りです。先のとおり戦国時代までは武士の時代（＝契約の時代）、江戸時代は身分の時代ですし、中期以降は、「武士」ではない「武家」という「半公家」ができ上ったミックス時代です（石井紫郎『近世の国制における「武家」と「武士」』）。

水戸黄門はもとより全国的に殿様が京都との婚姻を積極的に行ない、武士が公家化してしまったのです。そのことは『葉隠』の中で、水戸黄門が（戦国的な）鍋島らしさは（二代）光茂まで、と述べたことからも明らかです。

(四) その明治憲法にからめとられた「右翼」

こうして出来上がった明治憲法のため、本来、大アジア主義的な大きな視点を持っていたはずの「右翼」でさえも、憲法に、いわばからめ捕られてしまいました。

この点で思い出すのが『右翼運動一〇〇年の軌跡』（天道是［ただす］というペンネームの

頭山満手植えの楠・福岡市西新

人の本）であり、一番印象的なのは、第二次大戦前は、黒龍江や鴨緑江がどうした云々という遠大なフレーズの歌が多かったのに、近頃の日本の歌は釧路の夜だののご当地ソングになってしまい、とかく日本人全体として考えることが小さくなってしまったのは、慨嘆に堪えないというところでした。私は、この切り口が極めて大切ではないかと思っています。

まず、日本の右翼運動の源流として、頭山満さんたちの玄洋社は重要です。明治七年の佐賀の乱の時、彼らは私の故郷佐賀の山間部を福岡側から攻め登ってきて敗れたり、明治一〇年の西南の役への呼応の在監による挫折、板垣退助を説いての実力行使のプラン立て、自由民権運動、そして、明治二五年の選挙干渉、と色々なことがありましたけれども、話はだんだん大きくなっていってアジアの解放、特に列強に蚕食されている中国を建て直すこと、になっていきました。

このことについて、大川周明の書いた『頭山満と近代日本』という本があります。その中に彼らの肉声が書かれており、「頭山翁は『南洲先生が生きておられたならば、日支（日本と中国）の提携なんぞは問題じゃない。実にアジアの基礎はびくともしないものになって居たに相違ないと思ふと、……』と長嘆したが、其の大西郷は実に下の如く言っていた――『日本は支那（中国）と一緒に仕事をせねばならぬ。それには日本人が日本の着物を着て支那人の前に立っても何にもならぬ。日本の優秀な人間は、どしどし支那に帰化してしまわねばならぬ。そしてそれらの人々によって支那を立派に道義の国に盛り立ててやらなければ、日本と支那とが親善になることは望まれぬ。』」と。

つまり、彼らは、当時、外の民族から制圧されていた中国について、これをしっかりさせるためには自分たちも中国人になって、その再興をはからなければならないなどという極めて大きな考え方をもっていました。

例えば、もう一人の民族主義者宮崎滔天を挙げましょう。彼の三〇代までのことを記した『三十三年の夢』（岩波文庫、東洋文庫など）は非常に面白い本で、特に世界で活動していたために中国では無名とも言えた孫文を世に出したこの本には大きな歴史的意義があります。

これを読んでいると、前記と同様に、彼は、「（滔天）みずから支那人として事に従わんと擬したり」云々とあって、頭山らとまったく同じ発想です。

彼らの思考のバックにあるのは水戸黄門でもなければ保科でも、闇斎でもない。いわば「義を見てせざるは勇無きなり」といった、義経主従のような発想の一時的復活であり、また宮崎の言う「侠」という「武士道」的マインドに他なりません（岩波文庫『三十三年の夢』解説・島田虔次、近藤秀樹）。

このような滔天らを応援した人には、大隈重信や元々彼と極めて近かった犬養毅らがいます。大隈は、玄洋社社員来島恒喜が条約改正の大隈案に反対して彼に爆弾を投げつけ、片足を失いながらも、来島の墓を建てて参拝したといいます。

つまり、こうした人々は、正に大アジア主義的な気宇壮大性を持ち、かつ心が温かい人たちで、人間の行動傾向が似ているという意味で同じカテゴリーにくくれると思います。その対極に位置するのが軍人勅諭を作った山縣有朋らの長州閥の主流ということになるでしょうか（長州が全てだめとは言いませんし、実は私は、長州の殿様らと極めて近く、防府の毛利邸にも何度も伺い、亡くなった臼木博物館長さんとは大の仲好しでした）。

しかるに、こういう「侠」や「大アジア」の傾向はだんだん下火となり、大正の第一次世界大戦（一九一四年～一九一八年）のあと、米国のウィルソン大統領が唱えた民族自決主義に刺激された大陸浪人・川島浪速が、満蒙独立を、そして、後記のとおり特殊な「武士道」を唱えたりはしたものの、それはやはり復古神道的な「細い」もので、特に昭和に入ってくるとずいぶん変わってきました。ちなみに、川島の事実上の養女で、満州国皇帝溥儀のいとこ川島芳子が昭和一四（一九三九）年に長野県松本市で、「武士道」について述べた演説（『信濃毎日』に登載）は、自身の満州族という出自から見た日本の大陸政策を批判し、「武士道にもとるのではないか！」と唱えた見事なものです。

こうして右翼の気宇壮大性が失われていった大きな原因は、明治二二年の大日本帝国憲法が、前記のとおり祖先や天、そして、「血」ということを重視し、血が異なる他民族のために云々などということは考えなくなったこと。そして、官吏服務規律のように、「天皇陛下の政府に対し、忠順勤勉を主とすべし」という一本の細い糸のようなものを職務の機軸とし、彼らが持っていた「侠」の、広く太い発想が矯められてしまったこと。逆に「細い糸」を「臣道」として厳格に守ることこそを日本の官吏（公務員）や軍人の生き方（倫理）としたこと、そこにあると思います。後記のとおり、この「臣道」と「皇道」とを対にするのが川島です。
つまり、「明治憲法による右翼のからめ取り」が起き、よその国民のために骨を折るなどということとはまったく違う、細い運動体になってしまったのではないかと私は思うのです（それは今でも続いています）。

(五) 大隈重信の反省は正確に「維新」をとらえていた

こうして、明治維新の原動力になった大きなものが「水府の史論」であり、それに伝統的神道とも異なる、清朝考証学（考拠学）の焼き直しとも言える「復古神道」が加わったのであって、このような原動力が幕末において蛤御門の変、長州征伐といった事件が起きて行く中で、いわゆる志士の「悲憤慷慨（世の理不尽に耐えられず憤慨する）」の元となり、しかも将軍家茂の上洛、死亡、慶喜の将軍就任などによって、京都に二つの政権が並立。必然ともいえる朝廷と将軍との二元政治を一本に纏めるという話の力になり、その発想の主軸たる長州の志士に、特に火力に勝る薩摩、土佐そして肥前の強力な力が働いて、結局は明治の朝廷政府が出来上がったということでしょう。

それが明治二二年の大日本帝国憲法成立において、いわば仕上げをしたことは先のとおりです。

ですから、大隈重信は、『大隈伯昔日譚』一四五頁以下で、こんなことを言っています。
即ち、明治維新を起した「その第一種に属するものは支那学（いわゆる儒学）で養成されたものである。これは家康以来幕府のために、いのちをつないで来た教育を受けたもので、彼らは幕府のために奨められて、そのもとに職を得たものが多かったにもかかわらず、彼らが学んだところはみな、皇室を尚ぶこと、僭越は憎むべきこと、…口では幕府を称賛するが、その心のうちでは、幕府の役人が永年専横を重ねて今日にいたり、皇室を殆ど一個の偶像にしてしまったことを知らないものはなく、そうしてこれを知っているものは、秘かに悲憤慷慨をしないものがなかったのである。思い返せば、家康が民衆を服従さす一策として儒教を奨励したのであるが、二百数十年の後になっては、自分の子孫を殺す道具になったのである。……

第二種の書生は国学派に属するものである。否、単に国学と云うよりも、むしろ漢学に導かれた国学（つまり「神儒一致」。筆者注）というのが適当であろう。即ち水戸藩が奨励したもので、あの『大日本史』のようなものはその結果として世に出るようになった。彼らはわが国体を明らかにし、臣民が守るべき節義を重んじなければならないと高言し、その派の人たちが大いに全国に広まることができたのである。……（ですからこれは、国学というより「水府の史論」。強いて言えば「神儒一致」。筆者注）。

第三種は神道派（これが今、教科書的に言う「国学」）。に属するものである。この神道派と国学者の間には多少の相違があった。平田篤胤のような人は、国学を世を治める術に応用したもので、当時の社会に改革の原動力をしみこませたことが少なくなかった。要するにこの種の書生は、神代からなる日本帝国の歴史を基礎とし、その神聖な天孫に対し、国家のためにつくす義務があると考えていたから、これもまたもともと幕府の味方となるものではなかったのであった（いわゆる「復古神道」。筆者注）。

そうしてこの三種の書生は、凡そ互いにその目的のために一致した。彼らは強いて各々の学派の異同について争うことはせず、三方から声を同じうして尊王の大義を説き、人々をして国を愛することが自ら重しとする心を発揮させたのである。」と。

つまり、一は荻生徂徠が『政談』の中で、家康の文教好きが、いつか幕府を滅ぼすのではないかと心配していたとおりになった話。そして、二は『大日本史』の「水府の史論」（その基底には朱舜水や山崎闇斎がいる。敗けてしまった会津もこれ。）、三は、私の言う復古神道（その基底には清朝考証学［考拠学］あり）というわけです。

少しずれているかもしれませんが、概ね当たっているでしょう。

そして、大隈は、「こうした時に、丁度外交上の問題が起こり、これが改革の炎に油をそそぎ、彼らの心は一層気焔をあげて燃え立ち、尊王の問題に攘夷の旗を立てたのである。」と述べます。

例えば、機会があれば横浜の外人墓地の入口にある看板をよく見て下さい。「ブリトン」つまり英国人の死因を見てみれば、その多くがKillされたことを知ることができます。トロイの遺跡を発見したシュリーマンがアメリカ公使館になっていた麻布善福寺を訪れた時然り。外人は皆逃げてしまって一人だけだったとのこと（石井和子訳、『シュリーマン旅行記清国・日本国』）。

こうして大隈は、正に冷静に、「維新」の原因を見ていた、ということでしょう。彼は、修めていた英学が幸いして新政府の参議（今で言えば大臣のようなもの）に登りました。

大隈については、彼に親しく接したジャーナリスト馬場恒吾（後に読売新聞社長）が『大隈重信伝』を書きました。

馬場は、二高、同志社神学校などを中退して東京専門学校（現早稲田大学）に入学。学生でありつつ雑誌を出したいとして、大隈からお金を借りるなど楽しい間柄から始まったその評伝は、大いに役に立ちます。

「学生の一人と私が（お金を）受取りに行った。……暫く待っていると、大隈が義足の片足を引づりつつ入ってくる。そして、片手に鷲づかみして持つてゐた紙幣を、無造作に私に渡した。私が礼を言おうとする顔をじっと見て、『それ。落としてはいけないよ』と言う。私等は一かどの大人の志士の積りで居たが、此一言を聞くと、矢張り私等は小児だと感じた。同時に此老人を限りなく馴つかしく思つたのである。」と。

要は大隈とこの人とは波長（考え方のＤＮＡ？）が合っていたわけで、その国民新聞における部下が、後に昭和の歴史で、真崎甚三郎大将らいわゆる皇道派をきちんと評価し、読売新聞主筆となった岩淵辰雄さんです。彼は近衛文麿公、吉田茂さんとも近く、昭和二〇年に吉田と共に憲兵隊に逮捕され、のち馬場さんと共に「憲法研究会」の一員として、現在の日本国憲法が出来上がるについてマッカーサーに影響を及ぼした、というわけです（後述）。

（六）大隈らが考えていた国家像

さてそこで、明治維新により、大君つまり将軍から天皇に、主権つまり国家の最高の意思決定権と秩序維持の権威が変わったあと、どのような国家像を目指すべきだったのか。

ここで大隈らの動きをみますと、「明治六年の政変」、つまり征韓論者の政府退場後、彼は政府に残りましたが、結局一八八一年の「明治一四年の政変」でその地位を追われ、後の日本は、正にドイツ（というよりもプロシア）の影響が強い国を目指すことになったと言われます。ちなみに「明治一四年の政変」とは、政府が巨費を投じて形成した財産である北海道の官有物を、政商に不当な安値で払い下げる開拓使官有物払下事件に発し、それを追求した大隈の罷免、国会開設の詔と続くものです。

そこで、大隈らがどんな政体を考えていたのか。それは、英国流であると言われます。では更に、その英国流なるものの中身は何か。

私は、取りまとめていえばジェレミー・ベンサムやジョン・スチュワート・ミルらの主張する功利主義（最大多数の最大幸福）に親和的なものだと思っています。現に、明治初年から一〇年位までにかけては、このベンサムやミルらの書いた『自由論』や『功利主義論』などの本がたくさん翻訳されました。そして、このことについては大隈のブレーンといわれる小野梓（土佐）らが非常に大きな役割を果たしたようです（関嘉彦『ベンサムとミルの社会思想』）。

ベンサムのミイラ・オートイコン

ちなみに、後に述べる初代防衛大学校校長で、吉田茂、小泉信三らとも親交深い槇智雄の訓話にもミルのことが出てきます（『防衛の務め』）。槇校長の傾向の根底に、槇家が戊辰戦争で困難を味わった新潟県・長岡藩の出であったということも重要ではないかと思います。

ちなみに槇校長の弟は、秩父宮様に近いマナスル登山隊隊長槇有恒氏で、私の祖父とは台南で一時机を並べていました。そしておじは、第二次大戦前に台湾にあった塩水港製糖社長で、東台湾の開発などに尽した槇哲氏です。日本の製糖業においては、パラオを拠点とした南洋興発の松江春次氏も福島県・会津の人。つまりこうした海外での開発は戊辰戦争で敗れた地方の人々に負うところが大なのです。

話を戻して、このベンサムらの考え方は何か。具体的に果たしたことを考えれば、そもそもビクトリア朝のイギリスは、当初経済は発展したものの社会の格差が広がって、底辺に喘ぐ人々は非常に苦しかった（小説家・ディッケンズの『クリスマスキャロル』など。数年前ロンドン博物館で特別展もありました）。そんな中、例えば学校で言うならばオックスフォードやケンブリッジなどの超エリート校だけではダメだと、中間層となるべき人たちをしっかり作る学校が必要だというベンサムらの発想があり、その尽力によってロンドンにロンドン大学ができました。

現在、ロンドン大学の入り口には「最大多数の最大幸福」を目指し、自分の遺体も役立ててほしいという遺言に従い、ベンサムのミイラがしっかりと座っています（ただし、学生に盗まれたことのある頭だけは厳重保管。よって写真の顔は蝋人形）。そして、そのような考え方から数々の社会政策的な施策も施されビクトリア朝の絶頂期を迎えました。

大隈らが明治一五（一八八二）年三月一四日に作った「立憲改進党趣意書」は、正に「最大多数の最大幸福」をうたったものではないでしょうか。

「来れ我兄弟、来て我政党を結び、我臣民たるの職分を尽せよ。

幸福は人類の得んことを期する所なり。然れども少数専有の幸福は我党これに与せず。蓋し此の如きの幸福は所謂る利己のものにして、我党の冀望する王室の尊栄と人民の幸福とに反すればなり。……

是を以て若し一二私党の我帝国を専らにし、王室の尊栄と人民の幸福を蔑にし、目前の苟安を愉み、遠永の禍害を顧みざるものあらば、我党は此を目して以て公敵と為さんとす。」と。

（七）主として長州型の「国家像」の基礎

こういう考え方に親和性を持っていた大隈らでしたが、先のとおり明治一四年の政変によって中央を追われます。

一方、日本は長州の伊藤博文、そして山縣有朋を主流として、軍事国家プロシヤを模範とする国家になっていったと言われます。確かに、ベルリンの街中にあるビスマルク、モルトケ以下の彫像を見ると、軍事国家色は明らかで、大日本帝国憲法は、そのプロシヤ憲法の引写しのようなものではあるものの、一部見方を修正すべきかと思います。

というのは、憲法の「技術」、特に下位の行政法はプロシヤの影響が大きいでしょうが、特に昭和の一〇年代、神権政治的国家が出来上がってしまったことを考えると、その上位に「神儒一致」、否、「復古神道」が重要な「理念」として存在していたことを忘れてはならないと思うからです。そして、下位の行政法的な面はプロシヤ的ではありますが、外面つまり個々の文言としては中国です。

結局、中国由来ともいえる「神儒一致」の儒教的要素は、復古神道に吸収されてしまい、大きくなった復古神道が機軸ないしは、理念（最高の目標）として上位の憲法的要素を形成し、下位の行政法は、中国あるいは『日本書記』や『風土記』の衣つまり文言を着たプロシヤ式で行なわれた、ということでしょう。文学的な復古神道だけでは上位の理念面はできても具体的施策は不可能でもあります。

こうしてプロシヤの影響を一〇〇パーセント強調するのは正確ではなく、『憲法義解』にあるのは、『日本書記』であり、『風土記』です。

なお、「義解」は律令の解説書『令義解』や『令集解』と同じネーミングであり、この名前からも明治憲法の本質が「王言」、つまりは律令と同類と言っても外れていないこと、『義解』自体半官的性格の強いものであることが知られると思います。

そして現場を支配する行政法の部分は、右のとおり特にプロシヤ的、即ち後年ですが美濃部達吉の『行政法撮要』の影響大であり、これは今でも日本の行政の根っこに生きていると思います（否、生きていなくなった［つまり崩れた］から閣僚の答弁とかがブレたり、勝手な「解釈」をしている、とも言えます）。この美濃部の本はドイツのオットーマイヤーの行政法の影響を強く受けており、ドイツの議論は、これらアジア的な『憲法義解』や、ドイツ的な『行政法撮要』などに引直されたのです。

なお、ドイツのそのまた元はフランス革命後のコンセイユデタ（国務院）。フランス革命

フランクフルトの北20キロのところにある「リーメス」。建物は復元。
両側にV字の堀があり、このラインの北は元々アジア（!?）

の「王党派などに任せておけない」というリベラルな発想から生まれた行政裁判制度が、フランスのアルザスにある、オットーマイヤーが学んだストラスブール大学を経てドイツ皇帝のための制度になったわけで、その皮肉は、田中舘照橘『現代世界の法制度』、塩野宏『オットー・マイヤー行政法学の構造』など参照。

このストラスブールのあるアルザスは、ロレーヌと共にフランス、ドイツの争奪戦の場となり、ルイ一四世以来、何度も国籍を変えた人々がいるところですが、現在のストラスブール大学法学部のファザードは、しっかりと赤青白のフランスの三色旗に塗られています。また、ストラトブールの南コルマールの人バルトルディが作ったのが米国の自由の女神像です。

この地域は、本来ドイツ語圏ですが、ドイツ語で書いた人権宣言もあるわけで、仏、独を行ったり来たりした人が最後に選んだのは自由、平等、博愛の国・フランスだった、というわけでしょう。私も一度だけ訪問しましたが、欧州議会や欧州人権裁判所が置かれているその町の歴史は、日本を考えるについても極めて示唆に富むものです。

話を戻して、こうしてプロシヤと日本とが結びついていくということは、元々ドイツ（プロシヤ）という国自体がアジア的であり、それと中国・日本（東アジア）との間に、引写しを可能にする共通性があった、ということでもあるように思います。

例えば、啓蒙的専制君主と言われるフリードリッヒ大王の発想は、カントの『啓蒙とは何か』（篠田英雄訳）によると、「国民は、議論はしてもよいが従え」。自由や財産にかかわる「作用法」の部分のみは国会で議論してもよいが、国家の「組織」つまり朕の家来のことについては、国民の容喙を許さず、ということであって、この発想は律令と同じです。律令はその大部分が「組織法」です。何のことはない。フリードリッヒ大王も結局は中国専制皇帝と同じ（ようなもの）なのです。

ドイツのフランクフルトの北二〇キロほどのところには、リミットの語源ともいわれる長城リーメスが残っています。これはローマ人がゲルマンの南下に対し、東のドナウ川、西のライン川で防衛していたところ、川のないその間を防ぐために作った長城であり、つまりは、その北まで「アジア」は来ていたし、現にベルリンにはニコライ地区（ロシア）があります。松岡洋右がソ連のスターリンから「アジア人同士」と言われて喜んだように「仲間」です。ベラルーシ（白ロシア）の白は、アジア的な陰陽五行説の白。相撲の白房と同じです。ベラルーシ西部は黒ロシア（ルーシ）。つまりは、「ドイツまではアジア！」と言っても過言ではなく、現代の会社法制などを見ても、ドイツにはアジアと同じく監査役（中国では台諫）があり、「類似」は今でも言えることです。

こうして、明治憲法は、第一〇条で、天皇の官制大権、つまり行政組織は天皇自身が作ることを定め、現に内閣制度は明治憲法制定の明治二二（一八八九）年に遡る明治一八（一八八五）年に既に出来上がっていたのでした。明治憲法の中には、大臣にかかる条項が二箇条あるだけ。国民はこの内閣の中身には、皇室という天皇の家庭の話・皇室典範と同様、何の「手出し」も出来なかったのです。

ちなみに、江戸時代の儒学者伊藤仁斉の息子伊藤東涯が書いた『制度通』は、中国と日本との行政組織法を対照した本ですが、両者は極めて似ているばかりか、現代日本にさえ通用するようなもので、結局三か国ともよく似ているということではないでしょうか。

（八）大正の改革を考えた人

そして、以上の発想は、第一次世界大戦後の大正デモクラシー期には一部修正されて、大隈的な、ベンサム主義の本が再び出版されたりしました。

その大隈内閣が第一次世界大戦中、「対華二一か条の要求」という極めてまずい政策を取ったあと、寺内正毅内閣という長州閥が登場。米騒動で瓦解し、いわば当然のように内閣総理大臣になった原敬は、政友会を基盤とし、憲政会の大隈から見れば政敵ですが、大隈とはまったく違った一つのタイプとして見事です。原は戊辰戦争で敗れた南部藩から出た人として、葛藤の中に生きた尊敬すべき政治家だと思います。

原敬の墓

当時のマスコミは、原を評して、「平民宰相」と言ったのですが、実はとんでもない。彼こそ、それまでのどの総理大臣よりも武士としての家格が高かったのです。

彼は司法省法学校を出て、外交官、そして夫人の勧めで世界をめぐる大旅行などを行ない、厳格な発想と共に広い視野を持った法律家だったのでしょう。その『原敬日記』は、政治家の必読書と言われたものです。

私は以前、盛岡にある原の墓に詣で、遺言に従い「原敬墓」とのみ書かれたそれに、正に感動しました。なおこのお寺・大慈寺も黄檗宗です。

原の暗殺後、昭和三（一九二八）年に陪審法と普通選挙法（これは加藤高明内閣のなしたこと）が治安維持法と抱き合わせですが施行されます。

その施行に当たった人々の発想は、二八二頁に述べる東京市政調査会（日比谷公会堂内）が発行した『公民教育研究』にあるとおり、江戸初期に「衰滅せしめられた」つまり中世日本の武士道から、士道に、あるいは武士ではなく武家になって活力を失った日本人ではなく、「自立した」中世的な、強い日本人に帰るものであったことも大事です。民主主義を始めるなら、中世的なものを勉強しようよ、という発想にもつなげたい見方です。

しかし、ほぼ同時期に起きた第一次世界大戦後の関東大震災、米国を震源地とする昭和初期の大不況後、特に農村の疲弊は、折からの政治家のていたらくもあって、軍人たちの発想の中に、政治家に取って代わる、あるいはもう一度維新を起こすという水戸学的な、あるいは復古神道的な発想をより強固に涵養していきました。

ただし、こうした不甲斐なき昭和初期の現状に対処するについても、その中には様々なバリエーションがあるのであって、それを正確につかまなければ、再び大きな間違いに陥る危険があると思います。よって、以下、不甲斐なさへの対処のそれぞれのカラーをしっかりと見ていきたいと思います。

なお、このころ、世界的に広がった民族自決の運動に加わった者として、川島浪速がおり、彼の説く武士道・皇道・臣道と昭和の「皇道派」について一五八頁を参照して下さい。

一〇　「神儒一致」「復古神道」の結果がもたらす昭和史

（一）昭和初期の人々の肌合いの違いと三月事件、満州事変、十月事件、熱河作戦（「薩長土肥」の残滓と身分の話）

昭和の初め、張作林爆殺（昭和三［一九二八］年六月四日）により、長州閥の田中義一内閣が倒壊。ここではっきりとした長州閥は一応消えますが、同じ陸軍の宇垣一成大将・岡山などをはじめとして、その流れは根強く残りました。

そして、昭和六（一九三一）年九月に、満州事変が起き、その翌年の昭和七（一九三二）年、満州国が成立します。現在の中国の東北部をその版図とする国家です。

この昭和六（一九三一）年という年は極めて大切な年です。同年の三月に三月事件が、九月一八日に満州事変が、そして一〇月に十月事件が起きたのですが、三月事件と十月事件とは後の軍部暴走の国内的な最初の直接行動であり、しかも、以下に述べる血盟団、五・一五、二・二六とは、発想が真逆と言ってよいほど違います。

ところが一般的な本やテレビの解説も、これらについて「軍部」がこうした事件を起こした、と現象面だけの十把一絡げで、まったく論理性に乏しい評価。そこが「誤り」の元です。

まず、三月事件以下、満州事変、十月事件までは参謀本部ロシア班長の橋本欣五郎中佐（当時）らが企画したものです。

最初の三月事件は、宇垣大将を総理大臣にするために、東京で大川周明らによる騒擾事件を起こして、軍隊が出動しなければならないという状況にする。それを前提に昭和天皇による宇垣への大命降下、つまり総理大臣に任命することを図ったのです。

当時は今とは異なり、法的に、律令と同様、天皇がその臣下とされた総理大臣を直接、自身で任命することになっていました。これを「大命降下」と言います。

しかるに、宇垣は、無理をしなくても総理になれる目が出てきたことから最後の段階で話に乗らず、結局事件は具体化せずにおさまってしまった。また、十月事件もほぼ同様のものですが、こちらはより具体化し、各大臣の割り当てまで決めていたものの憲兵に押さえられた。

そしてこの二つの事件の間に起こったのが満州事変です。柳条湖事件と言って、当時の奉天、現在の瀋陽の北で満州鉄道の線路に小さな爆破を起こし、それをタネに張学良の北大営を攻めて満州全体を占領してしまったという話ですが、この爆破事件はもとより日本軍の行なったこと。しかし東京の陸軍省（南次郎陸軍大臣）、参謀本部（金谷範三参謀総長）は事変不拡大の方針を決めていました。

ところが、関東軍の板垣征四郎高級参謀、作戦主任参謀の石原莞爾中佐らが、これら陸軍省・参謀本部つまり省部の正式の命令を無視して事をすすめた。現地のトップである本庄繁関東軍司令官は『本庄日記』から見てもよくは分かっていなかったでしょう。ただし、終戦時に筋を通したことを述べて自決されたことは武人らしい立派な姿です。

なぜ不拡大にならなかったかというと、参謀本部の「正式の中止」の命令以外に、実は裏から、即ち参謀本部ロシア班から、「どんどんやれ」という電報があちこちの郵便局から何度も発せられ、電報代の総計が当時の金で三〇〇円に上ったそうです（中野雅夫編『橋本大佐の手記』一三二頁）。そして、それを受け取った板垣以下が、正に謀略的に、しかも本来天皇の命令がなければ動いてはならない朝鮮軍、そのトップが林銑十郎朝鮮軍司令官ですが、独断で鴨緑江を越えて越境し、満州になだれこむということをしました。そして止めに行ったはずの建川美次参謀本部第一部長らも、元々示し合わせていた橋本らの仲間であって止める気もなく行っただけ。

大権私儀即ち、天皇の権限（大権）をまったくないがしろにするものです。これはまさに謀略であり、結局は後付けで、陸軍省、正規の参謀本部もそれを追認することになってしまったわけです。この謀略の絵を描いたのが、東京では橋本ら、現地では、板垣（東京裁判のA級戦犯。絞首刑）と、天才とか言われている石原（私には、著書『世界最終戦論』の内容は、荒唐無稽で、何が天才なのかわかりません）。

要するに中国を侵略したとかしないとかいう問題以前に、日本自体の今はやりの言葉でいえばガバナンスやコンプライアンス、明治憲法下の極めてピュアであるべきはずの「皇軍」の法律遵守がまったく機能していない。それは行政法違反、陸軍刑法違反のオンパレード。軍人は政治に携わらないことを厳命している軍人勅諭にも当然反することです。そして、満州事変全体でみれば、日本軍、張学良軍などに相当の死者が出ました。日本軍の中でも第一線の一兵卒で亡くなった方や、その遺族としてはこういう違法行為をどう考えたらよいのでしょう。

この経過について書いてあるのが前記『橋本大佐の手記』（昭和三八〔一九六三〕年発行）で、数奇な運命を経て世に出ました。これを世に出した中野雅夫氏の努力は多としますが、人物評価については真崎甚三郎大将に対するひどい描写が、根拠もなく見てきたかの如くに書いてあり、まったく賛成できません。

とまれ以上の流れを見ると、これらの事件を起こした人々に明治憲法の支柱たる天皇への責任感があったでしょうか。むしろ天皇という存在をどこかにまったく置き去りにしていた話ではないかと思います。

血盟団の首領で、近衛文麿公とも極近かった井上日召師は『日召自伝』の中で、橋本らの行動を指して、「天皇の大御心を無視した行為」と書いています。橋本は「天皇中心」という言葉を十月事件の合言葉にしているようですが、後の血盟団、五・一五、二・二六事件の青年将校らとはまったく異なり、「大御心」とはかけ離れた自身のプランの実現です。この当事者の主観の違いをよく見なければなりません。

もちろん、血盟団、五・一五、二・二六の青年将校も陛下の兵士を勝手に動かしたり、人を殺したことは断固責められるべきことで、二・二六を起こした人々は甘んじて死刑を受け入れました。が、ただし、「自分たちが大臣に」とか、「誰かを担ぐ」はありません。後記のとおり「天皇の聖明」は直ちに顕現されると思っているのです。

ですから、この満州国の成立（昭和七〈一九三二〉年三月一日）、「五族協和」を標榜する建国式典に、当時の陸軍を代表する皇道派の荒木貞夫中将（当時）は、「自分の理想と異なる」として、出席せず、また、真崎甚三郎中将（当時）には、招待状も来なかったとのことです（山口富永『昭和史の証言・真崎甚三郎人その思想』など）。

この昭和六（一九三一）年ころは、未だ皇道派、統制派という派閥は、はっきりしてはいないと言われますが、この違いを見るならばやはり相当に色濃い人脈の傾向があったように思います。建川本部長（後中将）は、はっきりした統制派ですし。人脈の中には、特に薩長土肥という藩閥的要素も強く、長州主流派とその他には相当な行動パターンの違いがあるようで、少しラフですが長州主流派「以外」が皇道派だ、と言ってもよいかもしれません。軍を皇道派と統制派で分ける分け方は必ずしも適当ではないでしょうが、統制派系の評論家高野清八郎氏が名付けたものだと『隠された真相』一五二頁にはあります。

ただし、私の経験から見ると、まず、川島浪速が昭和一〇年、『日本及日本人の道』で述べるのが、「欺る最高最美の道徳精神を、世界人類の上に施し行はせらるるのが即ち皇道で、これを翼賛し奉るのが臣道である。日本民族の遺伝的気質性格の、子々孫々の血管中より、脈々流れ来たものを、昔は日本魂と言ひ、又は武士道とも云うた次第にて、他の民族と著しく風調を異にした、云々」というのですが、長野県松本市にある、私の友人穂刈甲子男氏の手に成る川島の養女「川島芳子記念室」には、荒木大将の書かれた「皇道日本」の軸がかけてあります。つまり荒木大将としては、川島を承け、明治憲法の「天皇への責任」を守れ、皇道を歩めということから「皇道」を推進し、そこから「皇道派」が出たように思います。ただ、このような発想は、同じ皇道派でも仏教者真崎大将とは相当に違います。特に真崎大将に近い人に神がかりのようなものはありません。その意味で川島の立論と、皇道派というネーミング、また荒木大将の傾向には問題や誤解の元があると思いますが、以下便宜使用します。

その後、昭和七（一九三二）年二、三月頃の血盟団事件、同年の海軍軍人や橘孝三郎らによる五・一五事件の後、昭和九（一九三四）年の士官学校事件、即ち辻政信大尉（当時）らによるスパイ事件、一〇（一九三五）年八月の相沢三郎中佐による永田鉄山軍務局長の殺害の事件などがあって、一一（一九三六）年二月二六日の二・二六事件に至ります。

そして、この間の昭和八（一九三三）年一月、中国東北では、出先の関東軍が熱河作戦を発動し、現在の中国・河北省の一部（当時は熱河省）に攻め込みました。

その省都・承徳には「避暑山荘」という清朝の巨大な離宮があって、そこの池に温い温泉が湧き出ているので熱河と言います。一二九頁の「オボ」があるとおり内モンゴルの一部です。

この行動に対して、中央では、その当時の参謀総長は閑院宮殿下、参謀次長が真崎甚三郎中将（当時。後大将）つまり、荒木中将（同）の同志でした。この閑院宮と真崎中将とのそりの合わなかったことが度々指摘されています。

閑院宮家は、江戸時代に遡る宮家であって、ご先祖以来、相当な強気。載仁親王は参謀総長に任ぜられ、実戦経験もあり、カイゼル髭を生やして、いわば威張っていました。

一方の真崎中将ですが、佐賀県の農村に生れた平民であり、当時の士官学校への登竜門とも言える佐賀中学の卒業時の一覧表によると、大将だけが名前の上に「平」とあります（『人間真崎甚三郎』所収）。後は全部「士」、さむらいです。こうして第二次大戦が終わるまで、日本の士官学校の採用は家柄即ち士族優先であり、正にヒエラルキーそのもの、中世武士道の「実」からかけ離れた運用がなされていたのです。二・二六に関係する士官学校出のYさんからも確認を得ましたし、私の父の一八師団時代の師団長田中新一中将（二四九頁）もそう言われていたそうです。

いずれにせよ、このような身分制度こそ儒教武士道の名残です（本当は平民の方こそ鎌倉以来の武士の系統だったりするのですが）。中国には「奪情起復」という言葉があります。世情の評判を気にせず官職に留まったり、離脱することで、例えば、曽国藩が太平天国の乱を戦っている時も、父の死去に際し、喪に服すべきか否かでこの言葉が問題となりました。明治維新による儒教主義が、昭和のその時にいたるまで国の力を減殺していた、というべきでしょう。

にもかかわらず、真崎大将は頭脳明晰であったがために、昭和の初年、そこまで上り詰めていました。そして実質的には参謀次長が様々なことをやるので、総長の閑院宮とはそりが合わないということだったのです（海軍も宮様を軍令部総長とし、同傾向の問題あり）。

二・二六事件のあと、大将は逮捕されてしまって、無罪にはなったものの予備役編入。佐賀にたびたび帰り、県の教育会長というものになりました。それで、この大将を囲む地元の人々の集いが行なわれ、宇都宮太郎大将の甥宇都宮三千雄さん、その娘の婿である五・一五の三上卓さんらも皆その一員です。後に述べるように二・二六で真崎大将が裏切った、などということがあれば、この人々が共に集まるはずがありません。

私の祖父も大将が台湾軍師令官時代、塩水塔製糖株式会社に視察にみえたとき面識ができ、後年、産業組合の運動家として、前記メンバーの一人。父も若き日に話を聞いた一人です。そういう人は今でも何人もいます。

一方、閑院宮たちは、統制派と組んで、中国本土即ち万里の長城以南を攻めたがっていた。

しかし、真崎大将たちは中国本土を攻めることは絶対にしてはいけない。日本の真の敵は当時のソ連であるという考えでした。

このあたりの大きな流れについては、一九歳の時、大将を世田谷の自宅に訪ね、すっかり仲よくなって、その真実を書いた前記山口富永氏の著書こそおすすめです（前記に加え、『二・二六事件の偽史を撃つ』など）。

弟の真崎海軍少将も、ゆくゆくは大将の器でしたが二・二六のため少将で予備役編入。ソ連（ロシア）の駐在武官をされ、一〇年以上ソ連におられた人で、その恐ろしさをよく知る人でしたが、ただし、彼らは、決して直接ソ連と事を構えようなどと思った人ではありませんので、ご注意を。そして、真崎大将らは満州事変のように謀略で兵隊を一部品のように死なせることにこそ大反対だったのです（後に述べる山岡重厚中将の話）。ここが大切です。

（二）真崎参謀次長時代の塘沽（タンクー）停戦協定

そんなわけで、昭和八（一九三三）年一月の熱河作戦以来、関東軍が今の河北省に攻め込んでいましたが、中央では真崎中将が参謀次長。関東軍師令官が同じ佐賀閥の元帥・武藤信義大将であったことから、同年五月三一日、「日本軍は万里の長城を越えない。既に長城に達していた軍隊は引く」という、塘沽（タンクー）停戦協定が結ばれました（武藤大将は間もなく死去［謎あり］）。

この時のことを真崎少将は『隠された真相』四五頁で、「天皇陛下（昭和天皇）が非常に事変の拡大されるのを御心配になっておられるのを拝察して、兄は参謀次長として一身を堵しておりました。

『それはど陛下が御心配になられるならば、私はこれから万里の長城に行って、生命のある限り長城を越えさせません。』と言っておりました。」と。そして懇意であった武藤関東軍司令官に対して、兵を引くようにと、辞職の話まで出して求めたと述べておられます。

また、岩淵辰雄さんの『敗るる日まで』一二八頁には、後年昭和一二（一九三七）年以降の日華事変について、

「宮様が参謀総長として依然としておいでになり、次長も肝腎の作戦部長も事変に反対でいるならば、かりに事変が起っても、これを食い止めることは決して不可能ではなかった筈である。

たとへば満州の時でも、軍が熱河討伐の余勢を駆って、一と息に長城の線を越えて、北支の野に雪崩れ込もうとした時でも、真崎甚三郎一人の反対でこれを食い止めた例がある。その時の真崎も矢張り参謀次長であった。そして閑院宮が総長であった。……

それから比べると、（盧溝橋事件のあとの日中戦争の時［筆者注］）多田（駿）も同じく参謀次長であり、石原（莞爾）も作戦部長ではないか。勿論、近衛は石原（莞爾）に対して、そこまで皮肉をいうつもりでいったのではなかった。石原はそれに対してかういった。

『……陸軍は表面は（撤兵に）賛成した。裏面に於いては拡大を策した。その面従腹背の徒にしてやられたのだ……』

ここで面従腹背の徒といふのは陸軍省で杉山元（大将・陸軍大臣）、梅津美次郎（中将・陸軍次官）を指し、それが中央にいて、出先の現地にある此の一派のものが策動して、事変を

拡大の一途に導いたのであった。」と述べているとおりです。この「拡大」が今日の世界情勢にまで影響を及ぼす如何にまずい政策であったかは、一八五頁の「『中国』を知らなかった人々」に書きました。

（三）皇道派の志向するところと、その蹉跌（真崎大将の教育総監罷免）

ですから、いわゆる皇道派の志向するところは、当時の中国の指導者・蔣介石との提携でした。

彼は孫文の後を継ぐ人であり、浙江省出身で、南京を首都とし、むしろ北はいらないと考えていたのです。そして、少しでも中国をまともな国にして、他の国から不興を買うような国にしないようにしようと考えていました（『蔣介石秘録』など）。ですから、蔣介石と事を構えるなどということは決してあってはならなかったのです。

しかるに、皇道派が勢力を持った時、荒木貞夫陸軍大臣の人事が派閥的云々であったと言って（この部分は先のとおり荒木大将特有の発想もあるかもしれませんが、真崎大将は違います）、元々は同じ皇道派の一員と見られていた、林銑十郎陸軍大臣は、昭和一〇年、正に豹変し、閑院宮参謀総長と図って、陸軍の「三長官」と言われていたポストの一人真崎甚三郎教育総監を罷免するという挙に出ました（同年［一九三五年］七月）。

この「陸軍三長官」というのは、陸軍大臣、参謀総長、それに教育を司るトップの教育総監を言い、大正二（一九一三）年から陸軍トップの人事はこの三人の一致が必要とされていました。ところがこの際は、閑院宮、林陸軍大臣の二人が直接昭和天皇に上奏して罷免を強行してしまったのです。

(四) 相沢事件から二・二六事件へ (橋本ら中堅幕僚と青年将校との発想の違い)

それで、その大権私儀、つまりは天皇の陸軍最上層人事についての大権侵犯即ち法治主義違反に憤りを覚えた相沢三郎中佐が、昭和一〇(一九三五)年八月、そのバックにいると思われた永田鉄山軍務局長を陸軍省において殺すということがありました。

そして相沢中佐のその事件の裁判を応援していたのが、二・二六の青年将校だったのです。真崎大将は青年将校とぴったりくっついてはいませんが心情はよくわかっていたというのが実相でしょう。前記のとおり出自からしても、農村出身の部下を持つ青年将校とは、その窮状を知る者同士の暖かい心情の共有があったものと思われます。

とまれ、この事件の直前、相沢中佐が挨拶に寄ったのが同じ陸軍省内にいた山岡重厚整備局長(中将・土佐)でした。この人も皇道派であり、この事件のため、その後、第九師団長。更に二・二六事件のあと予備役編入となりますが、昭和一二年に召集されて一〇九師団長となり、中国へ。山西省などを転戦して、太原を占領。そこにあった太原博物館(現在の山西博物院)の文物を保護したことは、現在も同博物院のウェブサイトにあります。

そして真崎少将は、『隠された真相』に、「山岡中将と云えば一寸稀れに見る人格者で伯夷叔斉の様な人物であるが、彼は應召されて師団長として日支事変に参加した。石家荘の戦の後戦況を方面軍司令官寺内壽一大将に報告に行って『部下を沢山殺しまして相済みません』と詫びた。すると寺内軍司令官は『何に兵隊等は作れば幾何でも出来るからいいよ』と答えたので山岡は開き直って『あなたはそんな事を正気で言うのか』と食ってかかった。」と書きます。

先述のとおり、ここの部分が軍人の評価を行なうのに一番大事なところだと思います。

話を戻して、陸軍当局は、この青年将校たちが相沢中佐を裁判で応援するので、これを満州に飛ばそうとした。それに対して青年将校たちは、前記のとおり、「君側の奸」をのぞけば天皇の「聖明」が直ちに現れるという、正に『拘幽操』由来の純粋な明治維新的発想によって、天皇の側近を殺したのです。

もちろん、殺したことは絶対に許されることではありませんが、逆にいえばこんなに良い人柄の人物らが、なぜそんな考えを持ち、あんなことをして、しかも後の日米開戦にまで至るきっかけを作ったのか、そのことを考えることが極めて大切であると思います。でなければ再び「誤ち」がおきます。

(五)　橋本らの考えと、血盟団、五・一五、二・二六の人々の考えとの「大」違い

そこで改めて、前記三月事件、十月事件における中堅幕僚らの考えと、昭和七（一九三二）年の血盟団、五・一五事件、そして、昭和一一（一九三六）年の二・二六事件の青年将校ら、これら事件の当事者の基本的違いは何か。

まず青年将校と思いを同じくする、血盟団（昭和七年二、三月）の話。血盟団というのは、日蓮宗の僧侶井上日召師らを中心とする一種の暗殺団で元大蔵大臣井上準之助、三井合名の

団琢磨を暗殺したことで有名です。

井上準之助を殺した小沼正は次のように回想します。

「十月事件の軍の計画が我々に判ると、日召師をはじめ我々は西田税さん（二・二六で北一輝とともに死刑）をあの計画のなかに送りこんだ。……十月事件の閣僚名簿のことが判ると我々は憤激した。

だから十月事件の我々の役割は、軍による破壊が一応成ったら、その場で、長勇（後のノモンハン事件の長勇少将。沖縄で自決。十月事件で警視総監の予定）や橋欣（橋本欣五郎。同じく内務大臣に予定）をぶった斬ることにあった（現代史資料月報一九六四・一二）」と。

更に、彼の師匠・井上日召師は、『日召自伝』の中で、「その（十月事件の）思想的指導者は大川周明であり、その実践的指導者は橋本大佐だと云ふことである。しかし私は、これだけの大事件を惹起するのに、軍当局が関知せぬと云ふ筈はない、と問ひ訊すと実は参謀本部の建川（美次。前記満州事変の策謀家で、日露戦争の『敵中横断三百里』のモデル。明らかな統制派）・小磯（國昭。東条の後の総理大臣）両将軍が後楯をしてゐる、と云ふことだった。

私は、陸軍の不正手段による満州事件にも国内暴挙にも、私の思想上からして賛成出来なかったが、私独自の革新計画を実現すべく、……この好機捉へざるべからず、と直ちに賛成し、民間側を代表して実行方面を引受けた。

しかし、私は大川（周明）・橋本・長等との折衝は専ら西田に一任して、私は決して会議に顔を出さなかった。最も大きい理由は、彼等の計画が全然軍国主義であり、思想的には彼等も亦時の指導階級たる財閥・政党及びこれに抗争しつつある左翼等と同じやうに『差別観に立つ対立闘争主義』であって私の奉ずる『一体観に立つ平和主義』とは全く相容れず、私の考へてゐる『偽の国日本を真の国日本に建直す』（これが本来の「皇道」。筆者注）ことから言へば、彼等は『偽の国日本をして更に偽多からしむる』ものに外ならない。殊にそのクーデター計画は全く天皇の大御心を無視した行為であって、御詔勅の如きも既に大川の手に成れる草案を天皇に強要して発布する、と云う暴挙を企ててゐる、と云ふ内容を聞き知るに至って、私は愈々許せない気特になり、彼等の実行を見届けた上で、最後に御前会議の席上に於て、建川・小磯始め彼等一党の幹部を鏖殺《おうさつ》（皆殺し）すべく決意し、四元・古内・池袋等［血盟団員。筆者注］にその意を含めて置いた。」と（二五六頁。傍線は筆者）。

そして、五・一五も同趣旨ですのでここでは略記とし、古賀不二人・『私の歩道・五・一五将校の鎮魂譜』六一頁参照。その檄文は、「日本国民よ！……天皇の御名において君側の奸を屠れ！」。なお、この古賀不二人さんも旧名清志で、元は佐賀。

更に、二・二六の野中四郎大尉らの『蹶起趣意書』では、「内外真に重大危急、今にして国体破壊の不義不臣を誅戮して稜威を遮り御維新を阻止し来れる奸賊を芟除するに非ずんば皇謨を一空せん。恰も第一師団出動の大命煥発せられ、年来御維新翼賛を誓ひ殉国捨身の奉公を期し来りし帝都衛戍の我等同志は、将に万里征途に上らんとして（東京から満州に行くことになった、ということ。筆者注）而も顧みて内の世状に憂心転々禁ずる能はず。君側の奸臣軍賊を斬除して、彼の中枢を粉砕するは我等の任として能く為すべし。」と。

これらの言葉、特に小沼や日召師の言、つまり事が成ったら橋本らを斬るという言を皆さんはどう解釈しますか……。

血盟団員や五・一五、二・二六事件の青年将校らは、水戸黄門らの考えが導いた明治維新をしっかり真面目に引いているのですから、その頭にあったのは天皇（君）の無謬性、つまり、『拘幽操』の「天王（皇）は聖明なり」です。そして、その「聖明」の立場にある天皇から「大命降下」を受けるならまだしも、家来である橋本らが勝手に後継を決めるなんていうことはあり得ないし許されない大権私儀です。青年将校らは、この天皇の聖明、それを徹底的にたたき込まれていました。

ですから国体破壊の元凶たる君側の奸を芟除《せんじょ》（敵を討ち平らげる）するだけで聖明は明らかになる。そのあと大臣や警視総監になろうなどと考えている者は、「ブッタ切る」しかないのです。

血盟団、五・一五、二・二六の青年将校らは明治維新後の「教育」によって、また『軍人勅諭』によって、おまけに事件前の「梅窓院の集い」つまり勉強会などによっても（大蔵栄一大尉『二・二六事件への挽歌』七五頁）、近世武士道である「士道」をその頭脳に徹底的に叩き込まれたため、当然水戸学的な、あるいは復古神道的な発想を前提にしており、それを厳格に実行したのです。

もちろんご本人たちは、明国だとか水戸黄門だとかは頭の隅にもなかったかもしれませんが、ただし、『古文孝経』や、もちろん文天祥とかがあったことは後記池田少尉の手記などのとおりです。

なお、大蔵大尉が言うとおり（前掲書）、水戸（日昭氏もそこにいた茨城。小沼も）と佐賀はつながります。五・一五の民間からの参加者・橘孝三郎氏も茨城で、裁いた神垣英六判事は佐賀。私の司法研修所時代の恩師の父上でした。恩師の姉上の夫は、戦後ヤミ米を食べずに餓死した山口良忠判事です。

(六) 二・二六事件解釈の誤り

ところが、前記の水戸学的、あるいは復古神道的「論理」が分からない人は、この青年将校の真意をピタリと当てられません。

中公新書の『二・二六事件』には、高橋正衛氏による、河合栄治郎東大教授の一文が引用されていますが、高橋氏は、

「河合は、すでに事件直後の三月九日付『帝国大学新聞』に、『二・二六事件の批判』という一文を書き…。」として、河合の「二・二六事件は軍ファシズムによる『自ら善なりと確信する変革を行うに何の憚る所があろうか』という根本的な社会変革への誤りから出発した事件である。」という文章を引用します（二二頁）。

河合先生は、厳しい時代に、広く「軍部」と言われるものに対して、早速ここまで抵抗的文書を出されたのであり、流石に偉いとは思うものの、これでは、青年将校と、「ファシズム」という西洋の一群（実際のところ日本では橋本ら）との同一視でしかありません。

先生の『学生に与う』は、高校時代の私たち「民族派」のよすがであり、真に尊敬する先生ではありますが、申し訳なきことながらここはピント外れかと思います。

正に、真崎少将は『隠された真相』の五二頁で、「当時吾々をファッショと思って、吾々の力を利用して統制経済をやろうとしたんだろうと思うんですが、今日尚まだ……ファッ

ショだと思い込んでいるのがある。ファッショと闘い、ファッショの連中から暗殺されようとしていた正義の士を…。又、河合栄治郎君等は帝大の教授であり、自由主義者であったが、吾々がファシズムを日本精神と云っていると思って、攻撃して歩いていたのです。そこで私は、……〝非常時局読本〟と題して出版してくれたのを、河合さんに持たせてやって、〝我々が日本精神だと言えばファッショの如く貴方達は思っておる様だが、それが間違っておると我々は云って居るのです〟と、云ってやったことがあります。」と述べておられます。

この点は、「江戸時代の思想のチェック」また、「国際関係からの反省」がないので、現代においても一向変わっていないと思います。むしろ、現代において真崎大将らを悪く言う、一部「リベラル」の限界になってしまっているのです。

ファシストと言うなら、前記のとおりむしろ橋本でしょう。橋本は、トルコの駐在部官をしていて、ケマル・アタチュルクの影響を受け、ファシストになったようですが、それも間違いで、ケマル・アタチュルクの偉大さはそんなところにはありません。彼のアンカラにある廟の壁には、多民族国家トルコが西欧的な国になることを目指した、今流行りの「ダイバーシティ」がしっかり書いてあるのです。私は廟の中にある博物館で、女性に西洋式のブルマーを履かせて体操・訓練をさせている写真を思い出し、現在のトルコを憂慮しています。

そして、この河合先生の文章を引用した高橋氏自身はもっとひどいと言えます。

「（二・二六の）『趣意書』は、……と宣言している。……昭和六年に未遂のクーデターといわれる三月事件、十月事件を企図した陸軍の桜会（橋本らが作った秘密結社）という少壮軍人のつくった団体の『趣意書』や、昭和七年に犬養首相をピストルで射殺した事件（五・一五事件）

アンカラにあるケマル・アタチュルク廟の一部

で海軍将校が撒布した檄文『日本国民に檄す』（上記）と内容においてあまりかわりはない。」ときました。

これら趣意書のバックにある歴史をまったくご存知なく、か踏まえていない。いわゆる十把一絡げ。これこそいわゆる識者の大間違いの典型です。

ですから、それに続けて、二・二六につき、「真崎大将官邸に現わる…」と書いた後、「（二六日）八時半、真崎大将が官邸に現われた。…その真崎大将は得意然たる態度で室内に入り、川島陸相となにごとかを要談したという。」……そして、「磯部主計の（遺書）『行動記』によれば、……「とうとうやったか、お前たちの心はヨオック分かっとる、ヨオッークわかっとる」と答える。」と（高橋正衛『二・二六事件』）。正に磯部主計『行動記』の一部の引き写し。青年将校・大蔵大尉の『二・二六事件への挽歌』は、そばにいた副官の話も引いてこの言葉を否定（何より、磯辺自身、後記のとおり、扇動を受けて立ったなどというのは「青年将校を見くびった話」と述べているのにです）。

高橋氏は、遂には、大将は、事件後責任を取って自決すべきだったなどとまで書きます。確かに、二六日に軍事参議官が集ったあと、よく問題になる陸軍大臣告示が出ていることからいって、真崎大将らを含む軍事参議官らが青年将校に同情的な意向を持っていたとは思われますが、まるで事件の首魁であるかの如き文章はまったく不適です。

また、中野雅夫氏の場合、貴重な『橋本大佐の手記』ではあるものの、悪意に満ちた書き方に根拠が示されておらず、およそ真崎大将の出自などはご存知ないのではないでしょうか。

逆に、むしろ、「当事者」に聞いてみようというわけで、事件で官邸に乗り込み、死刑を求刑されながらかろうじて無期禁固とされた青年将校・池田俊彦少尉の文章を見ると、事件の最中についてこう書かれます（村中大尉は池田少尉を「純情純真の人」と『恋闕』三九一頁）。「我々は天皇陛下の聖明を掩い奉り、我が国の前途に障害をきたす奸賊を斬って、昭和維新のために立ち上がったのだ。大化の改新の際も中大兄皇子が奸物蘇我入鹿を倒して、破邪顕正の剣を振われて大化の新政を実現したように、奸賊共を斬ったのだ。」と（『生きている二・二六』五九頁）。天皇陛下の聖明を覆い隠している黒雲の如き「君側の奸」を取り払えば、「聖明」は「自然に」明らかになるというのです。

よって、血盟団はもとより、二・二六の青年将校にも、「軍による破壊」の後、後継の大臣を決めるなどという新しい政治体制の「プラン」などありません。もちろん、誰かが後ろで糸を引いている、など論外です。橋本らのように、中堅幕僚がクーデターを起こして、自分たちが大臣になろうなどという三月事件、十月事件の首謀者達は、正に不純です。

（七）真崎大将らの本当の動き

逆に、二月二六日の翌々日二八日の、問題となっている軍事参議官と青年将校との会見について、池田少尉の記述はこうです。

「真崎大将は、次のような意味のことをいった。

諸君らは我々軍事参議官に色々と要望しているが、元来軍事参議官というものは陛下の御諮詢なくして事を申し上げることは出来ないものだ。我々は国を思う余り、自発的に努力してきたけれども、我々が諸君の念願を引き受けて陛下に奏上申し上げたり、また軍に差図することは出来ない。……

ここ迄やったのだから諸君は速かに兵を引くべきだと言われ、これだけ言っても順逆を誤るような行動に出れば、自分が第一線に出て君達を攻撃する。どうか聯隊長の命令に服し、部隊を撤退させてくれと言われた。」と。

およそ真崎大将という人は、別記したとおり身分差別の中で陸軍三長官の一人にまで登りつめた人ですが、いわば「下」にやさしい方であって、かつ私の祖父や父母や我が菩提寺の坊守さんに聞いたところでは頑固なまでの法治主義の人。更に池田少尉に言わせると、既に年もとり過ぎていた人。代わって後継主班を狙おうなどということはありません。

だから大蔵大尉も、「真崎大将に対する曲解」として、

「二・二六事件を論じた多くの著書で、全部が全部といっていいほど誤りをおかしているの

は、真崎大将と青年将校との関係である。それは真崎を青年将校の首領とみなしていることである。……事件のカンどころを最もつかんでいる『二・二六事件』の著者高橋正衛も、このことに関するかぎり例外ではない。

『閣下（真崎）は青年将校より尊敬されておりました。巷間は真崎大将により扇動を受けて立ったと申しておりますが、これは青年将校を見くびった話であります。私共の行動は信念により決行しましたので、扇動によりやったのではありません。』

この磯部と同じようなことを書き残している同志も何人かあるが、ここでは磯部の例をあげるだけでことたりるであろう。要するに当時の青年将校の考え方は、決行に際して一切独自の力でこれを行い、真崎大将や荒木大将などおえら方の力をたのみにはせず、むしろそれを無視するという気構えであった。」（『二・二六事件への挽歌』三三八頁）」と。

（八）小括―リベラルも保守も、法的観念を前提としないので誤っている―

改めて一方の、青年将校について言うと、池田少尉は死刑を求刑されたものの無期禁固となって、出所されてから、元血盟団・四元義隆氏の会社に就職しました。そこでの話、「しばらく経って四元さんは鹿児島にゆくことになり、私に同行をすすめた。……私達は鹿児島市の磯の敬天舎のお世話になった。当時は岡積勇輔先生が塾長をしておられ、私達はここに寝起きして切磋琢磨した。……その古文孝経の朗誦の声は今でも私の耳に残っている。」と。やはり『古文孝経』は、正に青年将校に大きな影響を及ぼしたのです。

そのような無謬の、聖明である天皇をいただきながら、もし農村の女性が売り飛ばされるような不都合な政治が行なわれているとすれば、それは「君側」が「奸」によって固められているからと考えるのです。

三月事件以下と、血盟団以下とは、思想的にまた、法的に真逆です。

ここが理解できていない第一が前記『二・二六事件』を書いた高橋正衛氏。『橋本大佐の手記』を解説した中野雅夫氏。更には、沢地久江氏の『雪は汚れていた』。沢地氏は検察官の手控えのようなものを前提にして、正に勝ち誇ったの如き陰謀論の想像を逞しくされましたが、「古文孝経」の論理を欠いているのでまったく無駄骨か有害。直後の『文芸春秋』で池田少尉から完膚なきまでに……。

加えて上記大蔵大尉は、「妄説〝北と三井のくされ縁〟として、「松本清張の『昭和史発掘』が私にはあまりにも間違った想像をたくましくしているとしか思われぬからである。」云々と清張氏を批判しておられます（『二・二六事件への挽歌』三〇三頁）。

ちなみに、池田少尉も言われるとおり、よく引かれる北一輝『日本改造法案大綱』は、青年将校全員がそれをよんでいたわけではないでしょう。ただし、この『大綱』は、朝鮮の人々の地位などに心を配っており、むしろ日本国憲法に近いものとも言えます。

ＮＨＫの番組で、「軍部」は、こうしたテロを行なって「天皇中心の軍事国家を作ろうと考えていた」などととりまとめるのは、前記小沼血盟団員や井上日召師の言からいってもまったくの（いや半分の）誤り。もちろん、後にそのような一派が生まれたことは、以下に書くとおりですが、彼らは違った。その彼らの論理、つまり歴史に裏打ちされた超純粋な「論理があった」ことを知らなければ、つまりは明治維新を反省しなければ再び同じ過ちが繰り返されます。

また、もう一つ大切なことは、いわゆる保守を標榜する人士らの誤りです（本当の「保守」、というより「民族主義」は実は私ですから問題にもなりませんが）。彼らの中には、統制派東条英機らを擁護するため、その反対である真崎大将らが糸を引いていたかの如くに言う人もいます。

本は読んだことがありませんが、渡辺昇一とかいう人の話をYouTubeで観ましたら、二・二六の青年将校は陸軍大学に行けなかったので不満があったのかも、などと、青年将校に対する冒涜か認識不足に逆に大笑いのような「説」。大蔵大尉によると、二・二六メンバーのトップ村中孝次さんは上官からしつこく陸大受験を勧められ、その不合格作戦までやったというのに（大蔵八四頁）。

陸大を出て恩賜の軍刀組とかになれば、後方の指揮官ですから第一線で死ぬことは通常考えられません。もちろん陸大を受験する全員がそうだというわけではありませんが、この将校たちにそんな「俗物」の発想はまったくなく、正に「死ぬため」に軍人になった（同じ発想であった私の父も血書嘆願して一八師団に入り、営門を出る際は、週番司令から「死にに行け！」と叫ばれたことは先に書いたとおり）。

いずれにせよ、こうして二・二六事件は「敗北」と決し、青年将校のほとんどは、「早過ぎる裁判」の結果、その年の七月一二日までに銃殺されました。

（九）改めて二つの派の違いの具体例

皇道派の人々は前記のとおり、薩摩・土佐・佐賀閥と大きくくくれますが、長州も決して全てが悪いというのではなく、それ以前の乃木大将はもとより、例えば三浦観樹将軍など軍閥大嫌いの人もいます。この人は大隈とも近かった（馬場恒吾『大隈重信伝』二七五頁など。乙未《いつび》事変にかかわったことが残念です）。そして、この人たちは、心の温かい人です。のちの第二次大戦になってから再び現役に復帰させられて戦った柳川平助中将、小畑敏四郎中将、山岡重厚中将や山下奉文中将のような人が多いのですが、その人々もきちんとした人です し、その一族は、後に司法部に入った人も多く、私の尊敬する裁判官もいます。その昔、「部」と名がつくのは「軍部」と「司法部」であり、両者の組織は非常に似ているので、戦後裁判官になった元軍人がたくさんいるのです。

池田少尉も、いわゆる皇道派の柳川平助中将について、

「昭和一三年か一四年の頃、柳川平助中将が近衛内閣の法務（司法）大臣になった。その時、柳川閣下は（私が収容されていた）小菅刑務所に一幅の洋画を寄贈され、それは教誨堂の正面の壁に掲げられた。その絵は数人の子供達が丘に登って遠い空の雲を眺めているもので あった。何とも言えぬ浪漫的香りの漂う美しく明るい絵であった。まことに心のなごむ絵で あった。私は柳川さんらしいとつくづく思った。

柳川閣下は私の少尉任官当時の直上の師団長で、演習場などで親しくその謦咳に接する機会があったが、いつも微笑を湛えておられる温顔を私は忘れなかった。皇道派と言われる人々

の多くは一般に情操豊かで、哲学的思想を持っていた。私は柳川閣下の御厚意に心から感謝した。」と書かれています。

私の祖父が『人間真崎甚三郎』に寄せた文は、当時祖父が勤めていた台南の塩水港製糖を台湾軍司令官として大将（当時中将）が視察された折のことですが、

「会社近くのダムに魚を放流しておけば後で役に立つといって、魚類を集めて放流させられた。それから後、度々ダムの水を落して魚を取り食に供したようです。

昼食の時、他の将校さん達は、クラブ兼旅館で昼食を取っておられたが、大将だけは必ず弁当箱一ぱい詰めてこられ、半分程自分が食べ、半分は車夫に、きたないものではないから食べるようクラブの主人にいって渡されていました。

大将は、原住民に対してはことのほか可愛がっておられました。人を治めるに威厳や、力でおさえるものではない愛情で治めることだ、心の絆程強いものはない、信頼し合うことが政治の根本である。

……原住民を大事に愛情をもって可愛がることが第一だという信念で接しておられたので、原住民は、真崎大将を軍神だといって絶大なる念をいだいていたようです。」と（当時、祖父も九一歳で文章が少し変ですが、こんなことです）。

真崎大将は、先のとおり法治主義の人であり、厳格である反面、西本願寺の関係者としてよく仏教を勉強されていた方です。本願寺の勝如門主は、「真崎さんは当時既に軍人の最高位『大将』になっておられ、間もなく現役を退かれた。このことが一層真崎さんをして浄土真宗の教えに傾倒される機縁となったのではなかろうか。退役は昭和十一年とのことだが、

最近聞いた話では、昭和十四年から自身の書かれた書の署名に、それ以前の実名をやめて、『愚真』という号を使われるようになったという。これは親鸞聖人がご自身を『愚禿』と名乗られたのに影響をうけておられるに間違いない。浄土真宗では自身は愚かな凡夫にすぎないという鋭い反省が、阿弥陀如来の大慈悲への絶対の帰依につながるのであるから、信仰が深まれば深まるほど『愚』という文字に引付けられることになる」と書かれています（『真崎さんを偲んで』）。

そんな大将が青年将校を利用して、首班をねらうだとかは、特に青年将校側の持つ前記の「論理」からもあり得ません（なお、全体像と資料について田崎末松『評伝真崎甚三郎』参照）。

ちなみにもう一つ青年将校の傾向として、池田少尉の在監時代の話。

「こういうことを書きだすときりがないが、一つ忘れ難く残っているのは、朝鮮の朴烈である。有名な朴烈事件（大正一二［一九二三］年。韓国人朴烈と日本人の内縁の妻金子文子による天皇らを狙ったとされる大逆事件）の当事者である彼は朴準植と名のっており、あのような事件を起こした者とは思えぬ温厚な人であった。或る時、彼は私に何故彼が反日行動に出たかを話してくれた。日本統治下の朝鮮にあって、彼は日本に対して初めから反抗的気持を抱いていた者ではなかった。

朝鮮の農民は日本と同じく皆貧しかった。そして不作の年は肥料を買う金にも困窮した。それを日本人の高利貸から借りたのである。高利貸達は親切に面倒を見てくれた。豊作の年に金を返済しに行くと、今すぐ返さなくてもいいと言って、貸し金の繰り延べをした。農民達はそれを好意と受けとって、余った金は他のことに注ぎこんだ。

そして不作の年が来た。その時、以前と同様に借入金の繰り延べを頼みにいったところ、以前とはがらりと態度が変り、貸し金の即時返済を迫られた。そして早期返済の見込みのないことを見とどけて、土地の名儀を書き替えてしまったのである。その土地は二度とその農民の手に返らなかった。このようにして日本の悪徳商法は帝国主義的侵略主義と共に、朝鮮の民衆に拭うことの出来ない汚点を残していったのである。

私は彼の悲憤を聞くと共に激しい怒りを覚え、出来れば今直ちにでも乗り込んでいって彼奴等をたたき斬ってやりたい衝動に駆られた。」と。

ですから、現代においても、「心の温かい人」が、「心の冷たかった人」のやったことをよかったことだと思うような見方の誤りをしないでほしいと思うのです。その誤りを、もし、するとすれば、それは明治維新をほめたたえたりする発想から出てくることです。本当に暖かさがあったのは、仏教をバックにすえ、神仏が習合していた、平等の、そして、正に国際的であった中世であった。思い出していただきたいのは、その暖かさは、人間だけではなく動物にまで向けられていたということなのです。

そのころの状況を岩淵さんは『敗るる日まで』の中でこう述べます（一六四頁）。

「政界も一般も、陸軍の事情に関して、近衛公ほどの認識を持ったものがいなかった。一般の人々は、軍閥の宇垣、南、阿部一派（つまり、皇道派以外・筆者注）の政権争奪と、ファシズム派の中堅軍人（橋本ら・筆者注）の宣伝に巧みに乗せられて真偽を混同していた。上層及び政界は、陸軍のファシズム派と結ぶことが、彼等が政権に近づき、権勢と利益を分配するのに便利であるとした。……

ここに皇道派と統制派との真偽、順逆が混同され、誤った認識が一般に普及する因がある。宇垣、南、阿部一派の軍閥の一部は、彼等の時代に三月事件を起し、満州事変を起し、十月事件を起したにもかかわらず、それが皇道派によって起ったかのごとく宣伝した（そんなことを今も書いている人がいる。筆者注）。それは彼等がもう一度政権の地位に就かんが為であった。そして遂に彼等は成功した。

統制派は三月事件以来のファシズム革命派、クーデター派である（彼らは関東軍の独立までプランに入れていた・筆者注）。彼等は、彼等自身のファシズム革命派としての本家をカモフラージュすると共に、彼等の計画を阻む勢力を打倒する為には、政略的にも、ここに反対勢力をファシズム派として作り上げて、一般の関心と反対を、その方に集中せしめる必要があった。その為に、彼等は、政界、財界、ジャーナリズムのあらゆる各方面に働きかけて、これを味方とし、宣伝の道具とし、且つ彼等の計画を浸透せしめることに努力した。そしてこれにもまた、成功した。」と。現代の「リベラル」な人の一部も、ここを間違わされていると思います。

（一〇）粛軍のはきちがえ

そして、二・二六後に行なわれた「粛軍」は、五・一五や二・二六ももちろんですが、本来、三月事件、十月事件、そして満州事変などで中堅幕僚が行なった大権私議、そして、一般の兵士を無意味に死なせたことに対してなされるべきなのに、一方的な皇道派の追い落としのみがなされてしまいました。

私がそのご子息とおつき合いした、当時の聯合通信の上海支局長松本重治氏は、近衛、吉田、そして真崎大将とも近い人ですが、その著書『上海時代』中央文庫・上四五四頁以下で次のように述べておられます。

ちなみに、この松本さんと、東大の政治学者矢部貞治先生が懇意であったことは、岩波文庫のハンス・ケルゼン『デモクラシーの本質と価値』の序文にも出ています。私の学生時代、まともな学者だなと思った矢部先生と松本さんは、やはり近かったのだな、と思われるところです。改めて松本さんは、

「『粛軍』という言葉が、この事件以前から、軍当局からも、国民のあいだにも、しばしば使用されていた。叛乱将校一七名の処刑、准士官以下四七名の処断も、粛軍の一部であった。……林、真崎、阿部、荒木の四長老軍事参議官の予備役編入が決定されたのも、粛軍のための重大決定であった。……以上が軍の考えた粛軍であった。

しかし、国民の内心において、粛軍といえば、軍内部の統制を確立し、下剋上の弊を匡すということと、軍部が政治、外交に不当に干渉することをやめることとを意味するものと考え、その実現を切望していたのであった。

ところが、陸軍は、国民の切望した『粛軍』を実行せず、粛軍を狭義に解釈して、皇道派の荒木、真崎二長老を現役から追い、叛乱部隊将兵を厳重に処罰することに決し、陸軍幹部の人事異動を断行し、……『庶政一新』というスローガンの下に、事件直後に未曽有の政治干渉を、後継内閣の組閣中に敢行したのであった。……大命は、四日、近衛氏に降ったが、近衛氏は平素皇道派の荒木、真崎、小畑の諸将軍と親しく、かねてより、粛軍は皇道派の協

力でやりたいと念願していたという事情もあり、二・二六事件の直後の局面収拾には、完全に不適格であることを自覚したので、すぐ健康を理由として、ご辞退を申し上げた。そこで西園寺（公望）公は、直ちに広田前外相を推薦し、大命が広田氏に降ったのが、五日午後であった。

私は、叛乱鎮圧直後、東京を去って上海に帰り、上海で毎日到着する日本の新聞を苦々しく感じつつ読みふけった。

大命を受けた広田氏は外相官邸に組閣本部を置き、吉田茂氏を相談役として、同夜中にだいたいの人選を遂げた模様で、……ところが、六日午前中に、陸軍は村上（啓作）軍事課長を組閣本部に派し、重要顔ぶれの変更を求め、午後、寺内氏は広田氏と会見、軍の不満をぶちまけ、容れられざれば入閣せずとまでいった。（そして、）『依然として自由主義的色彩を帯び、現状維持または消極的政策に依り、妥協退嬰を事とするがごときものであってはならない』と、ぬけぬけと発表した。それは、陸相がこの際、高姿勢をとることが、陸軍にとっての唯一の活路であると幕僚たちが考えたからであった」と（中公文庫『上海時代』四五五頁）。

つまり、本来「粛軍」というのであれば、昭和六年三月以来の橋本や板垣、石原それに建川ら、いわゆる中堅幕僚やそれに乗った上層も、この二・二六も含めて粛軍するのが本来です。ところが統制派は、皇道派つぶしの道具として、この二・二六事件を使ったのです。

頼りなかったとはいいながら、近衛文麿公は皇道派寄り。吉田茂さんもそうです。こうした人脈の存在と、その考え方を踏まえなければなりません。

ちなみに、血盟団事件で服役し、出所してから近衛公の自宅に住んでいた井上日召師はこう《(う)》も言います。

「もしも、（近衛）公爵の性格がもっと剛毅果断であったならば、あの厚き（昭和天皇からの）御信任を以てすれば、日本ももう少し何とかなってゐただろう、とつくづく思ふ。……

『公爵、貴方は子供の時から喧嘩したことがありますか？』

『一度もありません。』

『それだから駄目なんですよ。時計の振子のやうな、貴方のフラフラの思想が、左右から段々接近して、最後に中心に安定して動かなくなる時、その時初めて日本は救われるのです。』

公爵は、私のこの言葉を理解した。

粛軍の意見一致　話題が軍に及んだ時、近衛公は言った。

『総理たる私ですら、日華間の戦局がどんなになってゐるのか判らないんです。参謀本部へ行って、国政を総理する首相として戦局の把握ができなくては種々不便だから、教えて貰いたいと言っても、軍機の秘密だから教えられぬ、と突放されるのです。仕方がないから、私は　陛下からお聴きして戦局を知る有様です。政治でも外交でも、軍が横車を押すので本当にやりにくいですよ。』（『日召自伝』三一八頁）」と。

この話の前（二・二六のあと）、東京専門学校（現早稲田大学）を出て弁護士から代議士になった斉藤隆夫代議士は昭和一一（一九三六）年五月七日、有名な「粛軍演説」を行ない、この人や、翌年、寺内陸将と腹切り問答をやった東京法学院（現中央大学）を出て弁護士の濱田国松代議士くらいしか骨のある人はいなくなりました。更に、昭和一三（一九三八）年には東条の家来、佐藤賢了による「黙れ事件」即ち、説明員として出席した国会で、議員を一喝、も起きました。佐藤の東京裁判における弁護人が私の恩師の父上、草野豹一郎先生です。

そして、斉藤代議士は、昭和一五（一九四〇）年二月二日には、「反軍演説」までやりましたが除名。後の社会党委員長で日比谷公会堂で暗殺された浅沼稲次郎氏らも大部分が除名賛成。牧野良三（東大）、名川侃《かん》市（明治大）、北浦圭太郎（関西大）らの弁護士と芦田均、宮脇長吉、丸山弁三郎、岡崎久次郎のわずか七名のみが反対。これらの人たちが多く法律家というのも、ナチスに最期まで抵抗したのが法律家であった、ということと同じですが（『ヒトラーとナチス』ヘルマ・グラザー著・関楠生訳、二三三頁）、結局は極少の声になったようです。

（一一）「中国」を知らなかった人々―中国とは何か―

こうして、統制派の天下となり、二・二六の翌年昭和一二（一九三七）年の盧溝橋事件以降の中国本土を攻める戦いが始まったわけですが、これを行なった一派は、何が問題だったかというと、中国という国の本質（文化人類学と言ってもよいでしょう）がわかっていなかったということなのです。それは、北京と南京との違いの不明ということでもあり、今日にまでつながる「世界の大問題」を惹起しました。

それはこういうことです。現在北京には二一のラマ教（モンゴル仏教）の寺院があるといわれます（平野聡『清帝国とチベット問題』）。それは、清朝の皇帝の祖先つまり満州族が未だ中国の東北部にいたころ、その遠縁ともいえるモンゴル族から政治的影響で、歴代王妃が嫁いできました。彼女らが持ってきたのがチベット仏教です。このことは中国遼寧省の瀋陽にある清の故宮に行ってみればわかります。

そして、満州族の皇帝は、このチベット仏教を、満州族、「マンジュ」の発音から自身が文殊菩薩の生まれ変わりと位置付け国教としました。そして、チベット仏教のもう一人の長、観音菩薩の生まれ変わり、ダライ・ラマがポタラ宮（補陀落）に住むように、自らは文殊菩薩の生まれ変わりとして、中国全体を支配する、と称します。

こうした発想の大本山が、北京にある雍和宮であり、そこには巨大な弥勒菩薩像があり、一方、夏の離宮である河北省（旧熱河省）の避暑山荘にはこれまた巨大な観音菩薩像があります。

大事なことは、この二つの宮殿にはいずれも小さな壺があり、そばに牌が置かれていることです。この壺は、実はクジ引き用の壺であり、チベット仏教の最高指導者ダライ・ラマやパンチェン・ラマを選ぶためのものです。清朝時代、清朝皇帝は、この「クジ引権」つまり、ダライ・ラマやパンチェン・ラマを選ぶ権利を持っていたのです。

そして今は、共産党総書記（国家主席）がその権利を持っていると称しています。つまり、中国の現政権は清を継承しているということです。ということは、旧満州、内蒙古、新疆、チベットをその版図にするというのです（外蒙まで含む考え方もあります）。

一方、南京を中心とする江蘇省は、元々朱元璋が都した儒教の本場。良い意味できちんと整序された場所であり、中国の最高の頭脳が集まっている場所です。そのことは清の時代の科挙において、状元と呼ばれるトップが江蘇省からは四四人という最大の人数輩出されていることからも明らかです。となりの浙江省も一三人（原勝郎『貢院の春』）。「南」が圧倒的に多い。

だからこそ、蒋介石は、南京に首都を置こうとし、北京は北平にして、はっきりいえば、東北（旧満州）や蒙古や新疆やチベットは不要とさえ考えていました。それは正に中国が小さな「明」という国の版図に戻ることを意味していたのです。

それは、中国伝統の儒教が支配する地域であり、その周囲にあるチベット仏教やイスラム教の部分は含まない。それで良いし、それが良い、というのが蒋介石でした。蒋介石は、現に「敦睦令」というのを出して、排日活動を押えることさえしていました。

そして、日本の敵であったソ連も、昭和一〇（一九三五）年、満州国内の旧東清鉄道（北満鉄路）を日本に譲渡。自らはモンゴルを取るから、日本は満州を取れ、といってはあからさまですが、そのような密約状態となったのです。それが、ソ連に占領されたモンゴル人民共和国、モンゴル国、モンゴル出身のお相撲さんへとつながります。日本は満州のその流れを潰したのです。だから、蒋介石と提携しておけば中国は小型の「礼」の国として現在に至っていたでしょう。「民族自決」という考え方にも合います。真崎大将が参謀次長、教育総監の時代、中国とは大きな紛争は起きていません。真崎大将ら皇道派を潰した統制派は、それと真逆のことをしたのです。そして、今日みられるとおりの巨大な中国にした。台湾の戦後の歴史、一九四七年の二・二八事件、白色テロなどの台湾人への弾圧事件も変わっていたかもしれません。

ですから私は、この百年の世界史を見る時、盧溝橋事件と南京への攻撃は、ミュンヘン会談でヒトラーをのさばらせたこと、イラク戦争によってISをスプレッドアウトさせたことに勝るとも劣らないまずい政策だったと思います。

しかして、中国を知らなかった人とはどういう人か。前記岩淵さんの『敗るる日まで』によれば、二・二六事件後の「粛軍人事（簡単に言えば皇道派をつぶすこと）」を行なった梅津美

明の家具・シャープで硬い。儒教的

治郎陸軍次官、後の参謀総長（ミズーリ号に乗艦して降伏文書に署名した人）は、まさに統制派の中心人物ですが、ミズーリにも絶対行きたくないと渋ったという、表に出ないという官僚の一面を代弁しているとされる人です。

ミズーリについて岩淵さんは、「ところで、この全権が決定するまでの梅津の暗躍は非常なものであった。それは名誉ある全権になりたい為ではなくて、寧ろ、これを回避するが為であった。……彼は何とかして、この屈辱的な場面に出たくなかった。……勅命か、宮様の御命令かで、大本営の統帥の責任者として梅津が光栄の全権になったのである。ところが当の梅津は、そんな運動（ミズーリに行く、行かない）が陸軍と大分組を上げて、狂奔して行われたことなどは、一向知らんやうな恰好をして、無表情な象牙彫の面をそのまま平然としていた。近衛（文麿）公が梅津を評したのは、その時

清の家具・グリグリ。チベット仏教的

のことだ。

『……あの心理は大したものだ……』」と（『敗るる日まで』一〇四頁）。

この人たちが、二・二六事件の後、陸軍の主力となった。彼らは一見頭が良さそうに見えて、また昭和天皇の御覚えもめでたかったようですが、実は中国の何たるかも分からず、きちんと責任もとらない人たちだったのです。

なお、以上の話が文化人類学だ、というのはこんなことからも言えます。

というのは、中国の上海博物館に香港の荘さんという人が寄贈した家具のコレクションがあるのですが、本来南京に都すべきだった明の家具は細くて固い。シャープで、武士の生き方に例えれば秋霜烈日の士道。清の家具はグリグリした丸型で大慈悲型のチベット仏教式（？）。こういうことも大切です。

一一　昭和前半の帰結

(一) 結果としての盧溝橋事件と南京攻略

こうして皇道派が放逐されたあと、翌昭和一二(一九三七)年七月七日の盧溝橋事件、さらに南京の攻略が行なわれました。真崎大将らは、もちろん断固反対だったのです。

上記松本重治さんも、『上海時代』の中で、心ある人々は、南京の攻略に反対していたことを書かれています。特に、普墺戦争(プロシヤ対オーストラリア)の時、プロシヤは、わずか七週間余りで勝利したのに、ビスマルクがオーストリアの首都ウィーンを衝くことを断固止めさせたという戦略的な故事にも倣った発想です。プロシアはそのおかげで後の普仏戦争(プロシヤ対フランス)の時、後顧の憂いなくパリを陥れることができました。

ところが統制派には、そういう戦訓に学ぼうという姿勢がまったくなかった。

そして、これ以後の誤りについては、防衛庁戦史室・『戦史叢書・インパール作戦』の第七六冊付録(月報)の中で、原四郎中佐(自衛隊では一等空佐)が、『筆者の憶うこと』として、「結論として筆者は大陸政策なかんずくその方法は賢明ではなかったと断ぜざるを得ない。……もし大陸政策が有終の美を収め得るチャンスがあったとすれば、それは満州事変から支那事変への移行を防止し、少なくも支那事変から大東亜戦争への発展を阻止し得たときであったであろう。……」

あの不用意な北支工作が（つまり、万里の長城を越えて中国本土に入り、盧溝橋事件を起こしたこと。もちろんその前の、冀東防共自治政府などというものも、正に謀略的であって倫理的に許されない、アヘン売買など日本の恥とも言うべき政策。筆者注）が支那事変を誘発し、かの冷静を欠いた北部仏印進駐（援将ルートを断つため北部ベトナムに侵攻したこと）が大東亜戦争への扉を開いたことはここに多言を要しない。」と述べておられるとおりです。

ちなみに、この北部仏印進駐は、「黙れ事件」の佐藤賢了南支那方面軍参謀副長及び後に特攻隊員の上官でありながら飛行機で台湾に逃走した富永恭次参謀本部第一部長が画策。これを監視団長として見た西原一策少将は、「統帥乱れて信を中外に失う」と打電。戦後においてテレビに登場した佐藤氏の態度からも窺われるところです。

（二）ゾルゲ事件の評価

そして、日本がこのような「南進政策」をとったことには、ソ連の「さしがね（ゾルゲ事件）」を感じないわけにはいきません。はっきり言えばコミンテルンの謀略ということになり、日本の眼を北方ソ連にではなく南に向けさせ、日本が蒋介石政権と、そして、ドイツが英仏と互いに戦争をすることによって消耗し、最後は敗戦、コミンテルンの世界革命へと導かれる、という筋書きであり、これは日本のコミュニスト尾崎秀実の手記にも明記されていることです（もちろん世界革命にはならないのですが）。

例えば、戦後自民党の代議士もされた、内務官僚・三田村武夫氏の『戦争と共産主義』二五四頁に引用された尾崎逮捕後の次の文章の如く。なお、この本は後に『大東亜戦争とスターリンの謀略』と表題が変えられてしまい、謀略嫌いの人からは、あらぬ誤解を受けているような気がします。落ち着いた、以前の表題の方がよかったと思います。

尾崎は言います。「萬一かかる場合になった時に英米の全勝に終らしめないためにも、……日本は戦争の始めから、英米に抑圧せられつつある南方諸民族の解放をスローガンとして進むことは大いに意味があると考えたのでありまして、私は従来とても南方民族の自己解放を『東亜新秩序』創建の絶対要件であるということをしきりに主張して居りましたのはかかる含みを籠めてのことであります。この点は日本の国粋的南進主義者の主張とも殆んど矛盾することなく主張される点であります。」と。

また尾崎は、その遺稿を集めた『愛情はふる星のごとく』（岩波現代文庫版）の三九〇頁で、堀川祐鳳弁護士に対し、「之を要するに、私は終始、コミンテルンのために協力してきたつもりであり、また、ゾルゲその人もコミンテルンから派遣せられたものと信じて居ったものであり、コミンテルンの本質はもとより超国家的組織であり、私の政治目標もまた、常に、世界的共産、大同社会の実現を志して来たものであった。

従って私の本部への情報提供は、国防保安法の『外国へ漏洩する目的』を以てしたものでは決して無かったのであります。コミンテルンはソ連邦とは理論上はもとより実際も別物です。」と述べています。

「コミンテルンはソ連邦とは別物」と言うのは、私たちの若き時代、ベトコン＝南ベトナム解放民族戦線は北ベトナムとは別物と言っていた学者や学生とそっくりでしょう。ベトナム戦争がサイゴン陥落と共に終わってしまうと、ベトコンなるものは跡形もなくなってしまいました。その意味では尾崎も騙された一人かもしれませんが、筋金入りの共産主義者であり、軍閥の犠牲者などではありません。また『愛情はふる星のごとく』は後の人がつけた本の名前であり、彼がつけたわけではありません。

こうして彼は、近衛公の「東亜新秩序」に何くわぬ顔で乗って、日本軍を南方に向けさせ、最終的な「国際共産主義運動（本当は＝ソ連の政策）」の勝利を目指したことは疑う余地なしです。コミンテルとソ連邦とは別物などという勘違いをしたにしても。

この尾崎という人、その満鉄時代の報告書『現代支那論』は、中国を調べたものですが、私に言わせればただの上っ面だけです。

ただ、尾崎の真意がどこにあったのかは、とにかく「スパイ」ですから、どこまで本気で調べたものかも分かりません。そういう彼が一流雑誌の巻頭を飾り、三田村さんが同書二六〇頁で「日華事変を長期戦に、そして太平洋戦争へと理論的に追い込んで来た論文及主義（……馬場恒吾、岩淵辰雄、阿部眞之介等極く少数の自由主義評論家を除いた殆んど全部の学者、思想家、ジャーナリストが筆を揃えてこれらの諸論文に同調していることは注目に値する）」と述べるとおり、蝋山政道・勝間田清一（後社会党委員長。むしろソ連のスパイと言われる）ら、更に満州国建国、北支工作などにかかわった土肥原賢二大将まで、ほとんどの論客が南進、軍部迎合で、この馬場、岩淵、阿部（のちにＮＨＫ会長）ら極く少数を除いて言論人の中にまともな人はいなかったということなのです。

ソ連が日本を南に向けさせようとしていたこと、彼らがその意図にぴったりの論陣を張っていたことは間違いないでしょう。『蒋介石秘録』にも、ソ連のボロディンらによる数々の工作が記されています。

そして、それに多くの昭和天皇側近の人たちそして、特に二・二六の経過を通して見ると、昭和天皇ご自身が騙されていたこと（その側近関係の人の中には西園寺公一氏を始めとして、長らく共産主義の北京に滞在していた人もいました）。

そして、三田村さんの次の言こそ至言です。同書一五〇頁の最後に、「筆者はコムミニストとしての尾崎秀實、革命家としての尾崎秀實の信念とその高き政治感覚には最高の敬意を表するものであるが、然し、問題は一人の思想家の独断で、八千万の同胞（つまり日本人。筆者注）が八年間戦争の惨苦に泣き、数百万の人命を失うことが許されるか否かの点にある。……。尾崎はその思想と信念によし高く強烈なものをもっていたとしても、十数年間その妻にすら語らず、これを深くその胸中に秘めて、何も知らぬ善良なる大衆を狩り立て、その善意にして自覚なき大衆の血と涙の中で、革命への謀略を推進して来たのだ。正義と人道の名に於て許し難き憤りと悲しみを感ぜざるを得ない。」と。

（三）戦争の過程

このようにして蒋介石政権を南京から押し出したと思ったら、彼らは重慶に逃げ込んで一向解決できません。余談ながら重慶は、長江が大きく弧を描いた舌状台地の先端（といっても巨人）にある町で、スイスのベルンや、スペインのトレド、はるかに小さいものの日本の水戸や吉野ケ里遺跡とまったく同じ形をした、防衛に非常に有利な町であり、ここでも人類の知恵の伝播には感動させられます。

スイス・ベルンの町のジオラマ（ベルン歴史博物館）

その後日本は、蒋らに対する援助物資のルートいわゆる「援蔣ルート」を絶つために中国の南にまで兵を進め、さらにベトナム経由での援助を絶つため前記原四郎中佐の言われるとおり仏印進駐、つまりベトナムの南まで兵力を進め、これがためにイギリスはその東洋における牙城であるシンガポール要塞が危機に瀕したことから、いわゆるＡＢＣＤ（アメリカ、ブリテン、チャイナ、ダッチ・オランダ）による日本への石油や屑鉄の輸出禁止等々の経済制裁が起きました。これに対して爆発したのがハワイの奇襲であり、北部マレー半島・コタバルへの敵前上陸であり、つまり太平洋戦争が始まったのです。

このあたりのことについて日召師の言は、

「苟くも東洋の安定平和を願ふならば、日華が永く戦ふべきではないことは自明の理である。また、信ずべからざる独伊と結んで、殊更に敵を作るやうなことは、自縄自縛、愚の骨頂である。

――近衛公も私もこの意見を持して、飽く迄、軍の主戦的な意見に対抗していた。まだ松岡（洋右・外相）が滞欧中の頃、大島（浩）駐独大使から『独逸のソ連に対する攻撃は、戦争というよりも警察行為といふべく三週間以内に平定する。故に日本は一日も早く南方に進出せよ。』と打電して来た。これには、流石に温厚な近衛公も憤激の情を訴えた。『大島は日本大使ではなくて、ヒットラーの給仕だ！』と、公も私も共に罵った。……

（そして、国力調査の末）『井上さん、専門家の調べ上げた数字がかういふわけなら、私はどうしても米国と戦ふ気にはなれませんよ。』と、近衛公は言った。私も同意見だった。（『日召自伝』三二四頁）」と。

大島大使（中将）も戦後は大いに反省したそうですが正にあとの祭り。また、それとセットの松岡について、真崎少将『隠された真相』一九三頁は、

「久原房之助さんが言ったそうだが、面白いですね。

『松岡洋右は日本に生れて日本を知らず、アメリカに育ってアメリカを知らん。困った男だ。』と、言ったとか、実際こんな者が多いんですよ。」と。近頃松岡の謀略論があるようですが、真崎少将たちのそれとはまったく違います。リベラルな人がここを混同してはダメ。それにしても、今も同様の人がいますよね。

ドイツ語ペラペラの大島中将、英語ペラペラの松岡にしてからが、この錯誤。逆に、真崎

マニャガハ島の大砲

メイクテーラ郊外、菊兵団（18師団）壊滅の場所。
筆者の父の連隊鎮魂碑へ

少将は、ロシア語が堪能でロシア（ソ連）をしっかり知る人でした。かくありたいものです。

そして開戦後は、マレー沖海戦においてイギリスの戦艦・プリンスオブウェールズを撃沈等々の赫々たる戦果を挙げたものの、イギリスはその西にある植民地、ビルマ、インドから中国の雲南省へ、いわゆるレド公路と言われる道を通って重慶へと物資を運び、これを遮断するために行なわれたのがビルマ攻略作戦というわけです。

つまり、日本という小さな島国がなぜそんなところにまで兵隊を派遣したのかといえば、時計回りにぐるぐる逃げる米英からの「援蔣ルート」の遮断。しかし、実際そんなことはできもしない話だったし、勝った相手も現地軍つまり植民地防衛のための小さな軍隊だったわけです。

イラワジ河・弓兵団渡河の場所

私の父はこの北ビルマのレド公路を奪還しようとする英印軍の作戦を防衛する「フーコン作戦」に参加し、それは後に「インパール作戦」と一緒になったわけですが、弾つに弾なしの白骨街道。「フーコン」は「死」という意味で、病気、猛獣、毒虫等々の最悪の環境の中で、最新装備の英印軍、インドで訓練を受けた国民党軍と、おもちゃのような兵器で戦う日本軍。私は、フーコンからはぐっと下がった父の師団である一八師団（菊兵団）壊滅のメイッテラー（当時はメイクテーラ）にある日本軍の戦車などを見ましたが敵のM四シャーマン戦車相手ではとてもお話しにならないものです。

しかも、そこはサボテンしか生えていない砂漠であり、数センチメートルのトゲのある草（木）が一面の場所であって、匍匐前進どころではなく、そこへ昭和二〇（一九四五）年初め、チンドウィン川方向から二〇〇〇両のM四シャーマン戦車が押し寄せてきたというわけです（イワラジ会戦）。

このミャンマーという国の多様さ、モンゴル族が東に行って日本人となり、南に下ってビルマ族となったという俗説（現に元寇も受けている）もむべなるかな、と思われるくらい日本人と似通った顔があること等々、その奥深さは半端ではありません。

一方、東方ではハワイを叩いたまでは良いとして、その後ミッドウェー、ガダルカナルの敗戦以降、日本の敗色が色濃くなったことはご承知のとおり。

この戦争の敗戦の理由については様々なことが言われていますから、ここに書く必要はないでしょう。それこそ戊辰戦争の東、西戦同様、対米英では「火力」が違い過ぎたのです（一一九頁にあるパリのアンヴァリッド前の、フランスが分取った幕末・日本の大砲の小ささが解消されていなかった。明治三八年製の三八式歩兵銃はもとより、サイパンで軍艦島と呼ばれたマニャガハ島にある大砲は明治三八年の日露戦争の年製。一発撃てば位置がわかって、砲手は玉砕しかありません。つまり、実質的な特攻はどこにでもあったということです）。それまでの中国での戦争では、相手に戦車がなくて、こちらにはある。いわば勝って当たり前。

だから、撃墜王・坂井三郎氏は、「米国相手の戦争は堂々たる横綱相手の相撲。中国を相手にした戦争は、何とも説明のつかないものだった。」と言われていました。その「説明のつかない」いわば勝って当たり前の戦いに勝って、「おごって」しまうのが日本軍だったのです。そんな中、例えばビルマ作戦における各司令官の行動は日本人の性癖を知るためのものとして反省せねばならないものです。

例えば、前記のとおり牟田口廉也第十五軍司令官がインパール作戦を発動するに当たって、「方面軍参謀長中中将は、牟田口中将に面談して『軍作戦構想はいかにも危険性が多いと思われる。再考の余地はないか』と質したが、牟田口中将は『あなたは余り実戦の経験がないから心配されるが、心配は御無用です。私の経験から申せば、今回ほど準備を周到にやった戦さはかつてないことです。インパールもコヒマも天長節までにはきっと占領してみせます』と答え、中参謀長にそれ以上言葉を返す余地を与えなかった。」といいます（『戦史叢書・インパール作戦』三九〇頁など)。こうした期限切りを行ない、しかも「天長節」などをもってくること自体、中国の『史記』をまねた『大日本史』由来の「お話歴史」を現代に使用するもので、戦国時代のようなフレキシブルな戦略・戦術を忘れた姿だと言わねばならないでしょう。

しかも、コムタンという所において、彼はこんな訓示をしました。

「日本軍というのは神兵だ。……それを泣き言を言ってくるとは何事だ。弾がなくなったら手で殴れ。手がなくなったら足で蹴れ。足がなくなったら歯で噛みついていけ!」と(『責任なき戦場インパール』)。

実は、これは『葉隠』孝白本聞書七にある大木統清という人の話であり、ここに『葉隠』の一部にある精神主義の大問題もあらわれているのですが、中世大友宗麟の前記立花城の戦いからは一八〇度異なるもので、本当の戦争を知らない「江戸時代中期」の発想です。

(四) その結果

かくして昭和一九(一九四四)年七月七日、中部太平洋のサイパン島が陥落。さすがの東条英機も総理大臣をやめざるを得ないところに追い込まれたわけですが、本当はこの時点で日本は戦争を終結させなければいけなかったのです。なぜなら、ここにおいて日本は国家としての戦争遂行能力を失ったからです。

日本の同盟国であったイタリアはこれに先立つ一九四三年七月、英米のシチリア島上陸とともにイタリア人自身がムッソリーニを逮捕。紆余曲折を経て、ドイツに宣戦。一方、ドイツでは、何度もヒトラー暗殺が図られ、一九四四年七月にはクラウス・フォン・シュタウフェンベルク大佐らによるヴァルキュール作戦としてのヒトラー暗殺計画を決行。爆殺が失敗し、同大佐は銃殺されますが、その最後の言葉は「ここにもう一つのドイツがある。」という趣旨のものだとの話もあります。

つまり、イタリアもドイツも、要は、「こんな戦争やってられないよ」という勢力がいて、イタリアの場合、「早々と降伏、弱虫?」もありますが、逆に枢軸側に宣戦布告したことにより、連合軍に占領されずにすみました。

ところが日本では、サイパンが陥ち、南の海や玄界灘で数多くの輸送船がアメリカの潜水艦に沈められているのに戦争続行。私の父も昭和一九（一九四四）年九月、海南島東方海上で夜間輸送船が撃沈され、一八時間近く漂流。奇跡的に助かったから私がいるというわけです。つまりは戦争遂行能力がなくなっても戦争を続行しようという心性即ち、後述の国家観念の誤りも、大きな問題です。中世武士道的ではありません。

そして、陸軍の一部将校が終戦直前の八月一四日夜、昭和天皇の終戦の録音版を奪取しようとして、それを拒否した森赳近衛第一師団長（中将）を殺害します（半藤一利さんの『日本の一番長い日』）。私がお付き合いした下村湖人先生の御子息下村覚さん（陸軍中尉）は、昭和天皇の一種のSPとしてその身近に仕えたのですが、その折のご遺体の処理を見て、皇軍の権威遂に地に墜ちたりと思ったとか。森師団長の奥様は先の山岡中将の妹さんです。

結局は、律令時代の武官の倫理、「承詔必謹」つまり、天皇陛下のご命令が下った、という理屈でようやく終戦へと至りました。その意味で、天皇への責任を切腹という形で示された阿南惟幾陸軍大臣や、右の森赳近衛第一師団長は、改めて、明治憲法に殉じた立派な方々だったと思います。それまでズルズルと戦争を続け、続行した人々にはこれがなかったということ、しかも「国体護持」などという中国由来の水戸学に引きずられたということです。そして明治憲法というものが、このような場面では、このような強い精神に依存するしかないという構造になっていた、ということだと思います。その意味で、吉田満さんの『戦艦大和の最後』にもありますが、余りにも「個人の徳義心」に頼り過ぎた憲法であったように思います。

そのくせ東条などという人は総理になっても軍服を着用し、「軍人は政治にかかわってはならない」とした軍人勅諭に体を以て違反し（徳義に反し）、反対派の吉田らを逮捕しました。

一方、この総理の衣服の点は、明治時代の方がましだったようで、明治三七年の『ベルツの日記』に云く、「夜、ドイツ公使館で……盛大な饗宴。皇族の宮殿下、妃殿下を始め奉り、日本の文武顕官ことごとく列席。（桂太郎首相は）本職は軍人だが、今夕は将官としてではなく、首相として招待されたので、文官の礼装で出席しているのが目に立つ。これに反して、予役の上官にすぎないドイツ公使館員が軍装を着用していた。日本側の解釈の方が確かに正しい。」と。

このことを山岡鉄舟の『武士道』に引用した勝部真長先生は、いわゆる長州閥の桂でさえ、明治時代は、文官と武官との区別を厳密にとらえたその時代に比して、昭和の軍服を着した東条首相を批判しておられます。

この点は、現代の政治家にも、わからぬ人が増えているようです。

(五)二人の軍人の話

そこで、ここまでのしめくくりとして、私が現に会った将官と尉官、それぞれのことを記しておきたいと思います。お二人とも、今後の日本にとって大変に参考になる方々ですし、一方、誤解されている面もあるからです。

①辰巳栄一中将のこと

私が佐賀県小城市出身の辰巳栄一元陸軍中将にお会いしたのは、昭和六〇（一九八五）年頃のことでした。正に「立派な方」、人品麗しく、かつ知性の塊のような人でした。ただ当時私も若く、中将と吉田茂との関係については、吉田・『回想十年』などで知ってはいたものの詳細は知らず、それほど印象に残る話は覚えていません。と言うよりも、以下の高山信武大佐（自衛隊では陸将）が書かれたとおり、そうしたことをペラペラしゃべるような方ではなく、刺激的な話はされない方という印象です。真崎大将のご子息・秀樹様（アフガニスタン大使・昭和天皇の通訳）も正にそうでした。しかし、その人柄、肉声に触れたということが極めて重要ではないかと思っています。存在自体が素晴らしかったのです。また、辰巳中将に近かった何人かの人とは、今でも毎月のように会っています。

辰巳中将に関係する伝記としては、高山大佐の書かれた『昭和名将録（二）』（芙蓉書房出版）があり、新しいものとして湯浅博氏が書いた『歴史に消えた参謀　吉田茂の軍事顧問辰巳栄一』（産経新聞出版）という本があります。一般的には後者が文庫本化され、ポピュラーなものになっているようですが、はっきり言って先に書かれた、そして、辰巳中将に以下のとおり奉仕した高山大佐のものがはるかに優れています。後者は著者自身辰巳中将に取材されていませんし、厳しく言えば、前者の中に載っている辰巳中将の言葉を、彼のヒストリーの中に取り入れただけのものです。

現に、高山大佐はその『昭和名将録（二）』の中で、以下のように述べておられます。

「附記、辰巳は彼の伝記を刊行することについては極めて慎重であった。敗軍の将、兵を語らずというか、責任感の強い彼は、敗戦の責を胸に秘め、苟も言いわけに類したこと、自己弁護の傾向を極度に忌避した。従来二、三の出版社ないし同僚等から執筆の依頼もあったが、尽くこれを辞退した（この点は、前記大嶋浩元駐独大使・陸軍中将も同じ。筆者注）。しかるにこのたび芙蓉書房代表取締役上法快男氏の要請に基き、かつて辰巳に奉仕した筆者の再三に亙る懇請を辛うじて容認されたのは、筆者にとって無上の光栄とするところである。とくに彼から提供された若干の直話、手記、写真等は、大東亜戦争の真実を語るものとして、永遠に後世に残るであろう。記事の内容については辰巳の校閲を得ていないので、事実の表現等にあるいは本人の意向に添わぬ点があるかもしれないので文責は筆者にあることを特に附記しておく。」と。

そして、この記録は昭和五四（一九七九）年に本になっていて、以後別段辰巳中将はそれに異を唱えることもされていません（もちろん私に会うまでも）。ですから、高山大佐の書かれた本の一言一句は、やはり最も辰巳中将の肉声に近いものと言ってよいと思うわけです。

一方、後者の著者は、前記のとおり現実に辰巳中将を取材してはいないとのこと。にもか

ロンドンに保存されている第２次世界大戦中の
地下司令部（カンファレンスルーム）

かわらず末尾には、いわば推測を前提とした憲法改正、再軍備などに関する断定気味のことが書かれていて、これらが本当に辰巳中将や特に吉田茂の考えたことかどうかは、疑問符をつけねばならないと思っています。もちろん、しっかりとした国になればそれが理想だ、とは思っていたでしょうが。

特に、軍人たる以上、山名宗全同様「その時」が大事であって、「かつて」憲法改正が必要だったからといって、「今も」必要かは別問題です。後にふれるとおり、憲法というものは、付属法規や憲法的な慣習とも一体をなしているものであり、字面だけをコロコロ変えればよいというものではありません。立派な法律であり、一つの大きな体系なのです。

そこで、辰巳中将の一生で最も有名な話は、昭和一一年一一月の日独防共協定を締結する際、中将がロンドンまで訪ねて行って吉田茂にその締結を進言した時の話でした。それについては、中将自身が吉田茂の『回想十年』の中に一文を寄せ、「いわばミイラ取りがミイラになってしまって、米英を敵にまわすことは絶対にできない」という吉田の慧眼に打ちひしがれ、説得を思い留まった、とリアルに書かれています。かくして辰巳中将にしろ、吉田茂にしろ、いわゆる「英米派」であって、二・二六事件後の主流である「ドイツ派」とはまったく一線を画した存在です。

英米派とはどういうことかというと、決して軟弱ではなくて、むしろイギリス軍のダイナモ作戦、負け戦の事実を堂々と開陳したチャーチルに対し、国民が圧倒的な支持率で彼を鼓舞したという、そのアングロサクソンの持つ強靭さに惚れた人と言ってよいのではないかと思います。

その後、ロンドンで空襲を経験した辰巳中将は、交換船で日本に戻り、昭和一九（一九四四）年、学童疎開を進言しますが、東条首相は「死なばもろとも」と答えてこれを拒否（なのに敗戦後の九月一七日に至るまでの東条のあり方や、当日の自殺未遂〔?〕は、亡くなった多くの将兵が許すものでしょうか）。しかし、いろいろと手を回して四〇万人の少年少女たちの学童疎開を実現させました。

そして戦後には、警察予備隊、保安隊などの再建、そして自衛隊創設について吉田首相のブレーンとなりました。この際の辰巳中将と吉田総理の会話を『昭和名将録（二）』から引いてみると

「辰巳　総理。ご報告した警察予備隊の幹部の件ですが、やはり元大佐クラスの採用が必要です。大佐ですと連隊長として軍隊の統率の経験もあります。今のままでは素人ばかりの寄

木細工で、どうにもなりません。

吉田　（新聞を読みながら）ウイロビーのところにいる元軍人らを追放解除して、採用しろというのかね。

辰巳　そうです。

吉田　辰巳君、私は、旧陸軍にはさんざんいじめられた男だよ――。

辰巳　駄目ですか……。

吉田　駄目だな、あの連中は。

辰巳　そうですすか。」と。

このやり取りについても辰巳中将は高山大佐に否定されなかったとのこと。ここでいう「ウイロビーのところにいる元軍人」は、『大東亜戦争全史』を書いたドイツ派・服部卓四郎元大佐や辻政信参謀らを指していることは明白です。先に書いた原田中佐もウィロビーの下にいたのですが、彼はのちに自衛隊。この服部や辻政信のラインがノモンハン事件以来、チャーチルと真反対の、事実に基づかない強気強気の作戦指導を行なって、多くの人命を失わせました。しかも、そのおかげで前記のとおり吉田自身、憲兵に四〇日間拘束されたという経験もあります。つまり「いじめられた男」です。真崎甚三郎大将も同様です。

辰巳中将が尊敬する人物として『昭和名将録（二）』では本間雅晴中将、吉田茂総理、武藤信義元帥が出てきますが、私が毎月食事を共にしている元警視総監のＩ先生がお聞きになったのがもう一人、真崎甚三郎大将でした（順番は、本間、吉田、真崎と言われたとか）。明治以来の陸軍は長州が握ってきたわけですが、それにいわば風穴を開けたのが先に書いたとおり大正時代の上原勇作元帥（出身地都城はもともと薩摩ですから薩摩閥）。そして、佐賀の宇都宮太郎朝鮮軍司令官、そして、やはり佐賀の武藤信義元帥らであり、これらが真崎大将にもつながってくるわけです。

こうしてみると本来書きたくないことですが、特に昭和初期の政治について派閥を見ることは大事です。真崎大将らいわゆる皇道派と、吉田ら英米派、本来は「国本」という雑誌を出していた平沼騏一郎らの国粋路線もだからこそ外国製の、あるいは社会主義的ナチスは嫌いというわけで、対するもう一派とはまったく違いました。そのあたりの一種の人脈の違い、例えて言えばＤＮＡの違い、これは最も大きな要素ではないかと思います。

②大空のサムライ・坂井三郎中尉のこと

今度はたびたびふれる零戦の「エース」。六四機の撃墜王で、その著書が世界で五〇〇万部以上売れ、米国でも代表的日本人とされている坂井三郎海軍中尉のことを記します。

私が坂井氏のご自宅を訪問し、長時間の談話に及んだことも一度や二度ではありません。

彼は、決して戦争賛美の人間ではありませんでした。零戦の戦いには四つのパターンがあるといいます。相手を撃ち落とすこと、自分が撃ち落とされること、相撃ちになること、そして勝負をつけずに別れること。

彼が狙ったのは……最後のパターンでした。零戦は決して第二次大戦中、一貫した名機ではありませんでした。巴戦が得意などと言って第一のパターンをねらったのでは、命はいくらあっても足りない。次のチャレンジの機会を得ることこそ大切というわけです。

だから、まず眼をよくすることを心がけ、昼間の星さえ見えるとまで言われました。そして、敵の機影を少しでも早く発見し、スルスルと忍び寄って、背後から襲うのです。

こうして、自分が先任搭乗員（一種の上官）として出撃した時、部下を一人も死なせたことがない、というのが彼の最大の誇りでした。

日本が行なった戦争の中で、九六艦戦、零戦と乗りついだ彼は、先のとおり米国との戦争は横綱相手の立派な戦争。しかし、中国を相手にしたものは、どうにも説明のつかないものだったと言われます。

坂井氏と日本海海戦の話をすると、それは東郷平八郎連合艦隊司令長官の敵前大回頭の右手の一振りで勝ったのではない。我々の先輩が一発必中の猛訓練をして「当てた」から勝ったのだ、と言うリアリズムは、観念論に流れがちな最近の風潮に厳しく警告を発するものです。

海軍出身の坂井氏も、実は海軍大嫌い人間であって、その身分制度や新しい飛行機を作ろうとしない発想の貧困、特攻隊を始めとする精神構造、終戦時に

坂井三郎氏との交流を物語るサイン、写真、いただいた本

海軍将官で自決したのは大西瀧治郎中将だけ、といった様々な問題に対し、厳しく指弾していました。このあたり、海軍善玉で陸軍悪玉などという俗論は、まったくいわれがありません。陸軍の場合は、当時は特に「行軍」という苦しい行動が主体でしたし、「死」を直接見る軍隊でしたから、より哲学的になった、と言えるかもしれません。

なお、坂井氏は、私と同じ佐賀県出身ですが、『続大空のサムライ』の中で、「死ぬこと」をよしとする『葉隠』の山本常朝の言には断固否定的であったこと（「長崎喧嘩」のくだりを見ても、常朝の言に、その要素が強かったことは否めません。何度も書きますが『葉隠』は常朝一人の著書ではなく、それが『葉隠』の魅力です）、そして、坂井氏が最もおすすめであった自著は『零戦の真実』でした。確かにこの本は、精神論だけではないメカの点についても極めて興味深い本であり、第一線の総合的な発想に益するものです。

(六) ここまでのまとめとその反省から生れた日本国憲法

こうして日本の敗戦の大きな原因は、多くの人が素晴らしいと言っている明治維新であるとともに、その完成版であるところの、神勅を機軸にすえた明治憲法というものが、真崎少将の言葉を借りれば、日本こそ世界のトップだという、「夜郎自大」のとんでもない発想に出ていたことに由来します。天照大神に命じられて空の上から降りてきた神の子孫がこの国を治めるという、中国で言えば「天人相関説」は、世界的視野を欠いたものです。

文章博士・三善清行（八四七〜九一九年）の『革命勘文』（日本思想体系）は神武天皇即位紀元の元年辛酉を根拠として、いわゆる辛酉革命説を論じ、改元を請うたものですが、讖緯説という中国の昔の説によったものです。

昭和一五年、即ち皇紀二六〇〇（一九四〇）年に、日向三代を一人一五〇年生きたとして加えても、三〇〇〇年前つまり紀元前一〇〇〇年に瓊瓊杵尊《ににぎのみこと》が「空から下りた」はあるはずがないでしょう（世界共通の神話としてはあります）。エジプト、インダス、中国には、立派な「文明」が成立していた時代です。ハンムラビ法典は、紀元前一七五〇年前後です。

大国隆正のような傾向が、戦艦大和が沖縄への特攻作戦を命ぜられ、これに疑問を抱く人々に「未だ精神が深まっていないようだ」などという強弁を産むことにつながったのです。

かくして日本は米英を敵に回して戦い、日本人だけでも三百数十万人の生命を亡くし、敗れ去りました。その結果でき上がったのが現在の日本国憲法です。

よく日本国憲法は「押しつけ憲法だ」などと言われます。確かにマッカーサー元帥が松本烝治案に対して、それを没にしてマッカーサー草案を提示したことは事実です。

しかし、古関彰一先生が『日本国憲法の誕生』に書かれているとおりそういうことだけではないのです。特に、統制派とはまったく反対の皇道派、近衛公、古関先生の紹介される憲法研究会・高野岩三郎、馬場恒吾、岩淵辰雄らの力が与かって大なものがあります。

そして、その方々の中で私にかかわり深い人は幼少時に会った真崎勝次少将です。たまたま私が、内外情勢調査会主宰の講演会で「武士道」の話をするために長野県の松本市に赴いた時、当時商工会議所会頭を退任されたばかりの旧満州国協和会・穂刈甲子男さんと知り合いました。この穂刈氏の恩師が旧制松本中学の清水謙一郎校長。穂刈氏は松本深志高校の同窓会会長でした。穂刈氏の同窓生が前記の山口冨永氏です。

そして、戦後、清水校長から松本や大町に呼ばれて何度も講演をしたのが真崎少将（当時は衆議院議員）です。つまりは皆つながります。その講演を取りまとめたものが『隠された真相』という本であり、この中で真崎少将は、日本が敗戦に至るまでのことを明治維新以来のことを踏まえて説いておられます。今から見れば相当時代調のところがあったり、ややラフな憲法論があったりですが、そこは時代背景を考えて、きちんと忖度して読むべきです。

かくてその真崎少将につながる人は、これまで書いたとおり真崎甚三郎大将であり、吉田茂さんであり、近衛文麿公であり、大隈重信の家来でその伝記を書き、読売新聞の社長をした馬場恒吾さんであり、主筆を務めた岩淵辰雄さんです。岩淵さんが書いた本が『敗るゝ日まで』や『政界五十年史』であり、馬場恒吾さんはその上司です。つまり、彼らはいずれも明治維新を反省したひとかたまりの人々です。ですからこれらの人々から逆に遡ると、軍人としては真崎、武藤、宇都宮、上原。つまり、軍部の中のもう一つの派、長州主流派以外です。軍部が全て悪かった、ではないのです。

そして、『上海時代』の松本重治さんもこの一群につながり、矢部貞治先生、そしてハンス・ケルゼンのことも先に書いたとおりです。

ただし一点、馬場・岩淵さんたちの憲法研究会のメンバー。この中には鈴木安蔵という人がいます。この人は、私が高校生、大学生のころ、正に「左翼」の寵児ともいうべき憲法学者でした。しかし、戦前は左翼運動で逮捕されたけれども、戦時中は「八紘一宇」などととなえていた国家主義の人です。こういう転向する人、それを釈明しない人、にもかかわらずアジテートする人を私は信じません。そして、この類の人間は現在もたくさんいるのです。

だから、そこをだまされてはいけません。

私と同学年で高校生の時、ベトナム戦争反対とか言って校長室を占領していた人間が、しっかり代議士になって、今では保守の重鎮になったり、あるいは裁判官でも、いわば左翼系とも言うべき裁判官から真逆に動いている人が、ここ三、四〇年の間にさえおり、よくそんな変わり身ができるな、と思います。

こういう人物について述べた先の三田村武夫さん、即ち、元内務官僚として、警保局で特別高等警察の元締めの地位にあった人、しかも逮捕もされた人、後自民党代議士の一文も捨てがたいものです。『戦争と共産主義』の九五頁です。

「当時の思想傾向についてもう一つ重要な問題がある。大正一二、三年頃から昭和四、五年頃までの学生就中《なかんづく》、官立大学学生の思想傾向乃至社会観を分析してみると大体三つの型があった。

その一つは情熱を傾けて真理探究に没入する連中でこの部類に属する学生は概ね頭の良いひたむきな傾向を持って居り全学生の約三分の一を占めるが、マルクス主義に共鳴し実践運動にまで突入して行く学生は大体この部類に属して居た。

第二は、所謂秀才型で頭もいいが、しかし冷静で利口で立身出世を人生の目標にしている連中だ。官立大学の学生は三分の一以上この部類に属する。その大部が役人になること又は大会社の社員になることを目的として大学に入ったのだから自分の出世の妨げになるようなことはしない。マルクス主義が思想界を風靡した時代であったから、その書物も読み一応の理論的把握もやるが情熱を傾けて実践運動に飛び込むようなことはしない。しかし理論的には一応の理解を持っているから思想的な立場に於ては同伴者的態度を取る連中である。

第三は、別にはっきりした社会観も人生観も持たず、ただ学校を卒業するために学生となっている連中でこの部類に属するものがやはり大体三分の一あった。

右の三つの部類の内、第一の部類に属する者で共産主義に共鳴する者は直ちに実践運動に飛び込んでいくからはっきりしているが、問題は第二の部類に属する連中である。この連中は頭も良く利口で打算的で処世術も心得ているから学校を出て実社会に活躍するようになり役人にでもなっていると、時の流れに順応して共産主義の同伴者ともなり得るのである。」と。

こうした「処世術」つまり、要領のよい人物により、多くの人命が失われ、それは、現代においてさえ「ある」ことなのだ、ということを忘れてはいけません。

こうして、私は近衛、真崎、吉田らの傾向こそ正しかったと思いますし、その傾向の古きをたずねれば非長州主流派、つまりは大隈らの考えに行きつくと思います。

なお、もちろん近衛公らも人間です。近衛という最高の家格を持ちながら、井上日召師の言うとおり、弱さは否めませんし、真崎大将についてはキャパがやや広くて、特に女官のような人からは嫌われたのでしょう。また、吉田茂も最期まで良かったと言えるわけではありません。自分が作った日本国憲法をアメリカからの再軍備の圧力をストップさせるのに使ったのは良いとして（『回想十年』）、例えば、解散権を憲法第六九条の場合に限定せず、いわば内閣総理大臣が勝手気ままに解散できるような解釈をしてしまったこと。それと自身が長期政権になるための「ごほうび」としての大臣の粗製乱造です。何回当選したら大臣にするというようなことをするので、最近に至っての問題大臣が出来上がる原因を作ってしまいました。これは自らの地位を確保するために大臣の地位を人事に利用した最も良くない点だったと思います。

何はともあれ人間のやることですから一〇〇％良いとは言えないわけですが、これらの点を割り引いて考えるにせよ、前記の人たちは相当立派な人だったのではないかと私は思っています。

一二　今までの総まとめ

それで、ここで今までの話を箇条書き的に総まとめしてみましょう。

(一)　本当の日本の武士道とは、そして、再評価すべき武士道とは何か

①日本における武士（武人）の発生時においては、「詔を承ければ必ず謹め」という「承詔必謹」の武人像が理想とされていた。これは、「詔」という「王言」によって政治を行なう律令時代、つまり、身分第一の時代の中心観念だった。

②中世に入り、武家政治が始まると、草深い関東では、律令のワクにとらわれない、「道理」によって、つまりは仏教的な平等感をもって、特に律令の持つ不平等を修正する北条泰時のような為政者が現れた。

それは、「実《じつ》」、つまり実質を中心に据える武士の生き方であった。また、それは慣習法という日本人が自分たちの「身の丈」を大切にして編み出したものであったから、これこそ「真の日本の武士の生き方」と言えるものである。

③　②の「実」は、室町時代から江戸初期まで、日々戦いに明け暮れる武士にとっては、最重要の観念だった。だから、そこでは名刀志向などは低いものとされ、時には、わざと敗戦することさえあり、切腹も「戦略的・戦術的切腹」であって、究極的な最後の勝利こそが求められていた。

また、戦いがあるからこそ生きとし生けるものを大切にする放生などの行動も存在した。

④また、②の「実」は、「やさしい殿様」ということにつながり、だから、殿様が死ぬと、そのあとを慕って、自殺することも行なわれた（そのバックには、ホモセクシャルなものもみられた）。

これが「追い腹」であり、山本常朝は、これを中世的な「一味同心」で表現する。

ここまでは「身分」より「契約」の時代である。

⑤しかるに一五〇〇年代末から一七〇〇年ころまでの間、隣国中国で儒教主義の明が亡び、お隣の韓国で朝鮮儒教が確立するころ、日本にも多くの来航者があり、それを歓迎した水戸黄門らにより、明の影響を受けた武士の生き方が理想とされるようになる。それは、再び身分制度を前提とし、士農工商という階層の最上位にある武士の社会的責任を重視するというものであって、そこでは失敗は許されず、失敗した時は「責任をとって切腹」することが求められる。

一方、それまでのように、主君を慕って「追い腹」するなど論外であり、ましてや主君と追い腹した家来が「同じ墓」に入るなどということは身分つまり「分」をわきまえない行為であって、あり得ない。家来は官僚として世継ぎの君に仕える職責があるのであるから、万一追い腹したら、一家断絶の処罰を受けなければならない。

「一味同心」の中世国家的観念はここに終わる。

これが儒教的な「士道」。

⑥それは、『論語』の「君々たれ、臣々たれ」とした孔子の言を更に徹底した『古文孝経』の「君々たらずといえども臣々たらざるべからず」、つまり、「君がいかに不徳でも臣は臣として生まれた以上、臣道を貫かなければならない」とするものだった。これによる神道が「神儒一致」を説く垂加神道である。

一方、中国（清）における満州族の君臨は、その下位に位置づけられた漢民族に対し、自らの真の（古代の）文化はどのようなものだったのか、ということに関心を持つ清朝考証学（考拠学）を生み出した。この古代重視の発想は、前記中国からの渡来文化の一つとして日本に入り、将軍（武家）から京都に押し込められている天皇の崇拝者に、中国と同じパターンで、同様に古代日本への憧憬を覚えさせ、本居宣長、平田篤胤らの復古神道を創造させた。

しかも、幕末には、「日本における『君』は天皇だった」との意識が強まったことから水戸学、垂加神道、復古神道により天皇を絶対のものとし、現状を転覆させる明治維新がもたらされた。

ただし、その明治維新なるものは、トップが天皇か将軍か、という違いがあるだけであり、公務員・官吏の責任は、あくまでも上（天皇）へのものであって、国民には「反射的利益」があるだけであった。

⑦しかし、天皇という崇高な存在への責任の観念は、特に純粋な下級将校には、不都合な政治が行なわれると、それは「天皇の聖明」を曇らせている「君側の奸」の仕業であるという観念を生じさせ、それを芟除するという発想が生まれ、昭和初期の要人殺害事件や二・二六事件などを起こした。

ただし、その前の三月事件や満州事変、十月事件など、天皇をそっちのけにして軍人が自分で天下を取ろうとした事件と、これらは発想がまったく異なる。

しかるに、彼ら青年将校は誅せられてしまい、梅津美次郎陸軍次官の時代以降、青年将校が最も嫌っていたはずの幕僚政治の荷い手たる軍人が主導権を握ることになって、天皇の大命降下さえないがしろにされ、しかも彼らは中国というものの本質がわかっていなかったことから、万里長城以南はもとより絶対に攻めてはいけない南京を攻めるという愚を犯し、日本は中国、米英などとの全面的な戦争へと至った。

ここにソ連による国際的な共産主義と称するものの働きかけがあったことは、決して否定できないことである。

その結果、中国では共産党が政権を握り、「明」ではない「清」のコンセプトに乗る強力な国家・中華人民共和国が作られることになって、今日にまで様々な影響を及ぼしている。

以上のように取りまとめることができるかと思います。

そうしますと、「本当の」日本の武士道として世界に問うことのできるものは、決して江戸以降のものではなく、むしろ、水戸黄門が嫌う中世のそれであること（あったこと）が明らかになったものと思います。

（二）現代の日本に中世の武士の道を生かすには（天や祖先への責任から国民全体の奉仕者へ）

以上お話ししたことから、「本当の日本の武士道」とは何か、それを現代に生かすには、というきっかけを掴んでいただけたのではないでしょうか。

日本人が、「本当の日本の武士道はこれです」と日本独自のものとして世界に誇り、そして、これからの日本の生き方の機軸とすべきは、決して、「外国のもの」を、「身の丈」を無視して取り入れた新渡戸のそれでよいはずはありません。

新渡戸が明治四〇（一九〇七）年に書いた『帰雁の葦』には『洋行の動機』として、確かに「太平洋の橋」になりたいと言ったなどのことが出てきますが、そのワンフレーズで判断してはいけないのです。彼の「論理」をみなければ判断を誤ります。

彼が「武士道」を書いたのは明治三二年で、三八歳。当時まだ『葉隠』は公刊されておらず、読んでいませんから『武士道』の中には出てもきません。明治三九（一九〇六）年、中村郁一さんによる印刷の際、初めてゲラを見せられ、それに序文を寄せました。「内容がキリスト教に似ている」とかいう少々ピント外れのコメントです。同じ「忠」についても、後年、昭和九年の論稿では、すっかり様変わりの、ある意味常識的なことを述べているのにであり、ただし、「身分制度」からは抜け出せていません。例えば『葉隠』にも類似のそれが引用される「慈悲の目ににくしと思ふ人はなし科ある身こそ猶哀れなれ」という歌についての彼の大正四（一九一五）年のコメントはこうです。

「貴賤を問わず、何人と雖もその心情に入りて察すれば、哀れ不憫に思ふなり。驕る貴人も流行る歌女も、車に乗る旦那も、車を曳く人足も、人殺しも泥棒も、その身の上を糺せば誰一人として可哀想ならざるものなし。」と（『新渡戸博士文集』二七五頁）。わざわざ「驕る貴人」や「流行る歌女」を持ち出す必要などないでしょう。もっと「平等」な話です。

そうなりますと、外国からもらった律令を下敷きにしながらも、その不都合を「道理」という、自分の「身の丈」で調整して妥当な結論を出した、中世の北条泰時らが持っていた武士道観、水戸黄門からは「整序されていないもの」として排除された武士道観。実は、それこそがむしろ本当の日本独自のものであり、しかも、民主的で、世界と交流する時代の武士道つまり武士の生き方。更に、弱者や生き物を労わる大慈悲の武士道像だというわけです。これこそが自信を持って、「日本の武士道」と主張できるもののはずです。

それでは、そんな中世の武士道を基礎に据えたら、憲法というものをどのように考えたらよいのか。以下、それを考えていきます。

第二　「憲法」を考える前提として

いよいよ憲法を考えることになりました。

これは「理屈」の話なので、論点の数をしぼり、憲法を考えるための原則的な発想を主として述べてみたいと思います。

いずれにしても、憲法も法律の一つなので、単に一部の文言だけをつけ加えたり入れ替えたり、では足りません。極めて、機能的なものなのです。それで、初出・新日本法規『法苑』(二〇一三年)に書いた私の小論『専門と憲法改正考』をここに挟んで私が考える憲法の機能的な考え方をご披露したいと思います。今までの記述のまとめの意味もあります。

☆　☆

何十年も前に、駆け出しの裁判官をしていた私は、生涯二度目の殺人事件を起こしたある老人の事案を担当した。七〇歳を超えていた彼は、老人ホームで他の女性入所者に横恋慕し、その夫を金槌で滅多打ちにしたというケースであった。

このような場合、かつての判決文が出てくるのは普通で、その時も検察官から、戦前勤務していた炭鉱で同僚を坑木で殴り死なせたという内容の判決文が提出された。私がさぞかし分厚い判決ではと思って手に取ってみると、極めて薄いもので拍子抜けしたが、最も驚いたのは判決理由であった。事実認定の部分には、証拠の標目はまったくなく、わずかに「被告人が自白している。」という一行のみ。

これにはショックを覚えた。なるほど、補強証拠がないということはこういうことなのか、と。その直前まで勉強していた刑事訴訟法の意味が初めて分かったのである。

現在においては、刑事訴訟法三一九条二項によって「公判廷における自白であると否とを問わず」自白が自己に不利益な唯一の証拠である時は有罪とされず、その真実性を担保するための補強証拠が必要とされる。例えば覚せい剤事犯の「法定の除外事由がない」ことについても、自白のみでは足りず、関係機関の回答書などが提出され、殺人罪の事案であれば、それに用いた刃物やピストルを探すために、川や海に潜って「秘密の暴露」に当たる自白の裏付けを取る作業が行なわれることは、テレビでもおなじみの光景である。

補強証拠の要求が無ければ、そうしたことも必要なくなってしまう可能性があり「自白偏重」となることは教科書にあるとおりだが、なぜ戦前そのようなシステムが許されたのかを考えたのは、少し後のことであった。

明治憲法の関連書籍を紐解くうちに、まず当時、今でいう公務員の上級者は、いわゆる天皇の官吏であり（明治憲法一〇条。美濃部『行政法撮要・第五版上』前出）、勅令である官吏服務紀律においては「凡そ官吏は天皇陛下及び天皇陛下の政府に対し、忠順勤勉を主（ママ）

とし、法律命令に従い各其職務を尽すべし」と定められていた。敗戦によってこの勅令が改められるまで、責任の名宛人はあくまでも天皇であって国民にではなかった。

よって、有名な新渡戸稲造の「武士道」においても、「封建君主は臣下に対して相互的義務を負うとは考えなかったが、自己の祖先並びに天に対して、高き責任感を有した。（矢内原忠雄訳）」という、国民には権利がなく、反射的利益しかない仕組みでも、良しとされてしまった。そして、このような前提があるので、特に「上から」の権力的作用の結果国民に損害が発生しても違法性はなく、国は一切責任を負わない時代が長く続いたことは行政法の教科書にもあるとおりである。

しかし一方、官吏は天皇が代表する国家に対しては無定量の勤務に服さなければならず、一般臣民の負わない特別の義務、例えば「品位を保つの義務」までをも負担した。これが「明治憲法」における公務員像である。

では、もしそのような公務員、特に刑事事件に携わる者が、万一被疑者らに暴行や傷害を加えたとすればどうなるか。周知のとおり、それは特別公務員職権濫用罪や、同暴行陵虐罪として重い判決が下されることになる。

明治憲法の公定的注釈書である『憲法義解』は、「警察及び司法官吏法律によらずして人を逮捕し又は監禁し又は苛酷の所為を施したるものは、その罰私人より重からしめ、……司法官又は警察官被告人に対し罪状を供述せしめる為に陵虐を加うるものは、重きを加えて処断す」と解説した。これが明治憲法下の「刑法」であった。

そして、このような制度上の手当があったからこそ、得られた自白には高い信用性が与えられ、「刑事訴訟法」においては、補強証拠は要らない扱いも許された。

ただし、このような仕組みはうまく機能せず、自白偏重はもとより、その自白を取るために数々の人権侵害が惹起されたことは否定できない。

ただ、こうして憲法、刑法、刑事訴訟法という三つの法規全てが「リンク」し有機的に結びついていた、という事実は重要である。

そもそも、『憲法義解』においては、『播磨《の》国風土記』が引用され、品太ノスメラミコトすなわち応神天皇が大法山において大法を告ったという部分が引用されているとおり、全て法律は、憲法はもちろん一般の法律も、天皇という一個人が国民に発した一種の命令であった（組織法は裁判所構成法などを除くと官制大権（前記一〇条）に基づくもので、法律でもない）。法律の制定作用も立法大権の行使であり、帝国議会は協賛機関に過ぎない。法律の名宛人の奥を尋ねていくと、律令やハンムラビ法典や吉宗の公事方御定書等にみられるとおり、国民へというよりも、むしろ、行政組織内部における、機関としての人間へであって、法律は「官吏はこうせよ」という一種の通達であることを本質としたとさえ言える。刑法が、「物を盗むな」という行為規範ではなく、「盗んだ者にはこういう処罰を加える」という裁判規範であることもその残滓であろう。

しかし、そのような本質を持っていたがゆえにこそ、それを作ったご本人である天皇、というよりも、その周りにいたいわゆる「君側」の人々は、憲法と刑法と刑事訴訟法とを、多分それ以外の法律をも、極めて有機的に結びつかせることを考えていた。したがって、決して彼らはいわゆる憲法だけの専門家でもなければ刑法や刑事訴訟法だけの専門家でもなかった。

弁護士という職に就いている現在、私は初対面の人から、「ご専門は何ですか」としばしば訊かれる。その場合、大概以上のような例やその他いくつかの例を挙げて、「専門」は本来おかしな観念なのだと言うことにしている。法律というものが為政者の命令であろうと、あるいは為政者にとって代わった国民の代表が作ったものであろうと、有機的な広がりを持つものでなければならないし、現に有機的なものなのである。

ところが、現在の憲法、刑法、刑事訴訟法の教科書を見ると、例えば昭和二〇年代に発行された『註解日本国憲法』や、『注釈刑法』などに「さわり」が載っているのは別として、前記のような「有機的な連携」については、まずほとんど記されていない。逆に、専門化してしまった学者の本は、刑法は刑法、刑訴は刑訴の本であって、いずれも憲法的なセンスとは縁遠いものになってしまっている。

このような実情を前提にすると、現在、憲法改正が云々されてはいるが、はたして我が国民は憲法に手を突っ込むだけの力量があるのだろうかと疑わざるを得ない。

例えば、過日問題になった大阪市長の慰安婦発言などを以上のことを前提に考えてみると、いくら戦争が激しかったからといって、息抜きの慰安婦が必要悪として当然あり得たなどという発想は、明治憲法体制からは絶対に出てこない。正に軍隊こそは、明治憲法と並ぶ軍人勅諭に裏付けられた「天皇の軍隊」であり、最も純粋な皇軍としてのあり方が求められていたからである。例外がなかったとは言わないが、それを真正面から肯定するなどとはとんでもない認識不足である。

しかし、その発言を非難する人々にもまた問題がある。マスコミに登場する多くの人は人権、ひいては女性蔑視を口にする。しかし、そのような基本的人権の問題よりも、事は上記のとおり統治機構と、それを構成する人間の責任の問題なのである。人権はもとより大切なことであるが、それは国家の統治の仕組みの中で一般化され、人権侵害が行なわれない制度になっていることが大切であろう。例えば、モンテスキューも、政治的自由という「人権」を担保するものとして、権力の分立という「統治の仕組み」を説いている。米国憲法に当初人権規定がなかったのもそれである。旧憲法下の問題としては、天皇の軍隊が関わる統治制度の本質として、そのようなことは有ってはならなかったという発言が出てこなければおかしい。

日本人が憲法改正を云々するには、人権の規定をある意味超え、一見無味乾燥とも見える憲法の統治の部分について、より広く、また深い思索とともに、明治憲法に負けない世界や日本の歴史・伝統をも十分に理解し、踏まえた上での有機的な発想の豊かさがなければ、到底まともなものはできないのでないか、と思われてならない。

と、こんな次第ですので、できるだけ機能的、そして有機的な「柔らか頭」で考えていきましょう。

第三　「武士の生き方」から見た憲法論

一　はじめに

(一) 近代的な憲法典

一六一八年にチェコのプラハ城で「プラハ窓外投擲事件」が起きました。新教徒・プロテスタントらが旧教徒・カトリックたる国王顧問官らを窓から放り投げた事件です。ここから始まったのが三〇年戦争であり、それは一六四八年のウェストファリア条約によって終結し、同条約は神聖ローマ帝国の「死亡証明書」とも「国際法の元祖」とも呼ばれます。

この条約によって、神聖ローマ帝国の最大の構成要素であったドイツは、三〇〇以上の領邦国家に分かれ、これが、「主権国家」というものの要件、即ち領土、国民、主権を決めたのである、などとも言われます。

以上の流れは歴史的な事実として大切ですが、「国」と呼ばれる一定の組織を備えて国民（人民）を支配する存在自体は、はるか昔から存在していたわけでしょう。日本でいえば邪馬台国もその一つです。

これを、「実質的な意味の憲法は古代から存在した」という言い方をします。ただし、その憲法は成文ではないものも多かったと思われ、また、邪馬台国の場合は卑弥呼が立法、行政、司法全ての国家権力を握るものだったのでしょう。いわゆる絶対主義（絶対王制）です。

それに対して、一七八九年のフランス人権宣言一六条に書かれた「近代的意味の憲法典」といわれるものがあります。それは、一人の人物に権力が集中せず、立法、行政、司法の三権が分立して国民の自由が確保されている成文の憲法典です。

そういう憲法を持った最初の国はどこかというと、一七七六年以降のアメリカ諸州ですが、二番目は先に記したとおりポーランドのようです。ポーランドは、一七九一年五月三日、この民主的憲法を作った結果、ロシア、ドイツの猜疑心を招き、一七九三年第二次ポーランド分割に至った、と言われます。

一方、こういう成文憲法典の国に対して、イギリスのように今もはっきりした憲法典がない国もあります。ですから、そもそも憲法典を持つべきか否か自体が大きな問題ですが、とはいうものの、そのイギリスにおいて、前記ベンサム（ベンタム）が、特に成文法によって得られる功利の原理（あるいは「予測可能性」と言うべきか）を重視して、成文憲法典を作ることを求めたとおり、憲法典の制定は、歴史上明確な民主的な仕組みを持たなかった、また、人権宣言の歴史がない我が国には必須と考えます（『小野梓とイギリス功利主義の政治思想』山下重一）。

（二）憲法の基本原理の転換

（「天への責任」から「個人の尊厳への責任」へ。憲法一三条）

こうした成文憲法の問題を考えるについては、その基本原理をどのようなものにするかが最も大切なことであり、明治憲法を作るにおいても、その基本原理、当時の言葉で「国家の機軸」をどうするかが大きな問題となって、それを天照大神の神勅にしたことは一三五頁以下に説明したとおりです。

伊藤博文らは、この神勅を前提に公務員の「神聖な天皇への責任」という観念をうち立て、それをいわば支柱として国家を運営しようとしました。

それは、とにもかくにも公務員が「神」に対して責任を負っていましたから、例えば立法に関しては、協賛機関である帝国議会の内貴族院議員ともなると、例えば美濃部達吉のような超のつく一流の学者が、正に天皇の国政に資するための立法作業を忠実に行なうということでした。ですから、例えば民法典制定作業においては、一字一句を、その一流の学者たちがしっかりと議論をして制定されました。そういう意味では正に立派でした。先の会社法改正の国会での審議で、法務大臣が、「ここに来るまでに学者の先生方にしっかり議論していただいています。」などという無責任な答弁をしたのとは大違いです。

もちろん先にも書いたように、従軍慰安婦が当然だなどという社会ではありません（ただし、建前はそうでも非道徳的なことをする人がいたことも事実で、それと軍隊という法的組織が結びついていたのか、が問題です)。

しかし公務員が若くて純粋であれば「神様」を信じるでしょうが、世の中が分かってきて一種の堕落が始まったり、出世というシステムが加わったりするとやっかいです。この点、アメリカの裁判官たちに出世とかいう観念はほとんどありません。何しろ選挙で選ばれますから。それに対して日本の裁判官はアジア特有のものとして、出世がある。しかしそれも、例えば韓国の裁判官と話したところ、超エリートで華々しい職場にいたとしても、その次は地方の小さな裁判所に行かないと全国の裁判官が怒り出すと言っていました。その辺の塩梅が非常に難しいところです。

また、その天皇の家来である組織は、国民には向きませんから、問題を内部に閉じ込める。例えば、以前長沼ナイキ基地訴訟というものがありました。その担当裁判長が所長から示唆を受けたところ、これは司法権の独立に対する侵害であるとして、それをマスコミにばらしました。

このようなことをどう考えたらよいのか。結局、所長は司法権の独立侵害で懲戒を受け、ばらした方も懲戒を受けました。そのころ私がお会いした後の札幌高裁長官のK先生は、「私だったら絶対にばらさない。内部で処理する。」と言われました。組織内部のことは組織内部で処理する。これが正に明治憲法的な発想だったわけです。国民はいわば無関係です。

ただそうしたやり方で全てが賄えるかというとやはり賄えない。

だから例えば裁判員のように職権の行使に国民の目がある程度入るということは、一つの方向性としては正しいのではないかと私は思っています。ただ問題は、その目を入れる人の資質と責任の問題です。旧憲法時代、陪審制度の施行を考えた人は、そのような一種の民主制を作るのは良いけれども、あくまでもその民主制の担い手のレベルが高くなければいけないということで日比谷公会堂を造ったといいます。そこの部分はやはり正しいでしょう。そうでなければ衆愚政治に陥ります。

その点から昨今のアメリカを見てみると、トランプ大統領の事務引き継ぎ拒否に対してマティスさんを始めとする歴代国防長官が、連名でその不当を訴えた。このことは、正に一種官僚の持つ力というものを見せつけたような気がします。その意味で、国民に責任を負う官僚というものも、最後の砦として極めて大切です。それが司法権の独立が強調されることであったり、行政権も実際は独立しているということになるのだろうと思います。これもまた「法の支配」の一種と言ってよいでしょう（法律の支配が法の支配に限りなく近づいた姿かもしれません）。

以上のようなわけで、神への責任も一定の効果がなかったわけではありませんが、それは、元々、先のとおり「日本は世界一」のような神話に依存する考え方でしたから既に目覚めている人は馬鹿らしいとさえ思い、昭和六（一九三一）年の三月事件以降は、井上日召師の言う「天皇の大御心を無視した行為」が行なわれ、前記「自白」の話にあるように、「天皇の捜査機関」としての誇りや責任を忘れて自己の利益を図り、自白を取る人物が出現することもありました。また、第二次大戦末、沖縄の県知事に赴任せよ、といわれても大部分がしり込みし、島田叡さんのような徳義心ある方にのみ依存するという現象などを生み出しました。

一方、逆に天皇に対する忠誠を極端に律儀に考えて二・二六のような誤りを起こすといった事象が起き、それが第二次大戦の惹起、そして敗北を導いたわけで、結局は、憲法作りに失敗したことになるかと思います。

そうなると、「天皇のいわば神聖性を機軸にし、国民や公務員が上を向くこと」では国民の幸福を導く機能的な国家は実現できず、鎌倉時代のように「平等の国民」という観念を前提に、国家は全ての人々を守り、この国に住む一人一人が生きていることに意味のある一瞬々々を送れるようにすること（以下の「個人の尊厳」）、そして、そのことへの責任を国民自身が持つ、そして、孤独な公務員を国民が支える、つまりは民主主義を機軸にするしかないのではないかと思います。

これは、旧憲法下の官吏服務規律が「凡そ官吏は、天皇陛下及び天皇陛下の政府に対し、忠順勤勉を主とすべし。」だったのを、戦後「凡そ官吏は国民全体の奉仕者として各その職務を尽すべし」とした「方向性の転換」の意味を公務員や国民が自覚するということです。

こうして、憲法一三条は「個人の尊厳」を規定します。「すべて国民は、個人として尊重される。生命、自由及び幸福追求に対する国民の権利については、公共の福祉に反しない限り、立法その他の国政の上で、最大の尊重を必要とする。」と。

しかし、人間の頭に「こびりついたもの」は法律（勅令）の改正くらいでは一朝一夕には変わらず、昭和後半に入ってさえ国民には反射的利益しかないという考えがまかり通り、それは今でも続いているということになるわけです。

ですから、私たちは、この「国民のための国家」、「個人の尊厳を窮極の目的として考える国家像」、「それを支える責任ある民主主義」というものを機軸として改めて見つめ直し、そのとおりになっているか否かを検証してみる必要があります。

(三)「個人の尊厳」を歴史から考える

①西欧の哲学者

個人の尊厳の話をまとめにするには、一種の哲学的営み・窮理が必要だと思います。残念ながら私にはその能力がないのですが、例えば、西洋においてはデカルトが『方法序説』において「我思う故に我あり」と述べたことを受け、それを更に敷衍して、スピノザは『デカルトの哲学原理』を書きました。そして、ホッブズらと同様に、一個人の持つ自己(我)保存の本能、即ちコナトゥスというものを大切にして、そのコナトゥス、自己保存の本能があらゆるものに存在するということから、その本能がぶつかりあうことを調整するために一種の民主制の原理を考えて、最終的には、『国家論』つまりは、実質的な憲法論に至ったようです。

このような発想の発源地の一つはオランダのアムステルダムです。そこには数か月しか住まなかったとはいうもののデカルトの住んでいた家が今も残り、そこから十数分歩いたところにはスピノザが通っていたシナゴーグがあります。

一七世紀初頭、オランダはカトリック国スペインからの独立戦争のただ中にあった一方、プロテスタントつまりオランダのユグノーは、それにプロテストをしていました。そんな人々が集まっていたアムステルダムの博物館をのぞいてみると、数限りなく解剖の絵が並んでいます。人間、動物、大人、子供、脳、内臓。レンブラントもそれをテーマとする画家の一人です（テュルプ博士の『解剖学講義』）。現在では、「人体の世界」という標本館もあるようですが。キリスト教の宗教画を抜け出し、大陸合理論の立役者、デカルト、スピノザ、ライプニッツが行き来きしたアムステルダムがそんな文化を持つことに、その合理主義の力強さを見る思いがします。

米国のニューヨークが古くはニューアムステルダムであり、「アメリカはオランダが作った」という言葉もむべなるかなです（ハドソン川はそれにちなむ）。

②近世の日本では？

しかして、日本ではどうか。卑近な話、東洋のルソーとも言われる中江兆民は、その著書『一年有半』の中で、「日本に哲学なし」と喝破しました。

「我《が》日本古より今に至る迄哲学無し、本居篤胤（本居宣長、平田篤胤らの神道家）の徒は古陵を探り、古辞を修むる一種の考古家に過ぎず、天地性命の理に至ては曹焉《そうえん》たり、仁斎徂徠の徒（古学としての儒者）、経説に就き新意を出せしとあるも、要、経学者たるのみ、唯佛教者中創意を発して、開山作佛の功を遂げたるもの無きに非ざるも、是れ終に宗教家範囲の事にて、純然たる哲学に非ず。……」と。

しかし同時に、「仏教者中創意を発して、開山作仏の功を遂げたる者なきにあらざるも」、つまりは、仏教者の中には相当の哲学者的人物がいるというわけです。

どうしてそういう立論になるのか。ここで、私なりの理由をあげてみれば……。

まず、改めて「哲学なし」ですが、兆民が生きた明治時代をもたらしたのは明治維新。その本質とも言うべきは、再三述べるとおり、明の影響を受けた儒教的ヒエラルキーでした。ではその儒教一派の更なる本質は何かを考えると、私は、「二」から始まる発想法であると思います。「我思う故に我あり」つまり「我」という「一」から始まる演繹的発想の真逆です。

ここに「二」とは、同じ儒教の中でも特に朱子学について言えるもので、単純化、あるいは具体化して言えば、一言でいうと、「子は親を敬しなければならない」という親と子との「差」は絶対だ、という差別論（分）から考えを始めたものと言ってよいと思います。この原則は、文献としては、たびたび引用する『孝経』に発します。「身体髪膚……」です。

この考えは、先にも述べたとおり東アジアの伝統です。日本でも中国でも、古墳から沢山の翡翠でできた璧というものが出てきます。これは一体何かというと、そもそも中国の発想では、人間の体には魂と魄というものがある。そして人が死ぬと魂はぬけていくが、魄は残り、いつか魂が帰ってきて復活する。その中途にあって、魄だけの存在がキョンシーというもので、だからキョンシーの行動は、きわめて奇妙なものだ。

しかし、おかしかろうが何であろうが、「親」は「私」を生んでくれた存在。前記のとおり「身体髪膚……」。この私の体は親の物。絶対に大切にしなければいけない。その親にもまた親がいるので、親に親不孝の一種である遺体を腐らせるということをさせては、親に親不孝を強いることになる。魂が戻ってくるまで、大事にしなくては。そのために、遺体の上に鏡や翡翠を置いて、一種の「消毒」をする。もちろん親の体を焼く火葬などもってのほかで、保科正之や水戸黄門のように、土葬でなければならない、と。

中国の南京博物館の展示によると、祖先が死ぬとその遺体のありとあらゆる穴（九穴。松尾芭蕉が『笈の小文』の冒頭に「百骸九竅の中に物あり」と書いたそれ）に翡翠を詰め込んで、遺体が腐らないようにするという伝統があったことが展示されています。そこに展示してあるのは一万五〇〇〇年くらい前の新石器時代のものとか。翡翠の霊力（？）は世界中に例を見ますから、中国オリジナルではないのかもしれません。

ちなみに幕末神葬運動の先駆者で廃仏毀釈の震源地・津和野の人岡熊臣は、「人の魂は一でなく、死して夜見（ママ）に入って再び帰って来ることがない『本つ霊』と、死しても消えることがなくこの世に留り鎮まってゐる霊との二つがあり、後者は『現身を放れては目に見えぬ神となりて、此の世にとこしへに留まり居』って、『今も猶神代の神達と同じさまに千世とこしへに』『現世に坐せし如く鎮り坐すこと疑ひなく』、これは『いともかしこき神世の皇神達の畏き大御定にて、千世万世も天地の有らむかぎり、動き易るまじきもの』であるとした（『千世乃住処』）。」とされます（近藤啓吾『儒葬と神葬』一九一頁）。

これは神道説と言われますが、正に中国の魂と魄との焼き直し。これで国粋的になり、廃仏毀釈をしたなどということはやはり問題でしょう。

井上日召師は、『日召自伝』の中で、「今泉（定助。この人も「皇道」をいう）翁は神道の大家であるが、私は三徳庵で悟得したところを以て古事記を読み、一個の神道認識を樹立し信奉していたので、その見解を以て今泉翁と度々理論闘争した。私は所謂神道家の神道認識が偏狭独善で、而も牽強附会に満ちているのを非常に遺憾に思った。……私は決して自ら誇る気持はないが、得難い神道の真義を体得したことを感謝し、三徳庵の修業を回顧して、懐かしさに堪えないものである。」と述べています。

確かに現今の、特に政治と結びついている神道には、その傾向が否めないでしょう。しかし、私は先に伊勢の内宮、外宮は、アジアの祖霊殿、社稷壇と同じコンセプトであると書きました。この精神で改めて見れば、神道も仏教も、道教も、そして儒教も、この日本にローマのロムルスはもとより全世界からの情報、あるいは考え方が入ってきているのだ、と広々、そしてマイルドに考えた方がよいように思います（先に記した上田正昭先生の『神道と東アジアの世界』なども）。

しかし、二元論を突き詰めるとそうはいきません。親が子より高いとすると、親にも父と母という二人がいる。そして『礼記』では、「やはり」男を上位に置きます。

そのような身分の違いが、具体的には、最も厳しい刑罰において具現されます。

例えば殺人罪でも、被害者が男か女か、長上か下かといったヒエラルキーへの当てはめが重要となり、ここでも五十音図と同様なものができ上がります。石井紫郎、水林彪『法と秩序』（日本近代思想大系七）に紹介された表を見れば、縦横のかけ合わせで、自動的に「刑罰が算出」されるようにできています。この方式なら哲学あるいは窮理の悩みは必要ありません。そして、川原秀城『朝鮮数学史』は、実質的には朝鮮儒教を説明した本として素晴らしいものですが、数式が次々と出てくる本になります。これが「二」から始まる発想です。

デカルトやスピノザも数式を扱いますが、始まりが一です。だから悩む。しかし、二から出発したのでは、そういう「処理」は、コンピューターでも出来る話であって、それは、あくまでも「技術」ではあっても「哲学」ではない、というのが私の考えです。

それは、「きまりをきちんと守る」といったことを中心に据える文官の発想としては、相当の合理性がありますが、特に何が出てくるかわからない「戦争」に直面する武官には有効でなく、絶対にクリエイティブな発想ではありません。哲学にはなりようがないのです。

③武人・王陽明は一元論

しかし、儒教が全て二から始まるかというと、そうでもないでしょう。同じ中国でも、また、儒教といっても、「武士の生き方」の面から見ると、明の時代、軍人として、戦いのただ中に身を置いた王陽明は、硬直的な議論ではない一元論（心即理）を取ります。それは、先に述べたとおり、戦いというものが単なるヒエラルキー的な秩序だけでは済まされない動的なものであることから必然的に導かれる、と言って良いかと思います。デカルト（彼も戦争に参加）らと同様な「我思う、ゆえに我あり」から演繹的に物事を考えるクリエイティブな発想、それが陽明学です。

こうして私は、朱子学の祖・朱子は、書斎の人あるいは文官であって、争いのない時代・社会生活の秩序を重んじた時代だから二元論つまり「別」を大切にすることもできたのであり、一方、王陽明は武人であり、戦いに直面したからこそ、形式的な別よりも効率の良い演繹的な思考に拠ったのではないかと思っています。

もちろん朱子の『朱子語録』など、極めて示唆に富むよい本であり、この本で冒頭取り上げた貝原益軒は、朱子学で重視された格物致知（『大学』）の態度を窮め、特に七〇歳を過ぎてから本格的な著述を開始し、九〇歳を過ぎて大きく疑う書『大疑録』を書くなど、まさに尊敬に値する学者であると思います。

④中世的「仏教者」の発想こそ哲学

いずれにせよ、以上を前提にすると、考えを「固定」せず、「これも非なり非なりと思うて、一生嘆息し、心を守りて打ち置くことなく……この中に道はあるなりと」と言う、『葉隠』の江南というお坊さんの発想こそ哲学や窮理につながるものでしょう。つまり、この発想は一瞬一瞬を大切にする「一」の発想であり、眼前の「今」を否定していく「我はあるのか」という懐疑論です。

「仏教者」、例えば親鸞は「弥陀五劫思惟の願をよくよく案ずれば、ひとえに親鸞一人がためなりけり」と述べました。また、道元は「万法進みて『我』を証するは悟りなり」と言いました。つまり、思う「我」の追求です。日蓮においては、より政治的になりますが、『立正安国論』は、国家・国民という一個人をどう守るのかの話でした。

つまりこの人たちは、もとより浄土、禅、法華等々の違いはありますが、要は「自分・我」それは、眼前の今を精一杯生きる一人の人間の話。日蓮の場合は、生きた生身の人間の現世的な救済でもあります。

時代が下って幕末、井伊直弼の『茶湯一会条』に「そもそも、茶湯の会は一期一会といいて、たとえばいくたび同じ主客茶会するとも今日の会に再びかえらざることを思えば、実に誠一世一度の会なり」というものがありますが、これもそのことを言っているというべきでしょう（『山上宗二記』から）。

そのような個人の今を大切にする傾向は、広く日本の歴史上、どのような時代から明白に始まったか、また政治とも結びついたかと考えてみると、平安初期、空海は「仏法遥かに非ず、心中にして即ち近し。」と言い（『般若心経秘録』）、最澄は「一隅を照らす、これ即ち国宝なり」と述べ（『山家学生式』）、それまで二五〇あった戒律を一四にして、延暦寺の戒壇を作ったのは（彼の死後七日にして勅許。『天台本覚論』）、その先鞭を付けたものであり、鎌倉の祖師がそれを更に徹底させたものと思います。

そして鎌倉時代、執権北条泰時は、明恵上人という仏教者の力を借りつつ、政治の上では、『御成敗式目』という「法律」を作りました（貞永元年・一二三二年）。

この日本の流れに対し、別段先後を競うわけではないのですが、たとえばルターは、それから約三〇〇年たった一五一七年のローマ教皇へのプロテストのあと、そのドイツ語訳聖書の「ローマ人への手紙」序言において次のように述べています。

「さて『信仰』は、ある人が信仰だと考えているような人間的な妄想や夢ではない。……信仰はわれわれのうちに働きたもう神の御業であり、」……だからこそ、信仰するという「行為」も不要なのであり、よってキリスト者は「自由」なのだ（『キリスト者の自由』）、というわけです。これこそ鎌倉の祖師、例えば親鸞の「如来より賜りたる信心（『歎異抄』）」や道元の「万法進みて我を証する（さとらせる）は悟りなり（『正法眼蔵』）」と同様でしょう。しかも、それを更に徹底して、「となふれば仏も我もなかりけり、南無阿弥陀仏の声ばかりして（又は南無阿弥陀仏而南無阿弥陀仏）」と、唱える「我」さえもない境地、つまり一でもなくてむしろゼロを生み出した一遍のような人も出ます。

ですから決して日本が一貫して精神的に劣っていたわけではないと思うのです。ちなみにこの一遍という人、伊予の御家人の一族ですが、熊野神社との関係が極めて深く、仏教も神道もないむしろ本地垂迹の広さをも思わせてくれます。この本地垂迹の「本地」は、「法身」ともいわれます。いわば宇宙の根本原理であり、グローバルな時代、そう見ることにより、どんな宗教であれ、そのことでいがみあう必要などない、ということにもなるでしょう。いわゆる「萬教帰一」、儒・仏・道（神）のアジアの教えと、キリスト教、イスラム教、すべて帰一するものは一つ、という考え方です。先に記した坂口昻先生のギリシャ文化の東漸の論稿（『世界における希臘文明の潮流』）と写真（三三五頁）も、そのことを物語っています。

⑤「個人の尊厳」を具体的に導き出す

そうすると、個人の尊厳こそ中心に据えられるべきものと思いますが、それを具体的・日本的に述べたものとして、私は、河合栄治郎門下で防衛大学校校長をされた猪木正道教授の『共産主義の系譜』、その猪木先生の書かれたはしがき中の言葉こそ、憲法一三条につながる一文だと思っています。

「共産主義のいのちがけの問いを前にするとき、つねに私の脳裡にうかぶのは故河合栄治郎先生のおもかげである。先生は人格主義と自由主義の立場から終始一貫して共産主義を批判された。ソヴェト共産主義の系譜をたどって、私が帰着したところは、やはり人格の問題であり、自由の問題であった。共産主義はメフィストフェレスのように、つねに悪を欲して善をなし、あるいはまた善を欲して悪をなすであろう。しかしマルクス主義の立場からは、一回生起的な、個人的な人格の尊厳は基礎づけえず、人間の自由は永遠のかなたにおしやられざるをえない。共産主義が西欧民主主義の虚偽に対する死の抗議としては大きな真理を蔵しながら、ついにメフィストフェレスと同じくアンチ・テーゼ以上のものでありえないのはこのためである。」と。

ロシア革命以来の「共産主義」を前提とするとき、この「一回生起的な、個人的な人格の尊厳」と日本国憲法一三条の個人の尊厳との間には強い関係があると思います。

こうして、個人を大切にする中世の発想から始まり、現代における巨大な実験、共産主義を見た上で、日本国憲法一三条に十分な意義を見出すことが大切です。そして、それを前提に国というものを考え、国家観を持ちたいと思います。

△　△　△

改めて述べると、個人の尊厳を大切にするならば、国家というものはあくまでもその個人、国民の尊厳、一回生起的な、個人人格の尊厳（と縮めて）を守る国家でなければならないでしょう。数十年前の戦争の時のように、国民が国家のために死ぬなどと言うのはまったくの本末転倒です。

つまり国家は国民のもの、国民によるもの、国民を守るためのもの、更に、その福祉を向上させるもの、つまりオブザピープル、バイザピープル、フォーザピープルそのものだということです。

それを言っているのが日本国憲法一三条（個人の尊厳）であり、それを中心とした「第三章人権」という場所です。

この第三章は、見方を変えれば北条泰時が弟重時に示した「道理」、それは律令の更に上部をなすところの御成敗式目の「理念」つまり、最高の目標と言ってよい一種の自然法ですが（利光三津夫『日本中世政治史』三六頁）、それはこのような規矩準縄がなければ探し出すのは大変です。そこで、第三章があることによって、その準縄が満たされることになります。ここに日本国憲法の実用的で良いところがあるというべきでしょう。

成文憲法を提唱したジェレミー・ベンサム的な発想でもあります。

(四) 個人の自由（尊厳）を守るための最低の枠組み
―立法・行政・司法の三権の分立―

さて個人の尊厳を守り、その福祉を向上させるための仕組みとして、最低限国家の権力が乱用されないための仕組みが必要です。ここで登場するのがモンテスキューが『法の精神』で述べた三権分立でした。

つまり立法、行政、司法の分立です。モンテスキューは、国民の自由を確保するために、どこか一つの機関が全ての権力を手中に収めるということではなく、三つの機関に分属させるということを考えたとされていますが、この自由の確保こそ、個人の尊厳を守ることでしょう。

そして分属（立）には、旧憲法の『憲法義解』に再三引かれる、あるいはジョンロックのような、行政と司法とをまとめた二権分立、台湾のような監察、考試まで分ける五権分立など色々ありますが、日本国憲法の場合は、一応、四一条が実質的な意味の立法を国会が独占するものとし、六五条が内閣による行政の独占を規定し、七六条が裁判所による司法権の独占を規定して、実質的な三権分立が行なわれている、というのが通説的な見解（解釈）です。台湾のように宋や明の時代に流行った台諫という諫言制度を監察として温存したり、科挙由来の考試を三権の一つとするのは孫文による少々「やりすぎ」であり、私は日本の三権分立が妥当と思われます。ただ、実際のところ相当な例外が行なわれていることをチェックする必要がありますが、ここではあえてふれません（それは、分立が必要で、それに適合しているからです）。

二　では、日本の天皇像をどう考えたらよいか

日本国憲法の一条には、「天皇は、日本国の象徴であり日本国民統合の象徴であって、この地位は、主権の存する日本国民の総意に基く。」とあります。

この百年の日本を見た場合、白馬に乗った軍装の大元帥としての天皇の姿が先ず浮かびます。それは第一次世界大戦を起こして敗れたドイツのカイゼル（ヴィルヘルム二世）を連想させます。一方、日本国憲法一条の「国民統合の象徴」としての天皇は、ちょうど米国ワシントンDCのモールに、毅然として立つワシントン記念塔のようなものを意識して作られた

気がします。正にワシントン記念塔は、米国の象徴であり、合衆国国民統合の象徴です。

しかし、ここに一つ、面白い話があります。

一貫して皇室を大切にしてきた代表格は先の玄洋社です。

その大幹部の一人、杉山茂丸は今でも時々テレビなどに彼の話が登場し、息子に「ドクラ・マグラ」などの怪奇小説で名高い小説家、夢野久作がいます。

この久作の息子龍丸（インド緑化の父といわれる）が中学二年生の頃、親子そろって太宰府天満宮近くの観世音寺に詣でたそうです。この寺には平安時代を中心とした重量感あふれる素晴らしい仏像が多数収蔵されています。その内では相当貧相で農夫然とした小さな大黒天像の前に来た時、久作はふと足を止めました。

ワシントンD.C.のモールに立つ
ワシントン記念塔

「龍丸よく見ろ、これが大黒様の本当の姿だ。しかし、これは単に大黒天というのみではない。日本の昔の天皇の本当の姿だ。日本の天皇は、本来農民だったのだ。これをよく覚えておけ。」と述べたとか（鶴見俊輔『夢野久作』より）。

観世音寺の大黒様は憤怒の形相を示し、本当は久作の言うところとも異なる印度的軍神像に近いでしょう。しかし、永い日本の歴史の中で、特に中世を主体として天皇を見たときは、我々がイメージする大黒様あるいは田の神こそ、天皇像として当たっていそうです（二七頁の「籍田」からも）。

日本国憲法制定にあたる帝国議会での審議で、「新憲法の制定により国体の変化はあるのか」が問題になりました。この「国体」も先のとおり水戸学の会沢正志斎『新論』由来ですが、問われた担当の金森徳次郎国務大臣は、国体とは天皇への「あこがれ」であり、その意味では戦前も戦後も変わりはない、としました（『憲法遺言』）。

戦前との対比としては相当苦しい弁明といわねばなりませんが、現在の日本国民の総意としては正に「あこがれ」、つまりは農民像でよさそうな気がします。つまり本当の右翼・杉山さんのご家族の考え方になるのが最も穏当のような気がするのです。

三　憲法九条・国を守るということ

日本国憲法九条については、自衛隊が合憲か否かが様々に議論され、裁判の俎上にも上ってきました（今は違憲論は極小では？）。

解釈論としては、憲法九条の一項、二項、特に二項の中の「前項の目的を達するため」というわゆる芦田修正を基軸として、自衛のための戦力の保持が許されるのかどうか、などが問題とされました。

私はそれも大切ではありますが、むしろ国家というものの本質論から考える方が「大事」ではないかと思っています。

そもそも戦争とは何かということなのですが、これは先にも書いたとおり、まともなそれは、国家による行政権の発動であるというポーランド憲法の考え方があり妥当です。

そして次に、行政権とは何かということについては、控除説つまり国家の作用の中から立法と司法を除いたものというのが通説ではありります。しかし、そのような控除説には大いに問題があるのであって、それでは国や公共団体のくり出す作用が行政権の行使として是認されるのか、という吟味すらできず、内閣は立法、司法以外何でもできて、そのためのお金も使える、つまり「行政目的」のはっきりしないことにまで税金が投入されるということになってしまいます。

これに対し、行政法学者田中二郎先生らは積極的に行政を定義しました。ただし、学者の定義付けは抽象的で難しすぎるので、噛み砕いて、「国家の能動的行為によって国民を守り、国民の福祉を増進させる作用」というふうに考えたらどうでしょうか。少々ラフですが国家というものは、国民を守るための存在が第一義だということです。

そうすると、国民を守るために、行政作用の発動としての自衛戦争を行なうことができない国家というものは国家ではなく、国家の本質的な要素が欠けてしまう、いわゆる概念的矛盾というべきです。ですから日本を「国」と言う形にしている以上は自衛権の発動としての戦争は、もちろん絶対にあってはならないことですが、あり得るし、そのための一定の武力組織がなければ話になりません。よって、当然現在の自衛隊は合憲ということになります。戦争を行なうことは行政に当たらないとする説が相当有力のようですが、私には理解できません し、前出ポーランド憲法の話からもおかしいと思います。

しかしながら、本質がそうだからといって、現在、憲法九条に自衛隊を明記しなければ自衛隊員が誇りを持って働けないといった議論はどうでしょうか。私は、これこそ、戦争の実態を知らない人の言うことだと思います。

前記のとおり、私が東京地方裁判所で、卵つまり司法修習生をしていた昭和五〇年代初期（一九七五年ころ）は、第二次大戦の敗戦によって、軍人になるはずが方向転換して裁判官になったという方が沢山おられました。

当時の刑事第五部には、誰でも知っている超巨大な公安事件いわゆる連合赤軍以外の公安事件が集中しており、その中で最大の事件は、いわゆる企業爆破事件です。

一九七四年八月、今の大手町、ブティックが立ち並ぶ八重洲仲通りで爆弾が大爆発。ガラスの雨が降り多くの人々が死んだり怪我をしたのですが、その裁判がこの五部に係属していたのです。時には、法廷での大乱闘も起きました。これを裁いた裁判長・蓑原茂廣判事は、現在もお元気ですが陸軍士官学校を出ておられます。よく退庁時、日比谷公園でお会いしましたが、敢えて庁用車にも乗らずに歩いて帰られるのを見て、私は「部長大丈夫ですか」と声をかけたことが何度もありました。何しろそのころは裁判官が鉄パイプで殴られたりしていた時代です。

その裁判長が、私が裁判官に任官後、司法研修所で、裁判官の心構えを講演されました。その時言われたのは「裁判官には勇気が必要だとかいう話がありますが、そんなものは必要ありません。弱虫でも泣き虫でもかまわないのです。但し『責任感』だけは絶対に必要です」と。まさに至言と言うべきでしょう。参謀本部第一部長の時、東条首相と衝突して南方軍に飛ばされ、父の師団・一八師団の師団長から、ビルマ方面軍の参謀長になられた田中新一中将は、英印軍がマンダレー街道からひたひたと迫ってくるラングーン（今のヤンゴン）に最後まで踏みとどまりました。一方、その上司の木村兵太郎ビルマ方面軍司令官は、昭和二〇（一九四五）年四月、将兵を置き去りにして、部下や女性と一緒にモールメンに飛行機で逃走。なのに、五月には、大将に昇進。東京裁判ではA級戦犯として死刑です。

田中中将は戦後つき合いのあった父の話からも相当な強硬派で、正に統制派として、最近では武藤章中将（死刑）以上に責任があるとも書かれている人ですが、木村司令官に比べれば余程責任感があります。

またビルマ戦線では、水上源蔵少将（最終的には中将）はミイトキーナ（現在ミッチーナー・密支那とも。北部ミャンマーは西南シルクロードの一部として、強く中国と結びついています）で辻政信参謀から「死守命令」を受領し、部下を脱出させたあと、まさに「死ぬ」ことをされました。本当にまともな軍人とは威勢よくぶち上げるタイプではなくて、淡々と責任を全うするそういう人です。

この「責任」の精神について、戦後、警察予備隊が創設されたあと、槇智雄初代防衛大学校校長はこう言われました。

「防衛の組織は強くなければならない、この力の正しさを与える他の一つは道徳的義務であります。防衛の任務に服するものにとって、忠誠を尽くすことに専念せしむるものは、道義の与える責任感であります。激しい訓練に服し、きびしい規制に服するのも、あるいはまた任務に精進せしむるのも、道義に対する責任感に外なりません。（『防衛の務め』一三六頁など）」

と。

大日本帝国下であろうと、日本国憲法下であろうと、要は責任感です。ただそれが、前者は天皇に向き、後者は国民に向いているという違いだけです。

吉田茂さんも、自衛官が有り難がられるような国はまともではないと言ったとか。自衛官は、たとえ世間からどんなそしりを受けようとも（現在はそしりどころか感謝されています）、国家を守る誇りを持って自らの職務に邁進すべきで、それこそが武人です。

私自身も、自衛隊とは深く長いお付き合いがありますが、自衛官は任官に当たっても「事に臨んでは危険を顧みず、身をもって責務の完遂に務め、もって国民の負託にこたえることを誓います。」という他の公務員にはない宣誓までしているのです。それを元気が出るからというので法律を改正するとかいうのは、まるっきり本末転倒の「素人」の発想としか考えられません。

別のところでふれたように、米国でも日本でも、行政の長が軍隊や自衛隊の制服を着用し、大統領が空母に着艦してにこにこしたりしている姿がありますが、武官と文官との違いをわきまえず、真の武官の矜持を外側から損ねるものとさえ言えます。

その昔『隠密剣士』というテレビ映画がありました。「白刃《しらは》の雨は好かないけれど許せ世のため人のため（加藤省吾・作詞）」が隠密が人を切るポリシーです。勇気とか、憎いではなく、全て淡々と、責任を持ってです。この姿勢は、万一戦争に遭遇した時の自衛官のポリシーでもあるでしょうし、公務員一般においても、かくあらねばならないと思います。

四　「人権」のとらえ方

(一) 外国人は人権の主体になれるのか

このことの問題点は先にも触れました。

ここでも中世。例えば織田信長の家来に、弥助という名の黒人の家来がいて、本能寺で戦ったことが『信長公記』などに見え、九州では龍造寺隆信に対立する大村、有馬などキリシタン大名には相当数の外人がいたことも考えられます（ルイス・フロイスの『日本史』にも出てくる）。この時代には、その他海外出身の武士多数。

更にその前の鎌倉時代、『男衾三郎絵詞』には、どう見ても西洋人としか見えない金髪、カギ鼻の侍が出てきて、戦闘に参加しているのです。

私の言う「真の日本の武士道」の時代だった中世は、世界に開かれた日本であり、要は、「実力」があれば採用。なぜなら、戦争には勝たねばならないから。その中での愛と感動のドラマがあったはずです。

日本人が自分の「身の丈」に合せた社会を作った中世こそダイバーシティの時代であり、偏狭なものではなかったのかもしれません。先のとおり、これは頭山満さんらの「右翼」にもいえたことです。あちこちに書く、宇都太郎大将（韓国併合の誤りを主張した朝鮮軍司令官）もその典型であって、彼らは「大アジア主義」を唱えましたから。

その上で、権力を行使する者が外国人でよいかという話が、第二段の議論として出てくるのは自然だと思います。

(二) LGBTsと儒教主義

『葉隠』に井原西鶴の『男色大鏡』からの引用があります。「……念友(男性にとっての男性の恋人)のなき前髪は縁夫(許婚の男)もたぬ女にひとし。と西鶴が書きしは名文なり。人がなぶりたがるものなり。」と。

この「念友のなき云々」は「玉章《たまづさ》は鱸《すずき》に通わす」という話の末尾です(念友の長き前髪は縁夫持たぬ女のごとし思われて時の姿として恋は闇若道は昼になりぬ)。「玉章」というのは恋文。ある侍が、それを魚の鱸の口の中に入れて好きな男性に送って仲好くなったところ、相手の男性に別の男が言い寄ってきたので、玉章を送られた男性は、あんまり邪険にすると二人が楽しくしていたこともダメになってしまうからうまくやろうよと言って、適当にあしらうことを提案。しかし、玉章を送った方は、そんなに気合いの入らない男男関係なんて、と腹を立てて、言い寄った方も加わって、徹底的に殺し合うという話。

当時の世相はといえば、戦国時代以来の、「衆道(若衆道、つまり武士における同性愛)」一正に真っ盛りと言ってもよい時代です。したがって衆道の家元みたいなものがあって、葉隠では「星野了哲は、御国衆道の元祖なり。弟子多しといえども、皆一つづつを伝えたり。……江戸御供の時、了哲暇乞に、『若衆好きの得心いかが。』と申し候へば、枝吉答に、『すいてすかぬもの。』と申され候。了哲悦び、『其方を夫(それ)だけになさんとて、多年骨を折りたり。』と申され候……。」など。

以上を読めばわかるとおり、有名な「忍ぶ恋」というのは、あくまでも男性同士の話であって、到底男女の関係を言っているものではありません。

三島由紀夫の『葉隠入門』一二八頁は、絵まで入れて男女の恋愛の話にしており、まったく分かっていません（原典の、更にバックグラウンドの理解が必須）。

そして、これは朋輩との間にだけあったのではなく、主君との関係にもありました。織田信長と森蘭丸みたいな話です（本当かどうかは知りませんが）。先に「切腹三態」で述べたとおり主君の死んだあと、家来がその後追いつまり追い腹をするということも大いにありました。このような現象は近世武士道、つまり儒教武士道の水戸黄門たちに言わせると、正に「分」をわきまえないことだという話になってしまうわけです。

つまり、現代のＬＧＢＴｓ論に関わるのは、儒教です。

元来の儒教は先のとおり二元論ですから、男と女というものはあっても中間が有りません。むしろ多様なジェンダーを断固排するということでした。しかし、そんなアジアの例えば台湾で、二〇一七年に同性婚を認めるという大法官解釈が出ました。そして遂に二〇一九年同性婚を認める法律が成立しました。

そもそも台湾という所は蒋介石が持ってきた南京文化の影響で、儒教主義が非常に強く残っています（台湾が日本の影響を受けていると考えるのは国家の仕

「玉章は鱸に通わす」の挿絵

組みとしてはまちがい)。そこに差別というものも生まれるわけですが、台湾の憲法裁判所にあたる司法院は、こうした問題につき、いくつもの違憲判決を出してきています。ちなみにそれを北京語、英語、日本語(少数民族の共通語は日本語)に翻訳して国中に知らしめているわけです。

一方、もう一つの儒教国家・韓国では安楽死法(尊厳死法)ができました。しかし親からもらったこの体を自殺的な行動によってなくすというのは韓国の人が大切にする『孝経』の教えに反する親不孝の極致のような気がしますが……。

逆に韓国では、親からもらったこの身体を尊厳を持たないで死ぬことはよくないこと、という発想もあるようです。

このあたりが、なかなか一筋縄ではいきませんが、いずれにしてもアジア人としては、儒教を超えることが一つのテーマになっているように思います。

さて、日本ではどうするべきか。『葉隠』武士道の徒なら当然旧習は変更されなければならないのではないかと思っています。

(三)「夫婦別姓」の問題

真の日本、と言うべき中世は、正に夫婦は別姓でした。北条政子も日野富子もです。これが同姓とされたのは、明治五(一八七二)年の壬申戸籍(これでは別姓)のあと、「家制度」という日本特有の極端な儒教化に導いた明治政府が行なったことです(我妻栄『親族法』四・六頁、三二〇頁及びそこに引かれた文献)。

しかも、本当の武士道から見ると、別姓こそ正しいとも考えられます。というのは、『葉隠』の山本常朝の先生の一人は石田一鼎という山鹿素行ばりの儒学者と仏教者を兼ねたような人ですが、この人は「三誓願」というものを打ち立てました。「一、武士道において未練をとるべからず。二、先祖の名字を断絶すべからず。三、畢竟主君の御用に立つべし。」以上です。

この「先祖の名字を断絶すべからず」って、一体何でしょう。武士道と先祖の名字？　実はここでも、「孝」の思想から、親からもらった名字を断絶するな、と言うのです。それが「武士道」における最も大切な目標・三誓願の一つなのです。

そうなると、結婚した一方の名字を強制的に変えさせるということは、ここで変えさせられる配偶者に親不孝を強いることになります。武士道、いや士道を標榜していて、こんな形で親不孝を強いてよいのか、という声が出なければ、武士道（士道）じゃないよ、という声が「黄門派」から出なければおかしいように思いますが。

(四)　死刑制度

次に死刑の問題。国家観として、前記のとおり「国民を守る（行為を行なう）国家」という前提に立つと、死刑はあってはならないことでしょう。

こんなことを書くと、家族からまで「何言ってるの！」という声が聞こえてきそうですが、私は、まずこの自分が、死刑に値するような犯罪を犯さない人間に生んでもらえたことに両親に感謝せねばならない、と思っています。

というのは、私は、仕事柄今までいくつかの死刑事件に関わってきました。修習生の時に傍聴した永山紀夫（少年の四人殺し）の事件も忘れられません。そんな中で、九州にいるときにかかわった三人殺しの主犯の発想はすごいものでした。映画館という事業が左前になった時、母親に簡易保険を山のようにかけ、姉と示し合わせて母親をレンガで撲殺したもので（他、関係の二人を殺した）、計画の過程で、姉に「これで事業が持ち直せばお袋も本望だろう。」と。正に『罪と罰』の世界です。

このように、死刑事件を起こす犯罪者というのは、いわゆる「常識」からは相当離れている人物が多いもので、なので私は、そんな発想を持たない人間に生れたことをまずは感謝したいのです。そして、「他の人への危険が去った後の国家による殺人」には懐疑的です。

しかし逆に、バスジャックなど究極的、緊急的なケースでの正当防衛としての射殺ということが肯定されるべきでしょう。また、死刑に相当する者の存在自体が特殊な宗教の存在などにかかわっていて、国民の生命が危ない時、その人物の生命を奪う必要がある、という場面があり得ることもあるでしょう。

いずれも、国家はあくまでも国民を守る存在であり、そのために行政作用を行なうのだったら、国民の生命が危殆に瀕していれば、害を及ぼす者は射殺するのが当然で、いかに極悪人でも逮捕され拘束されて害を及ぼさない存在となったならば殺してはならず、むしろ「真人間？」にするのが国家の「あり方」だと思うのですが、いかがでしょうか。

このような私の意見は、今の日本のあり様の真逆かもしれません。日本では、バスジャックのように国民が生命の危険にさらされるような場合でも射殺しない一方、逮捕されて危険が去ったあとも、「けしからん」とばかりに処刑にしてしまいますから。

死刑を残すのは、大国では今や中国と日本、それにアメリカの一部だけです。エジプトには昔、死刑の執行猶予がありましたが、今はどうなっているのかわかりません。いずれにしても中国や韓国では今は使われていなくても死刑場の見学があります。一方、私は中国で、これから執行される人の「市中引き回し」を見たことがあります。日本人の多くの発想は、これとあまり変わらないのではないでしょうか（中国でも「引き回し」は少なくとも最近は聞きません）。

次に、もし死刑を合憲と考えた場合も、現行の執行方法は如何に。

現行刑法による死刑執行方法は絞首刑ですが、これは、母法たる中国法における絞即ち絞殺と斬即ち斬首という二つのうちの、「軽い」と評価される方だということになっています。絞の方が苦しいに違いないのに、なぜ「軽い」と評価されるのかといえば、絞首刑の場合には、死亡しても頭と胴体とがつながっているから軽い、というのです。

これは、この制度の元になった『孝経』の例の教え、「身体髪膚、これを父母に受く。敢えて毀傷せざるは、……」の考え方によります。ギロチンのように、身体を傷つける斬は、「毀傷」という親不孝を強いることになるので、より重たい刑であり、絞は胴体と頭とがつながっているだけ軽いのだという話なのです。

尊属傷害致死規定の合憲を言い渡した最高裁判所判決（昭和二五年一〇月一一日、刑集四・二〇三七）は、「孝」を人類不変の道徳原理・自然法とまで説示しましたが、そのような発想から行なうこうした処断は、より高次の「法」即ち本当の自然法にかなっているのでしょうか。私には疑問です。

五　平等権と自由権の位置づけ

中世の平等は、「死」を前にした生きとし生ける者全ての平等です。鳥や魚を放す放生（七〇頁）も、そのような死を前にした人間との平等感を前提とするものでしょう。それは、現代で言えば国会で作る法律の、更に上位に置かれる「法」観念であり、泰時の言う「道理」、利光教授の「自然法」とも言えるでしょう。

日本の中世を見てみれば、均分相続制であったり女性の地位が今より高かったり、あるいは外国人のサムライがいたりという正にイコールでかつダイバーシティの時代でもありました。これこそが本来の日本の姿だということを考えるべきです。

この平等権のことを考えるのに最も分かりやすいのは、ここでも台湾の有り様です。先のとおり蒋介石という人はキリスト教徒でありながら儒教主義の人でしたから、簡単に言えば男女不平等の儒教的な思想を大陸からもってきたのですが、最高裁判所にあたる司法院が、何度もその違憲判決を出しました。

真崎少将も『隠された真相』の二九七頁で「一体儒教では婦人の貞節ばかりを要求して、男の貞節を要求しておらんです。日本はこの儒教の影響を余計にうけて法律や道徳観念が封建時代に出来上ったのかも知れませんが、仏教では男の貞節をも要求しているのです。」と述べておられます。

もっと「深い？」話をするとすれば、現代世界の国家の仕組みに大きな影響を与えていると思われる前出のハンス・ケルゼン『デモクラシーの本質と価値』は、その開口一番に自由と平等を論じていることを想起したいと思います。

「身分から契約へ」というフレーズを思い出してみると、対等な、つまり平等な関係を前提として自由に契約を結べる、ということこそが国家・国民のあり方であり、その社会の発展ももたらされるのだと思います。

なお、この「自由」について、ルターの『キリスト者の自由』のことは先に記しました。一切の「行為」からの自由が本来的な自由。それが信仰の自由、思想及び良心の自由、そして表現や職業選択という実定法的な自由に発展していきます。キリスト教会という最大のパワーからの自由です。

こんな西欧に対し、最近の日本は、「報道の自由度」が相当に低下しているそうで、正にそれは江戸時代の「不届者！」とか言って行なわれた言論の自由制限と同じ。林子平は『海国兵談』で国防を論じたところ、幕閣の行なうべき行政の問題に容喙したということを理由に版木を取り上げられ「親も無し妻なし子なし版木なし金も無けれど死にたくもなし」といって六無斉と自称したそうです。

歴史の逆戻りはいただけません。

六　人権を制限する根拠になる法の運用

日本国憲法は、先に述べたとおり第三章において人権を具体的な規定によって保障しています。

そして、憲法三一条で、「何人も、法律の定める手続によらなければ……自由を奪われ……その他の刑罰を科せられない。」として、人権の制限は法律によってしかできないことになっています。内閣が作る政令など、民主性から遠い機関による制限はできないのです。

そしてその「法律」は憲法四一条で国民の代表によって構成される国会が作ります。そのような国会が作る「法律」でしか人権の制限はできません。

一方、昔々のことを考えてみると、ハンムラビ法典や律令については、こうした手続上の保障が見られません。何らかの保障があったとしても、法律を作るのも王様や天皇。つまり三権分立ではないことに根本的な問題がありました。

しかるに最近は、この制限を政令つまり内閣が作るきまりでできるようにしよう、という話があります。

例えば地震とかの緊急事態で、国民の権利義務を制限することが必要な場合に、法律の制定には時間がかかるので、内閣が作る政令で行なえるよう憲法を改正しようという話です。しかし、それはわざわざ憲法改正をして行なうべきことではありません。大昔ならば、馬車で国会に集まるのは手遅れとかで、議会での議決を省略することが必要な場面もあったでしょうが、現代は、交通事情も通信設備もそのような必要性を大いに減じさせています。もちろん全くゼロとは言いませんが、むしろ「事前の法整備」をしておけばよいのですし、していないのが国会の怠慢です。

コロナのこともあって今や古い話になりましたが、ひところの香港の状況を見れば、政府（香港政府）が抗議活動をする学生に対し、議会の議決を経ないで、一方的に、「マスクで顔を覆ってはいけない」という命令を作ったわけです。つまりは、国民の財産権（マスクを使用するとかしないとかの自由）や、自己決定権（顔を見せる見せないという自由）を民主的に作られた法律によらないで行政機関が一方的に制限したわけです。

香港の若者はこの政令に対して大いにプロテストしていました（残念ながら事態はその先に進んでしまいましたが）。

実際のところ感染症予防法とか消防法とかに人権の制限規定があるとおり、そうした緊急命令の制度がなければヘリコプターが出動できなかったり、国民に通行止めを課すことができないなどということはありません。きちんと事前に国会で、緊急事態に対処する「法律」を整備しておけばよいだけの話です。

この問題については二六四頁の「唯一の立法機関」のところでも詳しく書きますが、特に二六七頁を必ずご覧ください。実はここが、現下の憲法改正論の極めて重要な部分です。

七　「民主主義」を支えるための「意識」

ではその法律を作るところ・国会は、もちろん国民の代表によって構成されているわけですが、代表というからには国民が議員を積極的に、責任をもって選ぶのが当然であり、ここで歴史的な「国民の意識」を考えてみる必要があります。

(一) 東洋伝統の「鼓腹撃壌」から抜け出すには

中国には、「鼓腹撃壌」という故事があります。

昔、聖天子堯《ぎょう》は、ある日、自分の政治がうまくいっているかどうかを確かめるため町中におしのびで出てみました。すると、白髪の老人が、一人で木ごま遊び（撃壌）に夢中になりながら、お腹を叩いてつぎのように歌っていたといいます。

「日が出て働き、日入りて憩う。井戸を掘って飲み、田を耕して食う。帝力我に何かあらんや」と。つまり天子様なぞ自分には無関係というのです。

堯はこれを聞いて、自分の政治がうまくいっている証拠と、安心して宮殿への道を急いだとか（『十八史略』）。

天に対して責任を負う皇帝様が悪いことはすまいというので、民はお腹を叩いて笑っていられるのがよい政治というわけでしょう。この故事は今でも、よい政治の代表として引かれることがあります。あるいは国民の政治的関心が低いことは、政治がうまくいっている証拠であり、悪いことではない、と言っている政治家もいます。

しかし、考えてみればこれこそまったく非民主的な話であり、こういう話を「よい話」にする、というマインドの切替、つまり、『論語』の言う、「よらしむべし、知らしむべからず」の打破こそが喫緊の課題です。

しばしば登場するフリードリッヒ大王を頭において、哲学者カントは『啓蒙とは何か』を書きました。

「啓蒙とは、人間が自分の未成年状態から抜けでることである、……未成年とは、他人の指導がなければ、自分自身の悟性を使用し得ない状態である。未成年でいることは、確かに気楽である。」……（なので、「未成年」は後見人に全てを任せ）「かかる後見人たちは、自分の放している家畜をまず愚昧にし、よちよち歩きにふさわしいあんよ車の中に入れられたこの温和な動物どもが、そこから一歩でも外へふみ出すような大それた行為をしないように周到な手配をととのえたうえで……。」……（コントロールし）「それだから個人としては、殆んど天性になり切っている未成年状態から、各自に抜け出すことが困難なのである。それどころか彼はこの状態に愛着をすらもっていて、いまでは自分自身の悟性を使用することが実際にできなくなっている」と（岩波文庫・篠田英雄訳）。

先の「鼓腹撃壌おじいさん」の状況では、カントの言う「あんよ練習中の赤ちゃん」程度でしょうか。ドイツ、中国、日本は似ている、の典型でもあります。

ここを抜け出して、自立した中世日本人に戻って民主主義を担っていきたいものです。

そこで、中世のように自覚ある国民になったとして、その代表である議員が作る「法律」とは何か。つまり、「立法」の意味について考えましょう。ここで改めて前記の緊急命令の話も扱います。

(二) 四一条の立法について

様々な論点がありますが、ここでは四一条が言う、国会が「唯一の立法機関」であるということの意味について考えてみましょう。

①「立法」とは

まず、国民の代表が行なう「立法」とは何でしょう。

単に形式的に「法律」と名前のついたきまりを作る、と言ったのでは、わざわざ国民の代表である国会だけが、唯一作れるんですよ、と規定した意味がなくなってしまいます。ですからここでは、「実質的意味の法律」つまり国会だけが独占的に作ることのできるきまりとはどんなものなのか、その「具体的内容」が明らかにならなければ意味がありません(こういう議論をするので、法律は面倒くさいのですが、大事なことです)。

私たちが司法試験に合格した頃は、清宮四郎という立派な先生の「憲法I」という本があって、その中には、実質的意味の立法の意味を「国家と国民との関係を規律する成文の法規範の制定行為」を言うと書いてありました。

例えば、交通整理のために、警察官が交差点で住民にストップとかける根拠になる道路交通法とか、国民に税金をかける根拠になる国税徴収法とか。こういう事柄は国または公共団体と国民・住民との関係を規律することですから、それをするには、憲法三一条が「何人も、法律の定める手続によらなければ……」と書いてあることがズバリ当たって、これでよいような気もします（法律による行政の原理）。

しかし、それだけに限定してよいのか。一般に法律と呼ばれるものは、必ずしもそのような国家・公共団体と国民との間を規律するものだけではありません。

例えば、「国家行政組織法」とか「内閣法」とか「裁判所法」とか「検察庁法」とか、国家の「組織」を定める法律があります。先に行なわれた、大蔵省を財務省と金融庁に分割するようなこともそれです。

これらの法律は国家と国民との関係を規律しているわけではありません。「組織法」と呼ばれて、国家を構成する組織つまりは、国家そのものについて規定している法律（と称するもの）です。そうすると、清宮先生の説からは、これらは国家と国民との関係を規律しているわけではありませんから、法律概念に入らないことになります。つまり内閣が勝手に政令で作ってもいい……？　いやさすがにそうではなく、実際には国会で、「法律」を改正することによって前記大蔵省の分割が行なわれました。

では、なぜ清宮先生のような定義がなされたのでしょうか。

ここでも明治憲法時代を考えてみますと、国家の組織は、天皇のいわゆる官制大権、即ち明治憲法一〇条によって「天皇によって作られる」とされていました。

これは、古い歴史を持っており、もちろん日本や中国の律令もそうですし、前記のフリードリッヒ大王のプロシヤの場合も、「国家の組織そのものは『朕の家来』の話なのだから、議論もだめ。お前たち国民が介入することはできない。」とされていました。これがフリードリッヒ大王がせいぜい「啓蒙的専制君主」といわれる理由でしょう。

ですから戦後、この官制大権については、もちろん天皇は憲法四条の「国政に関する権能を有しない」という規定の存在からいっても認められず、国や地方公共団体の「組織」のあり方についても国会が制定するもの、という扱いになっていました。つまり、立法概念は組織法をも含むものに広がったのです。

しかし、失礼ながら人間の頭にこびりついたものはそう簡単には取り除けず、説明自体は前記のようになされていたのでしょう。

さすがに現在は清宮説より広げられ、抽象的な法規範の制定行為云々という定義がなされていますが、民法や刑法を入れただけでは仕方ありませんし、その理由づけ自体はっきりしていません。むしろ、律令体制を脱したのが日本国憲法なのだということをきちんと把握し、組織法に目を向けることが大切ではないかと思います（そのような説明も一部になされてはいますが）。

ついでに言えば、昔は皇室典範も官制大権と同じ扱いです。何よりも、家来どころか皇室の「ご家族」の話なので。ですから、そもそも名前からして法律ではありません。

ところが現在、逆に女性天皇云々ということについて、皇室を大切にすると言う人ほど、皇室の皆様のお気持ちをきちんと忖度しているのか、勝手な議論をしているようにも見え、よく考えた方がよいように思います。この点でも民族派（？）の私は、エピローグに記したとおり日本の伝統を大切にされる田中卓先生の見解、つまり、『愛子さまが将来の天皇ではいけませんか』に賛成です。

②「唯一」の立法機関とは

二六〇頁の三一条についてふれたとおり、このところのホットな問題として緊急命令があります。憲法改正（?）をして、国会以外、つまり内閣が緊急時に法律と同じ効力を持つ政令を作れるようにすべきでは?というわけです。

明治憲法時代、天皇は、帝国議会の「協賛」を経て「裁可」という形で立法を行なうことになっていました。実際には裁可を拒否したことはなく、帝国議会のみが立法できたようなものでした。

しかし、そこには例外がありました。四つの「勅令」という名の、帝国議会の協賛が必要でないきまりがあったのです。

この例外の内、執行命令、委任命令は日本国憲法でも認められています。例えば交通標識を守れ、という法律があるとして、その交通標識の様式を定める施行細則などが執行命令です。もう一つの委任命令も法律の委任を受けたもので、これらは国会が「唯一」の立法機関であるという原則と矛盾しません。

一方、残りの二つ、独立命令、緊急命令は、明治憲法下では、天皇（実質的には内閣）が、帝国議会の関与抜きで勅令という名の「立法」簡単に言えば、新たに国民の権利を制限する規範の制定ができた、というわけです。ですから、この二つについては、国会が「唯一」の立法機関であるという原則をこわすことになり、現在は認められていません。

明治憲法では認められていたわけですが、改めて不都合はなかったのかを考えてみると、例えば例の二・二六事件。

事件後、早速でき上がったのが緊急命令で作った特設軍法会議というものでした。

この軍法会議は、現在の渋谷・NHKのある場所で行なわれたのですが、弁護人なし、傍聴を許さず、一審限り、という一種の暗黒裁判で、二月二六日に事件が起きたのに先のとおり七月五日には何十人もの人々にたちまち判決が言い渡され、その数日後の七月一二日には、早々と死刑が執行されました。

つまり、事件の実態を正に闇に葬ってしまったのです。つまり、先に書いた「一方だけの粛軍」です。

そして、以後いわゆる統制派が国家の根幹を握り、軍部大臣現役武官制、つまり陸海軍がOKしなければ内閣が編成できないようにして、天皇の「大命降下」の権もつぶし、翌年の盧溝橋事件へ。そして、太平洋戦争、敗戦へとつながっていきました。日本の大きな誤りと破綻の根本的原因がこのような緊急命令にあったと言っても過言ではありません。

それは外国も同じです。ドイツのナチス、つまり政権についたヒトラーは一九三三年、国会議事堂への放火事件が起きると、これを共産党のしわざとして、「民族と国家を防衛するための大統領緊急令」を出しました。これによって憲法の基本的人権の停止、保護検束が始まり、秘密国家警察ゲシュタポが「国家の敵」と見なした者を犯罪行為なしで強制収容所に送るということを行ないました（ナチスはこの時以外も緊急命令を多発）。

アウシュビッツ収容所の門・「働けば自由になる」とある

これに対して、最初、何とか抵抗したのはやはり法律家・裁判官だったようです。ヘルマン・グラーザー著、関楠生訳の『ヒトラーとナチス』一三三頁以下によれば「しかしナチスは、ドイツの裁判官を――ひどい肉体的脅迫にもかかわらず――完全に非法国家の支配下に置くことには必ずしも成功しなかった。ニュルンベルクの法律家裁判の判決には、『殺人者の短剣が法律家の官服の下にかくされていた』という文章――多くの点で正当な主張である――が見出されはするが、他方、裁判官は何とか法を守ろうと努力を続けた。ナチスの法意志と裁判官側の抵抗との対立を特徴的にあらわす最初の事件は、国会議事堂放火裁判（一九三三年）であった。…ともかく法廷の中立性がある程度確証されたのだった！」と。

しかし、結局は裁判所まで屈することになってしまいました。実は、日本も一部の例外を除いて、ほぼ同様のことになってしまったのです。

一九八七年に戒厳令が解除されるまでの台湾の実情も正にそれで、この時代の「白色テロ」は恐ろしいものです。私とお付き合いし、日本の大学を出た何人もの大学教授が一二年間、島全体が刑務所という緑島に入れられたり、突然逮捕されて行方不明の人、つまり殺された人が何万人もいます。

前記のとおり、現在、憲法改正論者の中には、今再び緊急命令を作ろうではないかという話が出ていますが、以上の歴史に照らし、賛成できませんし、必要もありません。また、この問題に限らず法律家の中にまで戦前回帰論者がいることも問題です。

③実は命令でもない通達が乱用されることも―中世を思い出そう―

そもそも考えてみると、中世の前の古代の律令、中世のあとの近世の公事方御定書、これらは、いずれも中国の律令あるいはむしろ紀元前のメソポタミアの法現範と同じスタイルのものであり、私たちが観念する法律ではなく、むしろ行政組織内部の通達でした。オープンな、国民に向けられたものではなかったからです。そして「オープンではない」のですから。自分がどういう規範により、どういう手続で自由を奪われたり死刑になるのかが不明です（それをわからせるために「見せしめ」の引廻しがあったとも言えます）。

この伝統は今日にまで及び、現在は改善されたとはいえ、先年改正されるまでの明治四一年制定平成一八（二〇〇〇）年廃止の監獄法下では、在監者への懲戒の機関及び手続きについての規定がなく、刑務官会議に諮問されるだけで（平野竜一『矯正保護法九三頁』）、非公開の通達で行なわれてきました。現代の民主的国家ではあり得ない話です。

私は、日本が中国大陸や韓国に作った刑務所だけでなく、アウシュビッツ（町の名前は本来オシフィエンチム。ナチスがアウシュビッツという名前をつけただけ）はもとより、チェコ、ハンガリー、ポーランドなどの旧社会主義国の強制収容施設を見てきましたが、例えばハンガリーのブタペストにある「恐怖の館」は、地下の、一切窓もない部屋に、死刑囚が閉じ込められ、執行される施設の展示であり、正に「テリブルハウス」です。

しかし一方、日本でも、のっぺりとした窓のない、一方煌々と電気が灯る、おそろしい保護房（現在は「保護室」と言う）があることを知っていますし、見てきました。色々な理由があることも分かりますが、人間という存在は、本来どんなことでもする「動物」なのであり、「法律による行政の原理」を全うしないならば、憲法三一条に違反するだけでなく、本来的な「日本の」武士の生き方にも反する古代中国的、あるいは古代メソポタミア的なことになると心得るべきです。

（三）内閣

①行政の定義付け

これについては二四六頁以下で九条の問題として、積極的な定義付けを行なうべしということを既に記しました。

例えば、「桜を見る会」とかいうような話が問題になっていますが、行政の定義付けをきちんとしておくことにより、それが行政の一環としてなされるとするならば、どのような行政上の目的を持ち、行政上の効果つまり国民の福祉を増進させるものであるのかということが、きちんと吟味されなければならないことになります。そして、それがなされてはじめて税金の投入も許されるわけです。また、行政マンとしても、国民のために意欲を持って行政が行なえるはずです。正に一味同心の中世武士の心で。

したがって先に書いたとおり、「行政」の積極的定義づけ（二四七頁）は絶対に必要であると思います。

②内閣のあり方

更に、大統領制をとらない日本は、日本国憲法六五条で「行政権は内閣に属する。」と規定しています。行政権は内閣というキャビネットなり、委員会に属するのであって、「内閣総理大臣」という一個人に属しているのではありません。

この点は司法行政が最高裁判所裁判官会議に属していて、最高裁判所長官に属しているわけではないことと同じです。

だからこそ、内閣法という法律には、閣議という制度が定められており（六条）、その全員の一致によって行政の方針が決められます。一人でも反対したら決められません。

こうして行政権というものを「内閣総理大臣」にではなくて「内閣」という合議体に属させたのは、例えば第二次大戦の時、東条英機という人が、大臣を六つも兼ねた上に、参謀総長にもなって、ありとあらゆる権限を行使し、その政権は、例えば吉田茂や岩淵辰雄、それに三田村武夫らを逮捕・勾留しました。

こうした反省から、前記のとおり内閣総理大臣一人にではなくて、「内閣」という「委員会」に行政権を持たせる。そして、それに合せて議院内閣制をとって、国民の代表である国会で質問したり、意見を述べたりする、そして、議院と協同して行政を行なうというシステムにしたわけです。アメリカの大統領制とはそこが根本的に異なるということを認識しない議論は、日本の民主的な行政の運営を妨げるものです（清宮『憲法Ⅰ』の説明）。

そして、閣議で反対する大臣が出た場合には、総理大臣は、これを罷免することは出来ます（憲法六六条）。しかし、そのようなガラス張りの構造になっているので、総理大臣とその反対した大臣とを比べて、内閣総理大臣のやり方がおかしければ、国会が不信任という手続を通して、あるいは国民が選挙という形で最終的には総理大臣を罷免します。

そういう「民主的」仕組みになっているにもかかわらず、総理大臣はオールマイティで、内閣総理大臣は「大権」を持っているなどとまで言っている政治家がいるのは、完全に憲法を取り違えているか、あるいは余りにもラフに議論をしていると言わざるを得ません。これは、次頁でふれる「解散」についても正に重要です。

(四)　議院内閣制のことなど

そのような意味で、行政は内閣だけで行なわれるわけではなく、国会（各議院）との協同により行なわれるものであり、また実は色々と例外があるのが実情で、裁判所は司法行政という名の行政を行ない、国会も衆参両院事務局と言う行政組織を持っています。実はそれ以外にもありますが、こうした組織に対して議院内閣制を貫徹するならば、本来は全て「質問」

ということがなされなければいけません。つまり、自由主義の理念の下に三権を分立させ、民主主義の理想から国民代表である国会の各議院で質問がなされる。これが大統領制と異なるところです。

これに関連して、最近の日本、憲法五三条で定められた「いずれかの議院の総議員の四分の一以上の要求」がありながら、内閣が国会を開会しないという運用が行なわれてきました。これではフランス革命前のフランスで、王権が一七〇年余りにわたり議会（三部会）を開かなかったり、勝手に解散を命じたりしたことと、効果としては同じです（次項）。

更に最高裁判所の人事は、憲法上の保障を受けながら、内閣のコントロールが効きすぎの状況がみられ、最近に至っては起訴独占権、つまり刑務所に入れる前提となる裁判にかけるか否かの入口の権限を独占している検事の任期まで内閣の意向で左右できるなどという議論が出てきたことは、憲法秩序というものが長い間の慣行性を持っていることをも無視するものであり、これは正に危険です。

ここらあたりは難しい問題をうまく切り抜けて、第二次世界大戦後の日本は平和を維持することができた。そのことを忘れてはならないと思います。

(五) 国会の解散

衆議院の解散権の問題があります。解散となれば、議院（衆議院、参議院）を構成する議員は内閣に対して、質問もできないことになります。これについて、現在は、前段に述べたように、内閣総理大臣があたかも独占的に解散権を握っているかの如き報道がなされていますがとんでもないことと言わねばなりません。

そんな解釈をしたのでは、フランス革命前に、ルイ一六世が三部会の閉鎖を命じたのと同じことになってしまいます。ちなみに、その時は一人の議員を除いて五七六人の議員が署名して、「絶対に解散しない」という誓いをしたことは世界史の授業で習うとおりです。現在、パリのレピュブリック広場にはこの場面を記したレリーフがありますが、こういう精神を大切にしている国と、上からの政治をよしとする国とでは勝負にならない。むしろ、鎌倉時代の日本は、「上から」ではなかった、だから強かった、と言いたいですね。

そもそも考えてみれば、現行憲法上、解散権の実質的な所在を規定した条文はありません。わずかに「解散」の文言がある七条と六九条にしたところで、七条は内閣の助言と承認をもって天皇が形式的な解散の宣示行為をするだけの話。六九条は内閣の不信認あるいは信認しないという決議に対して「解散されない限り（内閣は）総辞職をしなければならない」と書いてあるだけです。つまりは、解散を実質的に誰が決めるかいつ解散するのかは明記されていません。

よって、この点については色々な説があって、昭和二〇年代、いわゆる「七条による（ぬき打ち）解散」に対して、憲法六九条による場合しか解散はできないのだということで裁判を起こした苫米地義三さんがいました。

そもそも六九条というのは、前記のとおり内閣不信任案が通った場合の話です。この規定は解散のできる場合を規定した唯一の条文です。ですから、当初は憲法六九条の不信任案が通った時にだけ解散ができるといった説が強かったのです（六九条説）。

ところが、吉田茂総理が、その末期に、七条を根拠に、つまり国政に関する権能を有しない天皇に対する「内閣による助言と承認」を根拠にして（?）解散を行なったので、それは無効であるという裁判が提起されたのです。形式的な天皇の宣示行為についての助言と承認を根拠として実質的な解散の決定権があるとは読めない、というわけです。

これに対して、裁判所は、そういうことはいわゆる統治行為であり、裁判所は判断できないという判断を示しました。結局そんなことで、正に反射的に、実質的な解散権を持っているのが内閣という扱いがなされることになってしまいました。

こうして様々な説が錯綜した今では、はっきりとした根拠も示されずに「七条により」解散する、という扱いです。

しかし、七条ならば、やはり、前記のとおり、「内閣による助言と承認」ですから、「内閣総理大臣による」ではなく、全会一致の閣議によらなければならないわけで、総理大臣個人の「大権」などとは論外です。ましてや、国民の代表である議員の任期を強制的にストップさせるということが、一人の人間の力だけで行なえる、などということになれば、その昔のルイ一四世（朕は国家なり）みたいなものです。

八　司法

ここまでが立法と行政の話。そこで今度は司法です。

（一）「司法」の存在意義

ここで、明治六（一八七三）年一月、当時の司法卿・江藤新平が、大蔵卿・井上馨の手による司法予算が少ないことに憤って辞表を出した際の、その辞表が役に立つので見てみましょう（ちなみに現在の裁判所の予算は……国家予算の〇．三％台）。

「元来各国と併立の叡慮を奉戴し、臣不肖司法の長官を拝命し、部事の不煕を以て、其責に可任云々の御委任を蒙り候に付、即夙夜考慮仕候処、併立の元は国の富強にあり。富強の元は、国民の安堵にあり安堵の元は、国民の位置を正すにあり。夫尚国民の位置正さざれば、安堵せず。安堵せざれば其業を勤めず、…所謂国民の位置を正すとは何ぞや。婚姻・出産・死去の法厳にして、相続・贈遺の法定り、動産・不動産・貸借・売買・共同の法厳にして、私有、假有・共有の法定り、而て聴訟始て敏正、之に加えて国法精詳、治罪法公正にして、断獄初て明白。是を国民の位置を正すと云なり。是に於いて民心安堵財用流通、民始て政府を信ずる深く、民始て其権利を保全し、各永遠の目的を立、高大の事業を企つるに至る。……」と。

つまりは、フランス法の影響を受けたとも言われる江藤の発想は、「一個人」の法的自立、予測可能性のある法律厳にして初めて国民も安心してその業に励み、国家も立つというものだったのです。この発想自体は正しいどころか、ベンサムの述べるところとも似ていて、十分反芻されるべきことではないかと思います（実は江藤こそ復古神道的であった、との説もあるにはあるのですが）。いずれにせよ私は、このような原理原則論を大事にしなければならないと思います。

(二) 江藤新平の言う国民の「位置を正す」、本当の法の支配……「道理」を迅速に導き出すシステムでありたい

そこで、江藤の言う「位置を正す」とは何でしょうか。私は、右のとおり世界のどこに出してもおかしくない「道理」が明確化されていて、国民が安心してビジネスや家業に励める、ということだと思います。

そこで、その「道理」を明らかにするために、現行憲法で言えば八一条、「最高裁判所は、一切の法律、命令、規則又は処分が憲法に適合するかしないかを決定する権限を有する終審裁判所である。」と書かれていることの意味内容が大切です。

しかして、その八一条はいわゆる抽象的違憲審査つまり、具体的な事件(案件)と関係なく、当該法令の最終的解釈を最高裁判所が迅速に判断する仕組みにはなっていません。ドイツのような憲法裁判所ではないのです。

そうすると、もし法律の解釈に争いがあった場合、一審、二審、そして最高裁まで行かないと、「法とは何か」が確定しないということになってしまいます。裁判の平均審理期間は、現在では短くなったとはいえ重大事件ともなれば数年はかかるでしょう。そうすると、最高裁判所による、いわゆる公権的判断がなされるのには何年もかかってしまい、法を守るということについての規範意識自体がぐらついてしまいます(つまり、位置が正されず、国民がフラついて国家が弱まります)。

ですから、そのようは意味で、現行法とはまったく異なる憲法裁判所のシステムを作るこ

とが、本当は極めて有用かつ喫緊の課題ではないかと思っています。それができれば、法律の権威も高まり、法律を守ろうとする意識も高まります。

ただし、その憲法裁判所の判事は「普通の人」ではだめでしょう。相当深い学殖と人格的豊かさ、つまりは「知情意」兼ね備えた人でなければならず、現行の選任方法によったのではむしろ「百害あって一利なし」に終わるかもしれませんので、急ぐことは禁物です。

一方、韓国や台湾には憲法裁判所があります。

何年か前に、韓国の憲法裁判所の調査官と、一日東京見物をしたことがありますが、いわば一日中哲学談義だったのには変な感動を覚えました。

もう一つ余談ながら数年前のこと、台湾の憲法裁判所（司法院）の関係者からある問い合わせを受けました。

そのころ、たまたま死刑制度に反対の法務部長（大臣）がいて、死刑判決を執行しなかったため、人権派の人たちが憲法裁判所に死刑そのものの憲法違反性を訴えたことにかかる問い合わせです。

その時の質問の一つは「日本では死刑判決を言い渡した裁判官は、自身で控訴することができますか」というものでした。日本の法律家の一部にとっては奇妙なものに映るかもしれません。「そんなことあるはずないじゃないか」と。

しかし、考えてみれば検事は「できる」のです。検事は公益の代表者として（明治刑訴二四二条二項。現代の通説〔高田卓爾『刑事訴訟法』五一一頁〕）。そうすると、検事は裁判官より「上」であるとも言えるでしょう。つまり、旧憲法下、司法省が裁判官の人事まで取り扱っていた検事のあり方が現在でもしっかり生きているのであり、裁判官は相撲の行司と同じで、実際は土俵の下で見ている審判の方が偉い？ということかもしれないのです。

更にもう一つの質問も興味を引くものでした。それは、「死刑事件について最高裁では必ず口頭弁論を開きますか？」です。

これも日本では否定です。むしろ最高裁は法律審として、被告人は出頭しませんし、証拠物も調べません。ですから、最高裁の裁判官は被告人の顔も見ません。このやり方で、例えば三鷹事件では三対二で死刑が維持されたわけです（病死により執行はなし）。これは国民の常識からすると、相当ずれているような気がします。この点でも台湾からの質問は正当だろうと思います。

(三) 陪審の問題と裁判員制度

滝川政次郎先生は、『裁判史話』の中で、「『官史記』には、徳大寺實基について次の如き注意すべき逸話が掲げられている。」として、以下のとおり書いておられます。

「實基公ハ別当の時、評定事ナンドノ有時ハ、中ノ男女、張殿ナンド云者ニモ、如此事有レバ（かくの如きことあれば）、汝ハ何トカ思ナント彼尋テ、彼等ノ申ス事ニ付、我ガ思慮ヲ尚廻ラサレケル間、敢テ過ツ事ナカリキ。

即ち實基は、裁判をなすに當って、検非違使の小使や出入の商人のような者にまで『お前はこの事件をどう思うか。』とその意見を聴いた上で、よくよく勘考して判断を下したというのであって、当時はいわゆる陪審の制度はなかったが、實基の行なったところは立派な陪審である。雲上人と称せられた京都の公家が、かくの如き民主主義的裁判を行ったことは、まことに異としなければならないが、これは實基という人が特殊な境遇に育った人であったからではないかと思う。

『尊卑分脈』によると、彼はその父公継が夜刃女という白拍子を寵して出来た子である。白拍子というのは、水干を着し、鞘巻をたばさみ、烏帽子をいただいて歌舞する男装の麗人であって、江口・神埼の遊女の流れを汲む者である。實基の幼少時代のことはよく解らないが、彼は恐らく公継に認知せられて徳大寺家に引き取られるまでは、母の許で育てられたのであらう。實基はかように民伍の間に人となり、当時奴婢雑人とか甲乙人、凡下等と称せられた平民階級の人々に多くの友人をもっていたから、民衆の気持というものをよく呑み込んでいたものと思われる。」と。

今では、「裁判員制度」がスタートしたために、すっかり影にかくれてしまいましたが、陪審制度は現在休止しているだけです（裁判所法三条三項）。現に昭和三（一九二八）年から昭和一八（一九四三）年まで約四八〇件余りの陪審が行なわれたのです。これは、前記のとおり大正時代の原敬らの努力により、民主的な司法を実現するために施行されたもので、その発想は、「裁判員」よりもはるかに進んでいた、とも言えます。

原は、立法については昭和三年から普通選挙が、行政については地方自治的制度があるところ、司法については、旧憲法五七条に「司法権ハ天皇ノ名ニ於テ法律ニ依リ裁判所之ヲ行フ」とあるので、万一間違いがあった場合には、恨みが天皇に行く、という理屈を考えて、むしろ国民の意見を入れて陪審制度を作るべきだ、としました。

しかも彼らは、その前提として「国民のレベルアップが必要である」として、造られたのが東京にある日比谷公会堂であることは先に記しました。そこでは、模擬裁判など国民の能力アップが図られたのです。

その東京市政調査会が陪審法施行の昭和三（一九二八）年に発行した『公民教育研究』九頁は、「明治維新以来、六一年を経たるに拘らず、わが同胞は今に個人の独立自尊と社会の共存と連帯条件の観念に乏しく、よし、これあるも、その調和点につき適当の理解に達していない。これ果たして、民族的欠陥から来るか、又、歴史的改革の然らしむる所か。民族が歴史の作者である以上、民族性に責ありといはなければならぬ。而して、この民族性には、かのアングロサクソンの有する多くの素質を、遺憾ながら欠如することを否認し得ないのである。」と述べます。

これは、アメリカのダグラス・マッカーサー元帥が昭和二六（一九五一）年、米国の議会で「日本人のレベル」を証言したこととまったく同じと言ってよいほど同じです。

しかし、同書は「（そのような傾向は）公民教育によって補填し得ると考える。本研究の担当者が、『わが同胞の法治思想は、江戸時代において衰滅させられたのであって、本邦人が本来これに乏しいのではないと断定し、徳川時代においてさえ、一応はその発現を見、且つ訓練を受けたのであった』との見解をもっているのは、われ等として大に意を強くせしむるものである。」と述べるのです。

普通選挙、陪審制の担い手である国民は、そのような公民教育を経た上で、それを担うべしとするものです。極めて健全な「民主」のあり方ではないでしょうか。

つまりは旧憲法時代の人の方が、現代より余程「民主」の前提、つまり国民のレベルアップを考えていた、とも言えます。

もっとも日本で行なわれた陪審は、旧刑事訴訟法という捜査記録一式が裁判のはじまる前から既に裁判官の手元にあるという予断の危険のある手続が前提になっていました。

私がその昔、その論稿の編集にかかわった近藤完爾判事は、若き日に陪審の事件に関与したのですが、「そういう刑事訴訟法の前提があったので、正に裁判長の独壇場であった」と言われました。この点は、現在の裁判員制度においても、公判前整理手続という、事件の中身をあらかじめ裁判官が知ることができるという、つまり「予断排除」の反対のことが行なわれていることが反省されるべきだと思います。

なお、私が勤務したことのある横浜地方裁判所には、当時、陪審法廷が残されていましたが（現在は桐蔭横浜大学にあるはず）、その法廷の下の階には宿泊をする部屋があり（当時は倉庫）、陪審員に選ばれると、「雑音」が入らないように、そこで煮炊きをして寝泊りし、自宅には帰らない、という扱いも行なわれたようです。つまり、不十分とは言いながら、旧憲法下の方がよほど厳格な予断排除が行なわれていたとも言えるでしょう。こうして、かつて行なわれた陪審においてこそ、国民が司法権の行使に責任を持つ、という民主的なポリシーが相当維持されていたように思います。

アメリカでは中学生の時から、将来陪審員に選任されることに備えて、しっかり模擬裁判などの訓練を行なうわけで、模擬裁判の会場にもなった旧憲法下の日比谷公会堂も同じ方向性だったわけです。

そして、民主のためには「奉仕の精神」、つまり、一定期間缶詰にされてもよい、国民が責任を持つ、という国民自身の責任感が必要なわけで、現在の裁判員制度のように、裁判員の負担軽減を一生懸命考えるという関係者の発想とは方向性がまったくと言って良いほど違っていたと思います。

しかも現行の裁判員制度は、陪審制度を持つ英米型と国民参加の司法であるヨーロッパなど大陸型参審制度とのいわばミックスであって、制度趣旨が一向はっきりしていません(コリン・P・A・ジョーンズ『アメリカ人弁護士が見た裁判員制度』)。

本来、陪審というのは、前記のとおり「国民が歴史を作る」という正しい民主主義の発想だと思います。私が地元の堀口典恭氏のお蔭で時々伺って見学させていただく北マリアナ連邦、つまり米国式の陪審では、徹底した当事者主義であり、裁判官はサッカーのレフェリーのようなもの。公平な陪審員は一切質問を発しません。ところが日本では、裁判員が「良い質問をした」などと報道しており、マスコミも相当おかしいと言わざるを得ません。

とにかく憲法上疑義のある裁判員制度は、改めてその基本から考え直した方が良いでしょう。

九　地方自治

日本国憲法九二条は、「地方公共団体の組織及び運営に関する事項は、地方自治の本旨に基いて、法律でこれを定める。」と規定していますが、この「地方自治の本旨」の意義が明定されていません。一応一般には「団体自治」、「住民自治」ということが言われ、前者は地方分権、つまり地方公共団体という団体を作ること、後者はそれを民主的自治組織にすることと言われています。

実のところ、明治維新の前までは、封建制度といって、国といえば日本全国六〇余州をはるかに越えるたくさんの国があったというわけで、とりあえず地方分権はあったわけです。ところが、明治維新以降は郡県制度に変わり、県知事については中央から人を送るという、いわゆる中央集権国家にしました。もちろんそれには良い面もありますが、悪い面もあります。

例えば司法権の黎明期の明治三（一八七〇）年、京都で小野屋（組）の東京移転という問題が起きました。これについて、後に「剛腕知事」といわれた長州出身の槇村正直は、京都の力が低下するとして、その移転を拒否。槇村と癒着していた裁判所まで槇村側に立ったため、司法卿江藤新平は最終的に槇村を拘束。ようやく公平な裁判となりました。現在でも、地方の組織にはそのような傾向がないとは言えません。ここも塩梅の問題です。

なぜ「地方自治の本旨」という文言から「団体自治」や「住民自治」という観念が生まれるのか。ここでも中世の「一味同心」の観念が極めて大切であると思います。つまり、「民族的」であるためには、日本の中世に存在したとされる「身の丈」に合わせた民主的自治組織（七六頁）のことに思い至らなければならないと思うのです。

即ち、先に記した五島列島に存在した松浦党の『青方文書』など一味同心や惣の考え方です。

地方自治を農本主義あるいは民族主義的に考えた権藤成卿には『自治民範』という本があります。社稷という観念を大切にする発想は、自分の村の鎮守の森や氏寺を大事にするということであり、それは、権藤についてよく言われる無政府主義などではなく、民主的自治組織、つまり、地方のことは、地方の住民が自分で自治的に決める、という当たり前のことなのです（社稷の世界的広がりは一二七、三〇〇頁）。

第四　改めて武士道を考える
―「撫民」される民から自立した「個」に。大川周明の述べるところ―

少し理屈っぽ過ぎたかもしれませんが、武士道から考えた「憲法」の一部を披歴しました。それは、中世の自立した「武士」、即ち江戸時代の公家とミックスした「武家」ではない者の発想です。即ち自分が自分を治める「自治」です。

私は、この自治から連想して、その反対とも言うべき「撫民」という言葉に触れたいと思います。この言葉、読んで字の如く、「民を撫でる」、「民をかわいがる」のです。「誰がかわいがる」のかというと皇帝や天皇がです。下々の民を撫で、慈しむ、というわけです。

この撫民は、『続日本紀』などの詔の前には普通に出てくる言葉であり、天皇が民をかわいがるのならよいではないか、という声も聞こえてきそうですが、その政治体制では、いつまでたっても国民が自立しません。要は鼓腹撃壌のおじいさんのままです。

私は、この「撫民」が、日本史の上で三箇所、重要な場面で出てくるように思います。

まず一つは、七〇一年、大宝律令を制定したした際の文武天皇の詔の中。この時代は、天皇が「公務員へのきまり」つまり律令を作り、それを公務員が承けて（承詔）そのとおりに

〈必謹〉「上から」国民に義務を試課する（「止れ！」とか「租庸調を納めなさい」とか）という、ある意味国家の始元ともいうべき政治です。

次は、江戸初期の『本佐録』。それは、本多正信か藤原惺窩が書いたとか言われていますが、要は韓国の看汎の影響も大きい儒教主義で、木下順庵から「天道の最中」と言われたとか。正に封建的な頭からは名著ですが、自立した国民から見れば、「撫でられなくても自分でやりますよ」という話です。

三番目が明治憲法発布の詔。

いずれも上からの統治者が民を撫するものでなければいけないとするものです。しかし、最初に書いたとおり、国民の側から言うと、国家賠償を請求するなんて夢のまた夢の時代です。

つまり、この三つの時代は、いずれも漢の董仲舒が説いた儒教主義の徹底化がくり返し始まった時代であり、東洋封建社会そのもので、一向「日本的」な、自立した「個」の時代ではありません。

この撫民では国民はあくまでも受動的であり、間違っても能動的な民主主義の担い手にはならないのです。

それは、大川周明が、昭和の歴史の中で多々問題を起こした人物であるとはいえ、その著書『日本二千六百年史』の中で、「武士道」を掲げつつ私と同様のことを述べていることからも了解できるのではないかと思います。

彼はまず、「要するに徳川初期は、元気と希望に充ちたる時代であった。されど国民的生活の根底となるべき雄大深遠なる思想信仰を欠きたる時代であった。……我等はこの点において、仏教を根本信仰とせる鎌倉時代と江戸時代との間に、大いなる相違を認めるものである」と述べます（同書三〇九頁）。

そして彼は、その中世に御成敗式目を作った北条泰時をほめた上で、正に、撫民時代の律令下にある平安時代については、

「然るに爛熟せる京都文明が生みたる此の堕落腐敗を刷新して、日本国を其の道徳的破産より救えるものは、実に武士道其のものであった。例えば、之を文学に見よ。平安朝時代の文学は、殆んど総てが男女の恋物語か、然らずば風流談・懐舊談の類であった。そは典雅なる、而して享楽を事とする時代の、縦《ほしい》ままなる尋常の経緯を、繊細に描き出だすことを主眼として居た。然るに鎌倉時代の文学は、武士の節義を写すことを主眼とせる物語か、然らずば教訓談の類いである。

因より源平盛衰記にも恋愛があり、平家物語にも恋愛はある。さり乍ら之を取り扱う態度に置いて、両者は全然趣きを異にする。

平安朝時代の文学に於いては、恋愛は人生の最大関心事とせられて居るが、鎌倉文学に現れたる恋愛は、更に偉大なるものの為に犠牲とせられたる悲壮なる恋愛であった。そは好んで義理を描いた。義理の為に捨てねばならぬ人情、人情に打ち克たねばならぬ義理を、涙を伴える力強さを以て描いて居る。彼等の説ける此の悲壮にして荘厳なる道徳は、後に武士道という偉大なる道徳体系に発達し、爾来七百年の間、日本国民の道徳的生活の中心生命となった。」と述べます。

つまり、大川は、水戸黄門、士道は引いておらず、時代区分につき私とは意見を異にするところももちろんありますが、本当の中世とも言うべき江戸時代初期まで、つまり分かりやすく言えば、いわゆる鎖国以前の日本こそ、国民自身が自分で自立的に行動した、と言いたいわけで、これは、先の（二八二頁）大正時代の日比谷公会堂を造った人たちともパラレルな方向性と考えられるかと思います。

この歴史認識こそ、本来我々が持ちたいものです。

第五　これからの日本の憲法とその運用
―中国、パルチア、ローマの中で―

これからの世界がどうなっていくのかは、神ならぬ身として知る由もなく、また、専門家にもわからないでしょう。否、こんな話こそ、専門は無益かもしれません。ただ、基盤はさほど変らないような気がします（日本がそうとは言えないことは以下のとおり）。「さほど変わらない」というのはどういうことかというと、今から二～三〇〇〇年前の世界は、先に述べたとおり西からローマ、パルチア（ペルシャ）、そして中国という枠組みでした。西にローマ帝国があり、間にイラン（ペルシャ）があって、東には中国があるという枠組みです。

その中国は何十年か前まで政治的混乱のために国が沈んでいましたが、本文に書いたとおり、二・二六事件後の「粛軍人事」によって、中国（ただし、明文化の後継者・蔣介石）と提携しようとしていた皇道派が壊滅させられて、中国というものをよく知らない、むしろ共産主義者尾崎秀実やその同調者らの言うがままに行動した統制派が天下を取って、盧溝橋事件や南京を攻めるということをした結果、提携するはずの蔣介石政権は台湾に追い出され、共産党政権が現在の中華人民共和国を作りました。

それが明ではなく、清という北方系の国のコンセプトに乗ったものであることも先に記したとおりです。すなわち、中国東北部、内蒙古、新疆、チベットをその版図に加えて存在感を示す国となり、世界の工場になって、経済的にも豊かになりました。

そして、この国はいわゆる一党独裁の国ですが、ということは、共産主義というよりも、中国伝統の専制国家であり、実を言うと、このあたりにある一党独裁は中国だけではないということです。ベトナムもラオスも同様です。政党というものが一つです。そう言ってしまえばシンガポールも野党はありますが似たようなものでしょうか（中国にも昔から「民主［諸党派］」という野党があります）。カンボジアもふらふらしています（フンセン首相は本来クメールルージュ、共産主義です）。

元々この東アジアの二〇〇〇年前には、中国という冊封国家があり、その中国から冊封された朝鮮や倭、ベトナムなどがあり、そしてベトナムがラオスを第二次的に冊封していたという関係がオリジナルです。そして、それと同じような仕組みが今もあるわけです。

次に西に目を転じれば、元パルチアには、今はイスラム系の国がたくさんあります。本来はサウジアラビアがそれについては本家であって、イランやタジキスタンなどペルシャ語圏にとっては外来宗教ですが、イランの存在感は、GDPは低くても総合力でトップクラスでしょう。

どちらにしても、この辺りでは多くの場合女性の地位が低く、社会進出していません。トルコで電車に乗った際、車両内全部が男性だったのにはびっくりしました。イスタンブールの基層は正にローマのはずであり、ブルーモスクの前やアンカラにまでしっかりとローマの遺跡があるのですが、オスマントルコはそれほど強かったともいえます。
それはそれとして、トルコの北にずれたロシアの場合も、女性は教会に入る時はベールをかぶります。つまり中東です。ただ、とりあえずロシアは、一四五三年東ローマ帝国が滅びた後、その後継者を称したことから、ローマのいわば遺物ともいえるものが色々残っています。特にサンクトペテルブルグは正にそれで、第三のローマとも言われ、デカブリストの乱が起きた広場の前にローマと同じく旧元老院があり、あるいはローマのフォロ・ロマーノと同じロストラという船の舳先に見立てた演壇を塔台にくっつけたものがあったりします。

ツアーは東ローマ皇帝を継いだと称していたことも周知です。なので、そのあたりを一応ローマの親戚と見て除いたとしても南の方、もともとカザフフタンやウズベキスタンはソ連に組み込まれていましたが、パルチア的要素はこれらの国が独立した後も強いと言えるでしょう。つまりこれら一帯は大きく見ればパルチアです。

そして更にその西へ行けばヨーロッパですが、ここは特に東からドナウ川、長城・リーメス、ライン川の南西において元々ローマ帝国でした（ルーマニアの一部も）。そして、リーメスは早い段階で北方からゲルマン民族に突破されましたが、三九五年のローマ帝国の東西分裂を経て、ゲルマン人（フランク族）クロービスは、四九六年にキリスト教（ローマ）に改宗。ここでローマは大きく拡がり、八四三年のヴェルダン条約、八七〇年のメルセン条約で、概略、今のフランス、イタリア、ドイツに分かれて、ドイツが神聖ローマ帝国を称したとおり、その西のイギリスを含めて、ローマ的要素は強固と言ってよいと思います。

そして、現代の視点で大切なのはその先です。このローマの文化はアメリカ大陸に渡り、現在の米国も、上院はローマと同じ元老院ですし、ワシントンDCのコンセプトはローマとパリのミックスです。いや、元々パリがローマの一地方都市（フランスはローマ教会の長女と言われる）でしょうけれど。ワシントンDCの道路の配置は正にパリ式で、あちこちにスクウェアがあり、中心にはワシントン記念塔（二四五頁）というローマやコンコルド広場と同様のオベリスクが立ち、キャピトルヒルと呼ばれる議会は、パリで言えばシャイヨー宮。セーヌ川の代わりにプールがあります（パリとは反対側のリンカーン記念堂方向にですが）。ワシントン記念塔がエッフェル塔でしょう。ついでに言えば、その両翼にホワイトハウスとジェファーソン記念堂が建ち、空から見れば十字架の形をしています（ノートルダム寺院などを上から見たのと同じ）。

もう一つ言うと、キャピトルヒルの後ろには、二大陸の英雄と呼ばれた米独立革命、仏革命の英雄フランスのラファイエット将軍の名を冠した広場があります。

つまりアメリカという国を作ったオランダ、イギリス以外のもう一つの国はフランスでもあったわけです。もっと広く言えばヨーロッパ、アメリカを合せて、現代のローマ帝国です。

そして、そのローマ帝国つまり、西ヨーロッパ、米国が、第二次大戦において、日本という古代中国的専制国家（その意味は、これまで述べてきたことからおわかりでしょう。文明開化に目を奪われてはいけません）をノックアウトしたおかげで、「ローマ」は日本にまで延び、更に韓国の三八度線まで延び、法的には古代中国的な「孝」の国！北朝鮮と対峙しています。

なお、ローマ皇帝は元老院に選ばれるわけで、皇帝という訳はなされても、世襲の中国皇帝とは全く異なります。

余談ですが、三八度線の北を見れば、板門店では、北の山にアメリカに対する悪口が書かれたボードがいくつもありますが、それはちょうどロサンゼルスにある「HOLLYWOOD」と書いたハリウッドサインとそっくりです。もっと北に進んでピョンヤンに行くと、そこには大同江があり、大同江の向こう側には労働人民文化宮というものがありますが、これはフランスのパリ・シャイヨー宮に当ります。その川の反対側には、チュチェ思想塔（主体思想塔）というあたかもセーヌ河畔のエッフェル塔の如きもの、つまりはアメリカで言えばワシントン記念塔が建てられ、大同江の位置から言っても、これは正にパリとそっくりと言えるでしょう。確かに北朝鮮とフランスとの関係にも強いものがあります。ということは、ローマは外見では北朝鮮にまで入っている？

しかし一方、ローマの西遷は、その過程で、元々七つの海を支配していた「本家」ともいうべきスペイン、そしてアメリカにおいて、太平洋上にマリアナやサモアなど南北、東西の分断国家を作るという罪なこともしてきました。北マナリア連邦とグアム、東西サモアなどです。フィリピンとマリアナの関係は日本と韓国（つまり占領されたところ）との関係と同一とも言われます。この部分は、人類として反省が必要です。

いずれにせよ、こうして中国とその周辺、パルチアの後継、拡大したローマという枠組みは今も変わっていないので、これからも大きくは変わらないだろう、と思うのです。

ただ、中国の伸長は、日本がボーとしているうちに、前記分断国家や、フィジーのように国の中の分断（例えばフィジアンとインド系）が起きているのを見て、東洋的深謀遠慮を働かせています（日本の外務省は何をしてきたのか）。

どちらにしても中国、パルチア、そしてローマです。そんな中で、日本は微妙です。戦争に負けてローマの一員に組み込まれて、日本国憲法を作り、アメリカと仲良くしていますが、いわゆる「改憲」を主張している人々の憲法草案は中国共産党の憲法と、特にその前文（中国では「序言」）の「我が国」のほめたたえ方がそっくりです（中国の法律出版社から出ている『中華人民共和国憲法』）。ということは、私たちは今、ご本人たちは深く意識していないかもしれませんが、再び東洋封建社会に戻り、中国の親戚になり、むしろより強力に、夫婦同姓という世界に一つとも言われる極端な東洋の「文化財（？・）」を守り抜くのか、という問題を突きつけられていると言ってもよいでしょう。

このことは、「意識していない」人にとっては、それほど危険なことではない、どころか良いこと、という意見も多いでしょう。しかし、日本国民だけでも三百数十万人もの多くの人が亡くなり、それだけの犠牲を払ってギリシャ・ローマの民主制あるいはむしろ鎌倉的な本来の日本になった国を、もう一度、古代東洋封建社会に戻すのかというところはよく考えてみなければなりません。

簡単な話、緊急命令の復活については、二・二六事件のあとの暗黒裁判のところに書いたとおりです。

思い起こせば、ドイツにナチスが生まれたのは、その授権法などを見ると、要はヒットラーが自分で行政権だけでなく立法権も持ち、前記のとおり司法権も支配しようというわけですから、リーメスの北にあるプロシャ・ドイツがクロービス以来のローマをやめて「アジアの専制政治に戻る」企てでした。ドイツは元々アジアであったので、その中国皇帝のシステム

フォロ・ロマーノの演壇と、フランクフルトの聖パウロ教会に置かれた
ローマのロストラとギリシャの民会のステップ

と同じ専制システムに「帰った」のが授権法だと思います。

しかし、それにより、ドイツは第二次大戦に敗れ、失敗しました。

そのドイツは再び反省して、一八四八年のドイツ統一を議題としたフランクフルト国民議会の議場、聖パウロ教会にはギリシャの民会のステップとローマ・フォロ・ロマーノのロストラつまり演壇が乗せてあります。ナチスによって東方への回帰を目指したドイツも、再びローマに戻ったということの象徴のような気がします。それなのに日本が再び古い憲法に帰ろうとするのは、失敗したドイツと同じ方向を取っていくことに他なりません。

改めて二・二六の池田少尉は、こう述べています。

「いま中曽根首相は戦後政治の総決算などと言っているが、そのやり方を間違えると取り返しのつかぬことになると思う。いま日本民族に求められているのは、昭和という時代の戦前、戦中、戦後を通じての深い反省である。日本人は反省が足りないのだ。同じ敗戦国のドイツ人の戦後の反省に比しても、はるかに不足していると思う。日本人は日本人が行った行為の実体を見究めていないのだ。上は宮廷から、政界、財界、教育界、マスコミに至るまで、日本人がこの昭和の時代にやってきたことに対する正しい認識と反省が足りない。だから、隣国である中国や韓国などから靖国神社問題とか教科書問題で反発を受けている。そのよって来たる所を深く反省しなければならないと思う。私は左翼関係の人々が言う所の何もかも日本のやったことは悪かったなどと言うのでもなく、一部の強がり屋に与するものでもない。歴史の実体と言うものを表面的事実を突き破って、もっと深い所から洞察しなければならないと思っている。それなくして戦後政治の総決算などあり得ない。」と。

第五　これからの日本の憲法とその運用
—中国、パルチア、ローマの中で—

狼とロムルス・レムス（上はローマ、下はタジキスタン）

中国の文化芸術出版社『鮮卑往事』（独孤一叺）の表紙

「総決算」の出来上がりが明治維新を理想とした挙げ句、中国皇帝政治では困るのです。しかも改めて、「真の日本」を考えると、前記のとおり明治維新ではありません。鎌倉です。「鎌倉」を強調する大川周明の立論からしても。中京、坂東こそがオリジナルな日本でした。そして、その関東（坂東）はユーラシアを通じて、遠くローマにもつながっています。

一二六頁の神道のところにも書いたことですが、ローマで有名なのはロムルスとレムスという二人の子どもが狼の乳を飲んで生長し、建国したという話です。

その伝説は、私の見たところ、ペルシャ語に近い言語を使用するタジキスタンにも、中国北方というかロシアとの境をその昔版図としていたつまりは「蒼き狼」の伝説で重なるモンゴル、鮮卑にもあります。「坂東」つまり鎌倉は、福島県の厚樫山（阿津賀志山）の防衛施設（それは、いわゆる「薬研堀」で、馬をつんのめらせるV字の堀）にも見られるとおり、中央アジアでは「オングゥ」と呼ばれるそうですが（杉山正明『大モンゴルの世界』六八頁）、ヨーロッパのリーメス、そしてローマにつながっているのです。

その坂東（鎌倉）では、『御成敗式目』という「日本の」法律もできましたし、陪審に相当するとも言える評定衆、引付というモンゴルのクリルタイにもよく似た合議制の制度もありました。

それが頼朝の命令により東国の御家人が西国に下り、元寇のため特に長男の系統が異国警固番役に就いて、ここに、ローマ的鎌倉文化の日本全国へのスプレッドアウトをみたのです（六〇頁など。瀬野精一郎『鎮西御家人の研究』）。

だから、せっかくローマになったのに、無理に中国専制になる必要もないし、現代の日本国憲法を一層ブラッシュアップして、「鎌倉武士の社会」にすることこそが肝心ではないかと思います。

そして、その中心的な理念は、中世の人々の考えるところを元にした「個人の尊厳」であり、それを支えるものは、中世的世界への理解でしょう。それは、「道理」という法の理念を上位に置いて、「自然法」による日本的「法の支配」を行なった時代です。

エピローグ

中学・高校時代の私は相当なストレスの中にありました。高校一年生で生徒会長をしていましたが、時あたかも世界的に見れば、まずはベトナム戦争、それにも絡む中国の文化大革命、アメリカではそれらに反対し、あるいはシンパシーを抱くヒッピー、こういうことの影響を受けた若者の多くは「学生運動」と称して日本政府へのプロテストを徹底的に行ないました。

一方、私の方はといえばそういう学生たちとは正反対の「民族派」でした。

そんなわけですから中学生あたりからは歴史が大好きで、英語の暗記ならぬ歴代天皇や教育勅語などは全て暗記していました。一方、高校では、反対派の左翼系の学生とは、毎日毎日安保賛成だ反対だと議論ばかり。当時、私の精神的な拠り所となった本が、二年程前亡くなった田中卓皇學館大学元学長・名誉教授の『愛国心のめざめ』です。この本には、安西愛子、小泉信三、小汀利得、福田恒存等々、いわゆる保守と呼ばれる論客の皆さんがこぞって推薦文を寄せています。その田中先生が亡くなる前に書かれたのが『愛子さまが将来の天皇ではいけませんか』。

私は「流石田中先生。見事なバランス感覚」と思ったのですが、保守勢力（?）からの相当な抗議があったとか。保守も変わった……。いや、「保守だから『標準より』保守的でなければならない」という拘束された発想なのでしょう。少なくとも戦国武将的な「実」ではありません。

一方私は、その後、裁判官を経て弁護士となり、様々な経験を積んだ結果、基本としての、自身のアイデンティティーは大切なものとしつつも、諸外国、他の民族のアイデンティティーをも大切にしなければいけないと考え、改めて現代流行りの、グローバル、ダイバーシティー、サスティナビリティ、インクルーディングといった言葉の大切さを日々感じているわけです。

戦争には比すべくもありませんが、高校生以来の混乱（?）の中で、恩師・草野睿三先生（日展無監査の彫刻家。父上は超有名な裁判官で、刑法学者の草野豹一郎先生［団藤重光東大名誉教授の仲人さん］）から、お前は司法試験を受けなければダメ、とのアドバイスを受けたことは何者にも勝るアドバイスでした。

ハンガリーのブダペスト、
ハンガリー動乱を示す
国会議事堂前の碑

その一九七〇年代も終わりに近づくころ、左右対立の風向きが変わってきたのはよいとして、それまでのいわゆる「左翼学生」が、その後どういう道をたどったかといえば、それぞれ良い大学に入って、あげくなったのは官僚や、弁護士でもいわば中枢のようなところに行く人たち、そういう彼や彼女らが、大蔵省などで様々な不祥事を起こしたことはマスコミ人なら誰でも知っている顕著なことです。

一九六〇年代、七〇年代、あの時代にソ連に付こうとか、文化大革命を賛美しようとかいう若者は、何も知らないお坊ちゃまでした。なのにこれが大学を出て、いつの間にか保守グループの中にちゃっかり座り、年金基金などの国民の財産を危険にさらしている。これは大問題です。

あるいは、少々年上ですが、中には有名な「保守の論客」などと言われて、私が勉強会で一緒だった西部邁氏などの口癖は、「我々インテリゲンチャは国民を指導しなければいけない」と言っていたのです。保守などと言っても、中味はインテリゲンチャ（ロシア語）とか、指導とか、まるで自身の学生時代の、コミンテルンの世界革命を意識しているような話で、考え方の本質は一向変わっていないというわけです。その他、元共産党員が、超保守になっていたりしていることは色々なところに書かれていることです。

もっとも一方、いわゆるリベラルにも問題があります。それは、昭和の歴史において、先に述べたとおり「軍部」を一括りにして、その内実を分けず、だから、いわゆる「謀略」を、これまた十把一絡げにして、コミンテルンの謀略を述べること自体を拒否する姿勢。これこそよく分かっていない「リベラルの限界」です。真崎少将のお仲間でもあり獄にもつながれた、三田村武夫氏『戦争と共産主義』や、みすず書房の『現代史史料・ゾルゲ事件』など読まれてみれば、尾崎秀実らスパイの存在は自身も正面から認めている話で、疑うべくもないことです。

真崎少将の本にも米国のスメドレーの話が出てきますが、彼女がソ連のスパイであったことはソ連崩壊でより明らかになりましたし、尾崎との関係も驚愕するものです。真崎少将らと、松岡洋右らを一緒にしてはいけませんし、ルーズベルトの謀略論などを述べている人たちともまったく異なるのです。

人物論で言うと、こうしたリベラルの人たちは、山本五十六元帥に対する評価など非常に高いのですが、防衛庁戦史室『ハワイ作戦』からは、その作戦が極めてチャレンジングなものであったことが見て取れ、第一線の坂井三郎中尉は断固否定でした。山岡重厚中将のような「兵隊を殺してはいけない」という発想とは大違いです。

しかも、こうしたリベラルは「戦争は苦しい」「原爆は悲惨」等々の厳しく言うなら一個の物語でそれを忌避します。忌避自体はもちろん当然なのですが、そこで終わってしまっては、水戸黄門の「お話歴史」の正に裏返しであり、要は、右も左もお話歴史。中国の『史記』由来。何ら本質的な解決法が見えてきません。

その悲劇の原因は何かと、自身の足元にある、あるいは自分自身の中にある遺跡・テペの各層はもとより、他の遺跡の影響をも比較考究してこそ悲劇の元も、将来への発展のヒントも得られるのではないかと思います。

チェコのプラハにある共産主義博物館の展示。スターリンとその忠実な独裁者クレメント・ゴットワルト。これがよいという人が、日本にもたくさんいたというわけ

私は、歴史の専門家ではありません。しかし、法律の実務家として、歴史を法的に考える「下地」はあるはずです。またその法的センスなく

して、歴史は語れないとも思っています。更に、実務家なればこそ、ドロドロとした「本物」の中で、現実はかくあらねばならないと思い、あるいはありたいとも思い、もがく毎日です（行なっていることが全て正しいなどと言うつもりはまったくありませんが）。国民の一人として、次の歴史を作ることにかかわっていることはもちろんです。

まだまだ不十分ですが、テペの最上階にいて、これからの日本の構造物を、下の層を見ながら考える一助にもなればと思いコロナで空いた時間を利用して記してみた「真の日本の武士道」を探求する徒、田中先生同様、「ぶれない民族派」いやいや本当の「コスモポリタン」になりたい人の一文です。

主要参考文献（本文中に掲げたものと一部重複します）

①基礎的なもの
「国史大辞典」　吉川弘文館
「日本思想大系」　岩波書店
「日本歴史の国際環境」西嶋定生　東京大学出版会
「新編武蔵風土記稿」　雄山閣
「新編相模国風土記稿」　雄山閣
「日本海域歴史大系」小林昌二・ほか　清文堂
「大航海時代叢書」　岩波書店
「全繹吾妻鏡」貴志正浩　新人物往来社
「日本城郭史」鳥羽正雄・ほか　雄山閣
「日本城郭考」古川重春　功人社
「本朝神社考」林道春　改造社出版
「日本民族と日本文化」江上波夫　山川出版社
「原典日本憲法資料集」松本昌悦　創成社
「法思想史」三島淑臣　青林書院
「現代史資料・国家主義運動(一)～(三)」　みすず書房
「現代史資料・ゾルゲ事件(一)～(三)」　みすず書房
「戦史叢書」防衛庁戦史室　朝雲出版社
「日本二千六百年史」大川周明　第一書院

「大川周明全集」　大川周明全集刊行会
「希臘文明の潮流」坂口昂　岩波書店
「シルクロード文化史」長澤和俊　白水社
「大モンゴルの世界」杉山正明　角川書店
「蒙古社会制度史」ベ・ヤ・ウラジミルツォフ・外務省調査部訳　日本国際協会
「アナトリア発掘記」大村幸弘　日本放送出版協会
「日本古代交流史入門」鈴木靖民外　勉誠出版
「中国史と日本」三島一　新評社
「完訳三国志」金富軾著・金思燁訳　六興出版
「東洋とは何か」仁井田陞　東京大学出版会
「SAALBURG・ROMAN　FORT」　SAALBURG MUSEUM
「被誤解的臺灣史」駱芬美　時報文化出版企業股份有限公司
「大唐開元禮」解題・池田温　汲古書院
「日本近代思想の形成」植手通有　岩波書店
「中国思想史の研究」島田虔次　京都大学学術出版会
「中国の古代国家」貝塚秀樹　中央公論社
「西欧政治思想史」シェルドンS・ウォーリン、尾形典男ほか訳　福村出版
「天皇」石井良助　山川出版社

②武士道に関係するもの
「校注葉隠」栗原荒野編　内外書房・青潮社

主要参考文献

「武士道全書」井上哲次郎　時代社
「日本国粋全書」　日本国粋全書刊行会
「武士道」新渡戸稲造・矢内原訳　岩波書店
「家訓集」山本眞効編　平凡社
「禅と武士道」横尾賢宗　国書刊行会
「日本武士道史の体系的研究」石田文四郎　教文社
「武士道の歴史」高橋富雄　新人物往来社
「近世武士道論」鈴木文孝　以文社
「武士道の神髄」武士道学会　帝国書籍協会
「武士道の本質」井上哲次郎　八光社
「葉隠精神と教育」濱野素次郎　第一出版協会
「武士道の復活」平泉澄　至文堂
「中國之武士道」梁啓超　中国档案社
「葉隠武士の精神」山上曹源　三友社
「武士道」相良亨　塙書房
「日本人の心」相良亨　東京大学出版会
「現代思想からみた道元の実践哲学」高橋賢陳　理想社
「鈴木正三道人全集」鈴木鉄心編　山喜房仏書林
「邪教立川流の研究」水原堯榮　富山房書店
「石門、心学史の研究」石川謙　岩波書店
「石門、心学の経済思想」竹中靖一　ミネルヴァ書房

「手島堵庵全集」　清文堂
「心学道話集粋」石田文四郎　教文社
「地蔵信仰」速水侑　塙書房
「盤珪禅の研究」古田紹欽・ほか　山喜房仏書林
「時間論」三宅剛一　岩波書店
「仏教における時間論の研究」佐々木現順　清水弘文堂
「江戸の兵学思想」野口武彦　中央公論社
「武士行動の美学」小澤富夫　玉川大学出版部
「死生観」　伝統と現代社
「新・士道論」俵木浩太郎　筑摩書房
「甲陽軍鑑」磯貝正義・服部治則校注　新人物往来社

③中世から近世にかけてのことにかかわるもの

「日本中世思想史研究」玉懸博之　ぺりかん社
「日本民族と海洋思想」日本文化中央連盟　刀江書院
「東洋史上の日本」志田不動麿　四海書房
「日本中世史入門」中野栄夫　雄山閣
「日本中世史研究事典」佐藤和彦・ほか　東京堂出版
「鎌倉幕府と中世国家」古澤直人　校倉書房
「日本中世政治史」利光三津夫　慶応通信
「中世の社会と経済」稲垣泰彦・ほか　東京大学出版会

「日本中世法史論」笠松宏至　東京大学出版会
「中世日本社会史の研究」阿部猛　大原新生社
「中世の風景を読む」網野善彦・石井進　新人物往来社
「中世文化の基調」林屋辰三郎　東京大学出版会
「中世社会の基本構造」日本史研究会史料研究部会　御茶の水書房
「中世の法と政治」石井進　吉川弘文館
「中世の武力と城郭」中澤克昭　吉川弘文館
「中世国家と近世国家」芳賀登　雄山閣
「中世の社会と経済」稲垣泰彦　東京大学出版会
「中世武家法の史的構造—法と正義の発展史論—」辻本弘明　岩田書院
「日宋貿易の研究」森克己　国立書院
「御成敗式目研究」植木直一郎　名著刊行会
「鎌倉時代訴訟制度の研究」佐藤進一　岩波書店
「石井進著作集」石井進　岩波書店
「海東諸国記」申叔舟　岩波書店
「看羊録」姜沆　平凡社
「大君外交と東アジア」紙屋敦之　吉川弘文館
「幕藩制国家の成立と対外関係」加藤栄一　思文閣出版
「幕藩体制社会の成立と構造」安良城盛昭　有斐閣
「幕藩体制国家論」佐々木潤之介　東京大学出版会
「江戸時代制度の研究」松平太郎　柏書房

「新井白石の史学と地理学」宮崎道生　吉川弘文館
「日本の近世三儒学・国学・洋学」頼祺一　中央公論社
「日本近代法三〇講」石井芳久・外　法律文化社
「日本文化を知る講座二」　國學院大学
「思想史における近世」柴田純　思文閣出版
「国家概念の歴史的変遷〈全〉」芳賀登　雄山閣
「南明史略」謝国楨　吉林出版集団
「華夷変態」林春勝ほか　東洋文庫

④北部九州に関係深いもの

「筑前国続風土記」貝原益軒　文献出版
「外来文化と九州」福岡ユネスコ協会　平凡社
「長崎県史」長崎県　吉川弘文館
「鎮西御家人の研究」瀬野精一郎　吉川弘文館
「歴代鎮西志」犬塚盛純　鍋島家文庫・青潮社
「肥前叢書（九州治乱記・肥前国史）」　肥前史談会・青潮社
「英彦山」田川郷土研究会　葦書房
「佐賀県史」　佐賀県
「神埼町史」　神埼町
「三瀬村誌」　三瀬村
「脊振村史」　脊振村

「脊振路」服巻四郎　脊振村公民館
「東脊振村史」　東脊振村
「小城町史」　小城町
「武雄市史」　武雄市
「肥前国神埼荘史料」瀬野精一郎　吉川弘文館
「佐賀藩の総合研究・続佐賀藩の総合研究」藤野保　吉川弘文館
「佐賀県近世史料」　佐賀県立図書館
「千葉氏・鎌倉南北朝編」千野原靖方　崙書房
「佐賀県史跡名勝天然記念物調査報告」　佐賀県教育委員会・青潮社
「根に生きて・三瀬村産業組合史」嘉村忠吾　青潮社

⑤中国法の受容・水戸学等
「江戸時代における中国文化受容の研究」大庭脩　同朋舎
「宋学の形成と展開」小島毅　創文社
「桃源遺事」堀田璋左右外　國史研究会
「中国文化通史」胡世慶　三民書局
「徳川幕府と中国法」奥野彦六　創文社
「『清朝考証学』とその時代」木下鉄矢　創文社
「儒葬と神葬」近藤啓吾　国書刊行会
「日本文化に及ぼせる儒学の影響」宇田尚　東洋思想研究所
「日本朱子学と朝鮮」阿部吉雄　東京大学出版社

「水戸幕末風雲録」田中光顕　常野文献社
「近代水戸学研究史」芳賀登　教育出版センター
「渋川春海の研究」西内雅　至文堂
「大明律例譯義」高瀬喜朴　創文社
「御定書百箇條と刑罰手続」藤井嘉雄　高文堂出版社
「幕末・維新期の国家支配と法」山中栄之佑　信山社
「維新前後における国学の諸問題」　國學院大學日本文化研究所

⑥幕末・明治・大正・昭和の歴史と思想

「元治夢物語」馬場文英　岩波書店
「戊中戦後史」大山柏　時事通信社
「幕末政治思想史研究」山口宗之　ぺりかん社
「大隈重信傳」馬場恒吾　改造社
「大隈伯昔日譚」木村毅監修　早稲田大学出版部
「同時代史」三宅雪嶺　岩波書店
「一年有半・続一年有半」中江兆民　博文館
「吉野作造評論集」同義武編集　岩波書店
「原敬と立憲政友会」玉井清　慶應義塾大学出版会
「公民教育研究」　東京市政調査会
「国体の本義・精解」三浦藤作　東洋図書
「本庄日記」本庄繁　原書房

主要参考文献

「杉山メモ」杉山元　原書房
「田中作戦部長の証言」田中新一　芙蓉書房
「二・二六事件秘録」　小学館
「二・二六事件　判決と証拠」　朝日新聞社
「二・二六事件」河野司　日本週報社
「二・二六事件への挽歌」大蔵栄一　読売新聞社
「生きている二・二六」池田俊彦　文芸春秋社
「私の歩道」古賀不二人　島津書房
「龍虎の争い・日本陸軍派閥坑争史」谷田勇　紀尾井町書房
「敗戦の記録」　朝日新聞社
「亡国の回想」真崎勝次　国華堂
「隠された真相」真崎勝次　思想問題研究会
「真崎甚三郎日記」伊藤隆・解説等　山川出版社
「小原直回顧録」小原直　中央公論社
「戦争と共産主義」三田村武夫　民主制度普及会
「敗るる日まで」岩淵辰雄　日本週報社
「政界五十年史」岩淵辰雄　鱒書店
「自治民範」権藤成郷　平凡社
「戦略を謬って国は亡びた」嘉村甚次　元就出版社
「愛情はふる星のごとく」尾崎秀実　岩波書店
「日本と天皇と神道」D・Cホルトム　逍遥書院

「南京戦史」南京戦史編集委員会　（財）偕行社
「零戦の真実」坂井三郎　講談社

⑦法学・その他
「法と訴訟」笠松宏至　吉川弘文館
「近世国家」深谷克己　東京堂出版
「日本における近代化の問題」H・Bジャンセン　岩波書店
「明治国家の形成と司法制度」菊山正明　御茶の水書房
「モンテスキュー政治思想研究」佐竹寛　中央大学出版部
「憲法義解」国家学会蔵版　丸善
「法学―法制史家のみた―」利光三津夫・ほか　成文堂
「モンテスキュー政治思想研究」佐竹寛　中央大学出版部
「現代日本社会」東京大学社会科学研究所　東京大学出
「日本国憲法の誕生」古関彰一　岩波書店
「憲法講説」高辻正己　良書普及会
「中華人民共和国憲法」　法律出版社
「中華民国憲法」謝瑞智　台湾商務印書館
「米国憲法の由来及び特質」美濃部達吉　有斐閣
「アメリカ憲法史研究」檜山武夫　日本学術振興会
「アメリカ憲法と基本的人権」檜山武夫　日本学術振興会
「鮮卑往事」独孤一叭　文化芸術出版社

「北京の史蹟」繭山康彦　平凡社

【著者紹介】

嘉村　孝（かむら　たかし）

昭和25（1950）年、佐賀県に生まれる。中学1年生の時、『次郎物語』を読んで『葉隠』に興味をいだき、以後数十年にわたり水戸や会津を含め、広く「武士道」を追求。

明治大学法学部を卒業し、裁判官を経て弁護士を本業とする。明治大学大学院、日本文化大学などで長年にわたり教鞭をとった他、司法試験考査委員や国、自治体などの各種委員、企業の社外取締役などを歴任。

かたわら世界的視野からサムライスピリットを追求する場としての勉強会を主宰。ロサンゼルスタイムズをはじめとする海外メディアにも取り上げられた。

「武士道」に関する論考、講演など多数。

剣道、弓、居合を実践。

著書に『弁護士の目』『憲法学習のすすめ』『民法学習のすすめ』『葉隠論考』など。

法律から読み解いた武士道と、憲法

2021年8月18日　第1刷発行

著　者　嘉村　孝

発行者　濵　正史

発行所　株式会社　元就《げんしゅう》出版社

〒171-0022 東京都豊島区南池袋 4-20-9
サンロードビル 2F-B

電話 03-3986-7736　FAX 03-3987-2580

振替 00120-3-31078

装　幀　クリエイティブ・コンセプト

印刷所　中央精版印刷株式会社

※乱丁本・落丁本はお取り替えいたします。

ISBN978-4-86106-270-4　C0021